Klartext

Veröffentlichungen des Instituts für Kultur und Geschichte der Deutschen im östlichen Europa

herausgegeben von Detlef Brandes und Dietmar Neutatz

Band 7

Meir Buchsweiler

Rußlanddeutsche im Sowjetsystem bis zum Zweiten Weltkrieg

Minderheitenpolitik,
nationale Identität,
Publizistik

Das Titelbild zeigt die Umschlagseite der Ausgabe 15-15 der Zeitschrift NEULAND, herausgegeben von der Deutschen Sektion beim Allukrainischen Zentralrat des Verbandes der kämpfenden Gottlosen aus dem Jahre 1930.

Redaktion: Margarete Busch

Wir danken allen Verlagen für die Genehmigung zum Wiederabdruck der Beiträge.

Die Deutsche Bibliothek – CIP-Einheitsaufnahme

Buchsweiler, Meir:
Russlanddeutsche im Sowjetsystem bis zum Zweiten Weltkrieg : Minderheitenpolitik, nationale Identität, Publizistik / Meir Buchsweiler. – 1. Aufl. – Essen : Klartext-Verl., 1995
(Veröffentlichungen des Instituts für Kultur und Geschichte der Deutschen im östlichen Europa ; Bd. 7)
ISBN 3-88474-232-9
NE: Institut für Kultur und Geschichte der Deutschen im östlichen Europa <Düsseldorf>; Veröffentlichungen des Instituts

1. Auflage Dezember 1995
Satz: Klartext Verlag
Druck: Fuck, Koblenz

ISBN 3-88474-232-9

Inhalt

Technisches Vorwort

Der vorliegende Samnmelband ist mit dem Ziel einer Aktualisierung hinsichtlich neuerer Forschungsergebnisse durchgesehen und überarbeitet worden. Publikationen der letzten Jahre, die die Aufsätze inhaltlich ergänzten, wurden in Form von zusätzlichen Hinweisen in den Anmerkungsapparat eingearbeitet. Ein Teil dieser neuen Anmerkungen stammen vom Autor selbst, andere brachte die Redaktion des Sammelbandes ein. Da die Beiträge des Sammelbandes untereinander koordiniert wurden, sollen Verweise zusätzlich die Aufmerksamkeit des Lesers auf relevante Passagen an anderer Stelle lenken. Zur Verwendung der typographischen Zeichen:

- Hinweise und Verweise der Redaktion des Sammelbandes werden durch ein → eingeleitet;

- neu eingebrachte Hinweise des Autors markiert ein ▲.

Die Zitierweise der Erstveröffentlichungen wurde beibehalten, so daß die Anmerkungsapparate der Aufsätze voneinander abweichen. Die neuen Fußnoten sind der Schreibweise des jeweiligen Aufsatzes angeglichen.

Aufgrund der neu hinzugekommenen Anmerkungen hat sich die Numerierung der Fußnoten im Vergleich zur Erstpublikation der Beiträge verschoben.

Zum Geleit

Mit seinen Arbeiten zur Geschichte und Literatur der Rußlanddeutschen hat Meir Buchsweiler unsere Kenntnisse erweitert und unser Bild von den Rußlanddeutschen, ihres Selbstverständnisses und ihres Verhältnisses zur Sowjetmacht und zu Deutschland entscheidend geprägt. Neben zahlreichen Aufsätzen bleibt die zuerst in hebräischer, dann in deutscher Sprache erschienene Monographie **Volksdeutsche in der Ukraine am Vorabend und Beginn des Zweiten Weltkrieges – ein Fall doppelter Loyalität?** (Gerlingen 1984, Schriftenreihe des Instituts für Deutsche Geschichte, Universität Tel-Aviv, Bd. 7) sein Hauptwerk. Ich habe mich über seinen Entschluß, seine Untersuchungen teils erstmals, teils als überarbeiteten Nachdruck in einem Sammelband herauszugeben gefreut und stelle das Ergebnis hiermit der interessierten Öffentlicheit vor. Auch nach der Öffnung vieler Archive in der ehemaligen Sowjetunion sind seine Forschungsergebnisse keineswegs überholt. Dies zeigen nicht zuletzt auch die in dem vorliegenden Buch zusätzlich eingebrachten Hinweise auf neuere v.a. ukrainische und russische Publikationen, die Margarete Busch eingearbeitet hat. Die Aufsätze wurden weitgehend nach ihren Schwerpunkten angeordnet, nämlich entsprechend ihrer administrativ-historischen, sprachgeschichtlichen und literaturhistorischen Fragestellung. Eine Liste von Forschungen der letzten fünf Jahre zu den Deutschen in der Ukraine während der Zwischenkriegszeit vervollständigt den Sammelband.

Meir Buchsweiler wurde 1925 in Frankfurt geboren und flüchtete 1937 mit seiner Familie nach Palästina. In Israel war er an der Gründung des Kibbutz Beeri/Negev beteiligt, dem er, inzwischen neunfacher Großvater, bis heute treu geblieben ist. Seit 1963 leitet er das Bibliographische Institut der Vereinigten Kibbutzbewegung; in dieser Funktion erstellte er unter anderem in jahrelanger Sammelarbeit das dreibändige *Kumulierende Register zu 45 Jahren der Kibbutzbewegung* (1971-1986, hebräisch).

Zum Hauptthema seiner wissenschaftlichen Arbeiten, den Rußland- und besonders den Ukrainedeutschen unter sowjetischer Herrschaft, fand Buchsweiler über seine früheren Studien zum Schicksal der Juden in der Sowjetunion. Da die Juden in der Sowjetunion einen größeren Anteil an Gebildeten hatten, erarbeiteten sie sich auch einen Vorsprung bei der Erforschung ihrer Geschichte. Diesen nun konnte Buchsweiler auch für das Thema der Rußlanddeutschen nutzbar machen.

Lange Zeit war Meir Buchsweiler der einzige Wissenschaftler, der sich mit dieser Thematik befaßte. Zusätzlich hatte er die Schwierigkeit zu bewältigen, weitab von den Quellen arbeiten zu müssen. Auf Studienreisen in die Bundesrepublik Deutschland fand er einschlägiges Material vor allem im Politischen Archiv des Auswärtigen Amtes, im Bundesarchiv in Koblenz sowie in zahlreichen Bibliotheken, insbesondere in der Bibliothek für Auslandsbeziehungen in Stuttgart. Aus spröden, scheinbar wenig ergiebigen Quellen wie den Verzeichnissen sowjetischer Periodika, holte er eine erstaunliche Fülle von Informationen. Die sowjetdeutsche Presse und Belletristik befragte er nach ideologischen Kontroversen und entdeckte hinter diesen auch einen Generationenkonflikt. Die ungewöhnlich detaillierten Listen seiner archivalischen Quellen belegen Buchsweilers Spürsinn und seine Liebe zur Exaktheit; beides wird den Leser freuen.

Eine der wesentlichen Stärken der hier vorliegenden Beiträge ist der methodische Ansatz des Vergleichs der Nationalitäten, der Deutschen mit anderen Minderheiten der Sowjetunion, insbesondere mit den Juden. Hierdurch unterscheiden sich Buchsweilers Arbeiten von der bisherigen Forschung. An der vergleichenden Perspektive waren nämlich weder die ersten Lehrer und Pastoren, die sich noch in Rußland mit ihrer Nationalität beschäftigten, noch die reichsdeutschen Publizisten und Wissenschaftler oder ausgewanderten Rußlanddeutschen interessiert, die sich in national verengter Sicht mit deutschen „Volkstumsinseln" befaßten.

Als ich Meir Buchsweiler erstmals 1986 auf einer Konferenz in Schlangenbad traf, bestärkte er mich in meinem Vorhaben, ebenfalls eine vergleichende Studie zur Geschichte der deutschen Kolonisten und der Balkansiedler in Neurußland und Bessarabien in Angriff zu nehmen. Nicht nur der gemeinsame Ansatz unserer Forschungen hat uns seitdem verbunden. Buchsweiler hat sich mir und allen anderen Wissenschaftlern, die sich mit der Geschichte und Kultur der Rußlanddeutschen beschäftigen, als selbstloser Ratgeber und Helfer gezeigt. So nahm er, ein erfahrener Bibliograph, z.B. den ersten Entwurf der Bibliographie zur Geschichte und Kultur der Rußlanddeutschen recht kritisch unter die Lupe. Seinen sachkundigen Vorgaben versuchten wir in den nächsten Jahren gerecht zu werden.

„Unser Mann in Israel" kam mit Referaten und Vorschlägen nach Deutschland oder meldete sich mit Informationen und Anregungen per Post oder am Telephon. Im Jahre 1990, auf einer kleinen Koordinierungkonferenz in Oldenburg, entwickelte er ein überzeugendes Arbeitsprogramm, das bedauerlicherweise bisher nur zum Teil erfüllt werden konnte.

Detlef Brandes — Düsseldorf, im Juni 1995

Einleitung

Diese Sammlung erscheint an einem Scheidepunkt, der sowohl privat als auch generell ist. Der private Aspekt ist der Wunsch, nach ca. dreißig Jahren auf das Erarbeitete zurückzublicken. Es sieht so aus, als ob der heutige wissenschaftliche Stand der Dinge ein solches Vorhaben, d.h. den Versuch die Bilanz einer Zeitspanne und ihrer Arbeitsweise zu ziehen, verlangt. Die Methoden, mit denen die hier gesammelten Untersuchungen entstan- den sind, treten von der Bühne ab. In der Epoche, die durch die radikalen Änderungen in Rußland und der Ukraine (darunter die stufenweise Öfffnung der Archive) gekennzeichnet ist, sind die schwerfälligen Wege, auf denen früher die Resultate erreicht wurden, überholt. Natürlich taucht zu diesem Zeitpunkt die Kardinalfrage auf: „Haben die mit den veralteten und lückenhaften Methoden erzielten Ergebnisse noch heute Gültigkeit?" Bei der Antwort auf diese Frage kann und soll man nicht verallgemeinern. Soweit ich meine Arbeiten und ihre Resultate durchleuchtet habe, sind diese auch heute grundsätzlich gültig. Ich meine hier die in meinem Buch (das 1980 auf Hebräisch und 1984 in deutscher Übersetzung erschien: **Volksdeutsche in der Ukraine am Vorabend und Beginn des Zweiten Weltkrieges – ein Fall doppelter Loyalität?** Gerlingen: Bleicher, 1984) und in dem vorliegenden Band zusammengetragenen Ergebnisse. Hier werden möglichst detaillierte Teiluntersuchungen über spezifische Fragen vorgestellt und dies aus der Überzeugung, daß das Allgemeine sich häufig günstiger durch die Erörterung von Teilfragen erkennen läßt. Natürlich werden in neuen, auf Archivmaterial gegründeten Untersuchungen, diese oder jene Einzelheiten auftauchen, die das Bild teilweise zu korrigieren oder zu ergänzen vermögen.

Was waren eigentlich die Methoden, mit denen man den Stoff zusammenstellen konnte? Zuerst, natürlich, publiziertes Material aller Art. Aus dem Publizierten mußte man die Information „herausschälen" und zwischen den Zeilen lesen. Auch die Literatur gehörte zu diesem Stoff.

Die Sowjetunion fühlte sich immerzu umzingelt und daraus ergab sich ein „Geheimhaltungskomplex"; dies besonders in bestimmten „neuralgischen" Bereichen, in unserem Fall die mehr oder weniger exakten Gebiete, wie Kartographie (und damit auch die territorial-administrative Aufteilung) und Statistik. Meiner Meinung nach sind aber gerade präzise Daten aus diesen Gebieten zur Bestimmung der jeweiligen Lage der deutschen Minderheit obligat. Das Auffinden und die Errechnung solcher Daten grenzten manchmal an einen Detektivroman. Derzeit gibt es dieses Material teilweise schon in Buchform, so z.B. die „annullierte" und nicht veröffentlichte Volkszählung von 1937 – **Vsesojuznaja perepis' naselenija 1937g.; kratkie itogi.** Moskva: Akademija nauk SSSR, 1991.

Ein Spalt zur bedeutenden Welt der (geheimgehaltenen) sowjetischen Kartographie tat sich infolge des deutschen Angriffes auf die UdSSR und die Plünderung bei der nachfolgenden Besetzung auf. Ich habe seinerzeit Material zu dieser Frage zusammengetragen und eine Untersuchung über **Die sowjetische Kartographie vor 1941 in den Augen der eindringenden deutschen Kräfte** begonnen.

1980, als die hebräische Version meines Buches erschien, war ich einer der ersten und wenigen aus nicht-landsmannschaftlichen Kreisen, der versuchte, dieses Problem zu behandeln. Heute gibt es eine ganze Menge Veröffentlichungen, auch in der ehemaligen Sowjetunion verfaßte. Es gibt umfassende Werke und es gibt Teiluntersuchungen. Es können natürlich nicht alle genau erarbeitet sein, und es gibt solche, die von Fehlern, seien es Schreibfehler, seien es bibliographische Fehler oder sogar Sachfehler, nur so wimmeln.

Seinerzeit wurden in der Wissenschaft die Rußlanddeutschen häufig behandelt, als ob sie gleichsam in einem luftleeren Raum gelebt hätten, ohne die anderen, zum Teil ähnlich bedingten Minderheiten, zu betrachten. M.E. ist und war das ein schwerer begrifflicher Fehler. Das Fehlen des vergleichenden Aspekts muß sich zweifellos auf die Resultate auswirken. Für mich lag in erster Linie der Vergleich mit den sowjetischen Juden auf der Hand.

Eines der Gebiete, auf denen sich eine solche vergleichende Untersuchung sozusagen anbot, sind Rahmen und Inhalt der Erziehung in der Muttersprache. Auch in diesem Bereich gibt es einige Studien über die Erziehung bei den sowjetischen Juden und verschiedene Periodika. Ich habe also als erstes für die quantitative Einteilung Stundenpläne der Minderheitsschulen zusammengetragen. Das Nächste waren Programme des Muttersprach-, Literatur- und Geschichtsunterrrichts dieser Schulen. Daraufhin suchte (und fand) ich deutschsprachige Schulbücher, hauptsächlich der oben erwähnten, relevanten Fächer. Diese Sammlung umfaßt über hundert Einheiten. Jetzt müßte sich die inhaltliche Analyse und Gliederung des gesammten Materials anschließen, um zu Folgerungen über den Lauf der nationalen Komponenten in diesen Büchern zu gelangen. Leider gelang es mir nicht, dieses letzte Projekt abzuschließen.

Auf einer Tagung vor zehn Jahren versuchte ich, die Desiderata der fundamentalen Arbeiten zum Thema Rußlanddeutsche in der Zeitspanne zwischen den Weltkriegen zu skizzieren. Die Liste enthielt das Folgende:

1) Bibliographie der Literatur **über** die Rußlanddeutschen,
2) Bibliographie der in der Sowjetunion erschienenen deutschsprachigen Publikationen,
3) Sammlung der wichtigsten, die Sowjetdeutschen betreffenden Urkunden,
4) Sammlung der dazugehörigen Statistiken,
5) Atlas der einschlägigen Karten,
6) Ablichtung, bzw. Verfilmung, der damaligen deutschsprachigen Zentral- und Rayonzeitungen,
7) Ablichtung, bzw. Verfilmung, der in der UdSSR erschienenen deutschsprachigen Publikationen.

Ich bedauere feststellen zu müssen, daß nur ein ganz kleiner Teil dieser Wünsche in Erfüllung gegangen ist, und daß von diesem Teil das meiste von mir selbst oder unter meiner Mitarbeit zustande gekommen ist. So erschienen: Meir Buchsweiler, Annelore Engel, Clemens Heithus: **Bibliographie der sowjetdeutschen Literatur von den Anfängen bis 1941.** Köln: Böhlau, 1990; Meir Buchsweiler: **A collection of documents concerning**

Germans in the USSR. Jerusalem: The Hebrew University, 1991 sowie Detlef Brandes, Margarete Busch, Kristina Pavlović: **Bibliographie zur Geschichte und Kultur der Rußlanddeutschen. Von der Einwanderung bis 1917.** München: Oldenbourg, 1994. In der hiesigen Bibliothek stehen Mikrofilme der wichtigsten sowjetdeutschen Periodika. Ablichtungen eines beträchtlichen Teils der sowjetdeutschen Bücher sind auch vorhanden. All dies war eine notwendige Konsequenz des Grundsatzes, daß man ein wissenschaftliches Thema ohne Quellenmaterial nur sehr schwer untersuchen kann.

Trotz allem habe ich bei unseren Unternehmen ein ungutes Gefühl der Einseitigkeit. Man forscht und schreibt über die in dem Quellenmaterial sich widerspiegelnden Aktivitäten und Intentionen von oben nach unten, d. h. vom Regime in seinen verschiedenen Stufen zur Bevölkerung, während das Streben, die Wünsche und Reaktionen der Bevölkerung selbst kaum zum Ausdruck kommen.

Und zum Schluß möchte ich denen danken, die mich bei meinem langen, für sie oft unfaßbaren Weg begleitet und fortwährend unterstützt haben. Es sind dies in erster Linie meine Frau und meine verstorbenen Eltern. Ich danke auch meinem Kibbuz Be'eri, der mich trotz Fremdartigkeit der Thematik viele Jahre an einer langen Leine laufen ließ.

Die Sowjetdeutschen – außerhalb der Wolgarepublik – im Vergleich mit anderen Minderheiten 1917 bis 1941/42[1]

Zum Thema eines Vergleichs der Sowjetdeutschen[2] mit anderen Minderheiten in der Zwischenkriegszeit habe ich in meinem vor kurzem erschienenen Buch und in meinen anderen Veröffentlichungen[3] ziemlich viel Material zusammengetragen. Ich konzentriere mich deshalb hier auf Problematik und Methodik eines solchen Vergleichs und greife aus dem zur

1 → Der Aufsatz erschien erstmals in: Andreas Kappeler, Boris Meissner, Gerhard Simon (Hgg.): Die Deutschen im Russischen Reich und im Sowjetstaat. Köln: Markus 1987, S. 69-96.

2 Um Mißverständnissen vorzubeugen, möchte ich hier eindeutig definieren: Sowjetdeutsche sind in diesem Beitrag Deutsche, die in der UdSSR wohnen oder aus ihr stammen. In meinem Gebrauch ist dies ein neutraler geographischer und kein politischer Begriff. In der letzten Zeit wird in der Bundesrepublik über die die Deutschen in und aus der Sowjetunion betreffende Terminologie diskutiert (die Definition dieser Personen als „deutschstämmig" hat besonderen Groll hervorgerufen). Da diese Diskussion ihren Ausdruck auch auf der Tagung in Schlangenbad fand, fühle ich mich gezwungen, kurz dazu Stellung zu nehmen.
Es ist klar, daß es sich hier nicht um Begriffe dreht, sondern darum, was hinter ihnen steckt. Das Hauptargument lautet: Sowjet- (in diesem Fall -Deutsche) ist eine ideologisch-politische Definition, das heißt das sind Leute, deren Einstellung zum sowjetischen System positiv ist. Wenn dies der Fall ist, kann man doch zum Beispiel einen Deutschen, der als „Kulak" verschickt oder als „Volksfeind" hingerichtet wurde, nicht als Sowjetdeutschen bezeichnen. Eine solche politische Interpretation findet sich auch bei verschiedenen Schriftstellern in der UdSSR, wie Hugo Huppert, David Schellenberg, Alexey Debolski. Jene, die der obigen Argumentation beipflichten, ziehen es vor, die Begriffe „Sowjetuniondeutsche" oder „Deutsche in beziehungsweise aus der Sowjetunion" zu benützen.
Im selben Sinn schlägt man vor, statt von „sowjetdeutscher Literatur" von „Literatur der Deutschen in der Sowjetunion" zu sprechen. Hier sticht eindeutig hervor, daß es sich nicht nur um Benennungen dreht, sondern um andere Inhalte. Während bei „sowjetdeutscher Literatur" die Sprache, in der die Werke geschrieben sind, maßgebend ist, sind es bei der „Literatur der Deutschen in der Sowjetunion" die Volkszugehörigkeit und die Abstammung.
Das Adjektiv „sowjetisch" oder die Zusammensetzung mit „Sowjet-" haben auch in vielen anderen Fällen die Bedeutung „in oder aus der Sowjetunion" und nicht den Sinngehalt „mit dem Sowjetsystem übereinstimmend". So spricht man zum Beispiel von „Sowjetbürgern" und gibt damit an, daß sie einen Paß der UdSSR haben, und nicht, wie sie zu dieser Staatsordnung eingestellt sind. Daher geht es meines Erachtens zu weit, wenn man versucht, dem an sich neutralen Begriff „Sowjetdeutsche" eine politische Bedeutung unterzuschieben. Das Vorkommen einer solchen Auslegung besagt eo ipso nicht, daß sie allgemeingültig ist. Deswegen ziehe ich die kürzere Formulierung „Sowjetdeutsche" der schwerfälligeren „Sowjetuniondeutsche" oder „Deutsche in beziehungsweise aus der Sowjetunion" vor.

3 M. Buchsweiler: Volksdeutsche in der Ukraine am Vorabend und Beginn des Zweiten Weltkriegs – ein Fall doppelter Loyalität?, Gerlingen: Bleicher 1984; ders.: Deutsche Landkreise (Rayons) und deutsche Kreiszeitungen in der UdSSR, in: Osteuropa, 32, 1982, S. 671-682; ders.: Probleme der sowjetdeutschen Literatur zwischen den Weltkriegen, in: Jahrbuch des Instituts für Deutsche Geschichte, Universität Tel-Aviv, 12, 1983, S. 285-316; ders: German raiony and their newspapers 1927–1941, The Hebrew University of Jerusalem, the Soviet and East European Research Centre, Jerusalem 1984, und weitere Veröffentlichungen auf hebräisch.

Grafik 1: Zeitungen und Zeitschriften in den Minderheitssprachen der Ukraine in

	Deutsch	Jiddisch
		Zentrale Zeitungen
Zeitungen		
ZK der KP Ukraine	Die Wahrheit [Das neue Dorf] X/25-XII/37	דער שטערן VII/41-V/25
Kinder und Jugend	Jungsturm [Die Saat] V/25-V/36 Die Trompete IV/33-XII/37[4]	יונגע גווארדיע XI/36-30[4] זיי גרייט XII/37-I/28[3]
Handwerk und Landwirtschaft		דער קוסטאר XII/35-X/31[4] דער שלאגלער פון געווערב-קאאפעראציע XI/35-34[8] דאס סאציאליסטישע דארף (דער יידישער פויער) III/33-XI/26[9]
Zeitschriften		
Handwerk und Landwirtschaft	Agrotechnik in die Massen 32-33	באהערשן די טעכניק פון דער סאציאליסטישער לאנדווירטשאפט V/34-V/32 דער קוסטאר 31-XI/27[1]
Kinder und Jugend	Junger Sturmer 31-32 Die Trompete 27-33[1]	יונגע גווארדיע 29-XII/24[1] יונגער שלאגלער VII/32-IV/31 זיי גרייט 41/6-I/39[2] אקטיאבערל 39/5-VIII/30 ראטנבילדונג 37-VI/28[6]
Erziehung und Bildung	Kommunistische Erziehung (Erziehung und Aufklarung) 28-33	
Wissenschaft		וויסנשאפט און רעוואלוציע 36-34
Literatur	Der Sturmschritt 30-35/4	די רויטע וועלט III/33-IV/24 סאוועטישע ליטעראטור (פראליט, פארמעסט) 41/5-VI/28
Sprachwissenschaft		אפן שפראכפראנט (די יידישע שפראך) 39/4-III/27
Antireligiöse Aktivität	Neuland 26-XII/34	
		Zeitungen von Rayons
	Deutscher Kollektivist (Molotschansk) V/30-IV/39[5] Fur bolschewistische Kollektive [Kollektiver Aufbau] (Gross-Liebental) V/30-IV/39 Für bolschewistische Tempos (Fritz Heckert) III/32-IV/39[6] Kollektivwirtschaft (Selz) 30-IV/39 Lenins Weg [Stürmer der MTS] (Rotfront) 33-IV/39 Saporoshjer Kolchosnik [Stürmer] III/35-IV/36 Sozialistischer Umbau (Pulin) X/30-X/35 Sozialistischer Vormarsch (Karl Liebknecht) 31-IV/39 Stimme des Kollektivisten (Rosa Luxemburg) IV/30-IV/39 Bolschewik (Thälmann) 35-36[7]	סטאלינדארפער עמעס VIII/40-IX/30[10] קאלווירט עמעס (קאלינינדארף) VI/41-II/30[11] קאלווירס שטערן (פאר דורכוויסיקע קאלעקטי-וויזאציע) (נײ-זלאטאפאל) VI/41-V/30[12] דער אדעסער ארבעטער XI 36-I/25 דער ארבעטער (די וואך) (בערדיטשעוו) IV/35-30[4] פראלעטארישער עמעס (ווינניצע) XI/36-IV/35 פראלעטארישע פאן (קיעוו) XI/36-III/28 קרעמענטשוקער ארבעטער VII/41-VI/33
	Zeitungen von MTS	
	Für bolschewistische Kollektive (Karl Liebknecht) 33-34 (?) Für bolschewistische Kollektive (Molotschansk) 33-34 (?) Sturmer (Karl Liebknecht) 34 (?)	כאוועגער פון קאלעקטיוויזאציע (נײ-זלאטאפאל) 35-32 (?)
		Fabrikzeitungen
		אגא-פרעס (קיעוו) 34-25 (?) ענגעלס אירשן (קיעוו) 35-34 (?) וואלאדארעס שלאגלער (דניעפראפעטראווסק) 35-33 (?) כארקאוודער לאקאמאטיוו 35-32 (?) מאלאטארקע (כארקאוו) 36-31 (?) פאר טעמפן (אדעס) 35-34 (?) פאר טעמפן און קוואליטעט (אדעס) 36-33 (?) סטאלענע נאדל (כארקאוו) 36-27 (?) דער שלאגלער (בערדיטשעוו) 34-30 (?) שלאגלער (אדעס) 36-32 (?) שלאגלער (דניעפראפעטראווסק) 33-31 (?)

Diese Grafik wie auch die Grafiken 2, 3, 4, 5, 6 und 8 in diesem Beitrag wurden dem im Bleicher-Verlag, Gerlingen 1984, erschienenen Buch des Autors „Volksdeutsche in der Ukraine am Vorabend und Beginn des Zweiten Weltkriegs – ein Fall doppelter Loyalität?" entnommen.

den dreißiger Jahren (Vergleichende Aufstellung)

Polnisch	Bulgarisch	Griechisch
und Zeitschriften		
Głos radziecki [Sierp] II/23-I/41	Колективист [Серп и чук, Съветско село] X/25-X/37	Kolektivistis X/30-37
Głos młodzieży I/25-IV/35		
Bądź gotów X/32-IV/35[4]		
	Агротехника в масите 32-33	
Młodociany szturmowiec 31-33	Млад ударник 31-33	Neo tita 35-37/5
Bądź gotów 29-32[1]	Бъди готов 29-VI/38	Pioneros [Neos makhitis] 31-37/11
Poradnik oświaty 30-32		
und Städten		
За більшовицкий наступ [Marchlewszczyzna radziecka, Szturmowiec pól] I/30-X/35[13]	Колективно поле (Коларов) 31-IV/39	
Bolszewik Olewczycny 32-I/34[14]	Колхозен труд (Ольшанка) I/32-I/37[16]	
Głos metalowca [Dzierzyniec] (Kamiansk) 32-35 (?)	Ленински завет [Комунар] (Благоев) II/32-IV/39	
Kolektiwista pograniczna (Proskurov) 30-IV/34		
Kolektiwiste Emelszynszczyny 33-35[14]		
Komunard pograniczna (Voloczisk) 33-IX/35		
Lasnocz wytwórcza (Polonie) 32-35[14]		
Natarcie socjalistyczne (Zatonskoe) IV/32-XII/33[15]		
O bolszewickie kolektywy [Szlak Pazdziernika] (Shepetovka) V/32-II/35		
Zeitungen von MTS		
O kolektyw bolszewicki (Baranovka) XI/33-II/35[14]	Колхозен труд (Днепропетровск) 35 (?)	Gia to sosialistiko t zoli (Mariupol) 35 (?)
O wieś socjalityczna (Zaslav) IV/32-II/35[14]	Ударник на 2-та петилетки (Коларов) 34 (?)	
Proletar (Donetsk) 30-37 (?)		
Pograniczna prawda (Slavuta) IV/32-VI/35[14]		
Socjalistyczne Polesie (Korosten) 34[14]		
Sztandar socjalismu (Gorodnica) 33-II/35[14]		
Szturm bolszewicki (Berditshev) VI/32-II/35[14]		
Szturm socjalistyczny (Novograd-Volynsk) III/32-V/33[14]		
Szturmowiec Nadzbruszański [O tempo bolszewickie] (Gorodok) V/32-IX/35[14]		
Wolyń radziecki (Zhitomir) VIII/32-I/35[14]		

Anmerkungen und Zeichen

Die griechischen Zeitungen und Zeitschriften werden in Transkription wiedergegeben.

Frühere Titel der Zeitungen und Zeitschriften werden in eckigen Klammern gebracht, Erscheinungsorte in runden.

Römische Ziffern vor der Jahreszahl - Monate, arabische nach ihr - Nummern der Hefte.

Die Daten der Zeitungen und Zeitschriften sind manchmal die der Hefte, welche die Verfasser der Bibliographien und Listen mit ihren eigenen Augen gesehen haben.

(punktiert) erschien noch 1937, aber 1939 nicht mehr.

(schraffiert) erschien noch 1939, aber im Juni 1941 nicht mehr.

(schwarz) erschien noch im Juni 1941

(?) - erschien zwischen den angegebenen Daten und möglicherweise auch vor oder nach ihnen.

[?] - erschien zwischen den angegebenen Daten und möglicherweise auch vor ihnen.

1 - Als Zeitung fortgeführt

2 - Vorher - eine Zeitung

3 - Als Zeitschrift fortgeführt

4 - Vorher - eine Zeitschrift

5 - Außerdem die ukrainische Zeitung: За більшовицкі колгоспи 34-IV/39

6 - Nur bis 1938 auf deutsch

7 - Dreisprachig - auf deutsch, rußisch und ukrainisch, später zweisprachig - auf rußisch und ukrainisch

8 - Auf jiddisch und ukrainisch

9 - Laut sowjetischen Bibliographien als Zeitung definiert

10 - Außerdem die ukrainische Zeitung: Ленінский шлях 34-VIII/41

11 - Seit Anfang 1936 auf deutsch und ukrainisch

12 - Außerdem die ukrainische Zeitung: Колгоспна зоря III/35-VIII/41

13 - Bis Januar 1933 - auf polnisch, dann bis Juni 1936 - auf polnisch und ukrainisch, dann auf ukrainisch

14 - Außerdem eine oder mehrere ukrainische Zeitungen

15 - Die ganze Zeit (oder ein Teil davon) Beilage einer ukrainischen Zeitung

16 - Außerdem die ukrainische Zeitung: Колгоспна праця 33-41

Verfügung stehenden Stoff nur Beispiele heraus. Dies um so mehr, als ich auf beschränktem Raum nur einen kleinen Teil dessen ausführen kann, was zum Thema zu sagen wäre.

I.

Der Vergleich, der das Rückgrat dieses Beitrages bildet, ist für mich, sowohl wissenschaftlich als auch persönlich, das Wesen der Sache. Dies steht im Gegensatz zu der vorherrschenden Forschungspraxis, die sich im allgemeinen auf eine einzelne Nationalität konzentriert und jede Minderheit zerlegt, wie einen tranchierten Braten serviert. Ich bin erst nach jahrelanger Beschäftigung mit den sowjetischen Juden auf die sowjetdeutsche Problematik gestoßen. Meine Untersuchungen haben mich zu der Folgerung geführt, daß man, ohne zu vergleichen, die Probleme der sowjetischen Minderheiten, und damit auch der Deutschen, nicht tiefschürfend und umfassend in den Blick bekommen kann. Ich habe das Gefühl, daß die Zeit für den Aufbau einer vergleichenden Nationalitätenkunde der Sowjetunion reif ist. Die bearbeitete Minderheit soll in ihrem Kontext, das heißt in der Vielfalt ihrer Wechselbeziehungen zum Staatsvolk und zu anderen Minderheiten, behandelt werden. Gerade bei den Sowjetdeutschen ist dies, wegen ihrer relativen Abkapselung, problematisch.

Hierzu eine Illustration aus meiner eigenen Erfahrung: Wir wissen alle, daß die dreißiger Jahre, und besonders ihre zweite Hälfte, eine Periode des Niedergangs des vom Regime geduldeten, vorher vielleicht auch teilweise ermutigten nationalen Lebens der Minderheiten waren. So war es auch bei den Sowjetjuden, und alle Fachleute auf diesem Gebiet betonen diesen Prozeß des Niedergangs. Erst später, als ich mich auch mit anderen ethnischen Gruppen beschäftigte und gerade deren Abstieg mit dem bei den sowjetischen Juden verglich, merkte ich, daß der Rückgang bei den Juden anscheinend langsamer verlief als bei anderen Minderheiten. Das heißt natürlich nicht, daß das nationale Leben der Juden keinen Niedergang erlebt hätte, doch r e l a t i v zu anderen ethnischen Gruppen war die Situation bei den Juden teilweise besser. Sie war also auch schlecht, aber offenbar nicht ganz so schlecht.

Ich behandle hier die Deutschen außerhalb der Wolgarepublik und hauptsächlich die ländlichen, verhältnismäßig geschlossen siedelnden Sowjetdeutschen und nicht die städtischen. Die in den Städten lebenden Deutschen hatten mit den übrigen Nationalitäten unvergleichbar intensiveren Umgang, der sich wahrscheinlich auf ihre nationale Besonderheit negativ auswirkte. Die sowjetischen Führer waren sich der assimilatorischen Rolle der Stadt wohl bewußt. Davon zeugt eine bemerkenswerte Passage in einer Rede Michail Kalinins, die er auf dem ersten Kongreß der (sowjetischen) Gesellschaft zur landwirtschaftlichen Ansiedlung arbeitender Juden (OZET) im November 1926 hielt: „Als man mich in einer Fabrik fragte: „Wieso befinden sich so viele Juden in Moskau?“ habe ich ihnen geantwortet: „Wäre ich ein alter Rabbiner, dessen Seele wegen des Loses des jüdischen Volkes schmerzt, würde ich alle Juden, die nach Moskau gehen und sowjetische Stellen annehmen, verfluchen, weil sie für ihr Volk verloren sind.“[4]

4 Eršter alfarbandišer tsusamenfor fun „Gezerd“ Moskve, 15-20 noyabr 1926; stenografišer baricht, Moskau: Gezerd 1929, S. 39 (jiddisch).

In freier Verknüpfung damit noch eine auf demselben Kongreß geäußerte Bemerkung, die ebenfalls unser Thema betrifft. In seiner Rede sagte Abraham Bragin (ein Redaktionsmitglied der Prawda, der mit der Verschleierung nationaler Implikationen der Ansiedlungsaktion nicht einverstanden war): „In Cherson wird zwischen zwei benachbarten jüdischen Rayons eine ganze Gruppe von Umsiedlern angesiedelt, die erst vor kurzem hierher gekommen und die keine Juden sind."[5]

Hier haben wir einen Ausdruck der damaligen Nationalitätenpolitik, größere ethnisch geschlossene Siedlungsgebiete durch andersartige Niederlassungen aufzusprengen. Besonders interessant ist dabei, was mir Hersch Smolar, ein Teilnehmer dieses Kongresses, der überlebt hat, bezeugte[6]: Bragin sprach in seiner Rede nicht von anonymen Ansiedlern, wie es in der dem Protokoll entnommenen Übersetzung heißt, sondern ausdrücklich von Deutschen. Klagen über ähnliche Maßnahmen in umgekehrter Richtung, das heißt die Unterbrechung deutscher zusammenhängender Gebiete, waren auch öfter zu hören.

Wie kommt es, daß sich die meisten Untersuchungen und Forschungsarbeiten nur mit einer einzelnen Minderheit befassen? Wenn der Forscher aus den Reihen der betreffenden und im Falle der Sowjetunion der betroffenen Minderheiten stammt, ist der Hang zur Behandlung des eigenen Volkes, das heißt der eigenen Minderheit schon verständlich. Dann besteht allerdings die Gefahr, daß die nötige Perspektive, wie sie nur aus einer gewissen Distanz gewonnen werden kann, fehlt. Nun möchte ich auf keinen Fall mißverstanden werden. Es liegt hier keine Geringschätzung der individuellen Menschenschicksale vor. Menschenschicksale sind natürlich auch Tatsachen und besonders solche tragischen Menschenschicksale, wie sie die Deutschen in der Sowjetunion durchgemacht haben, von den „endgelösten" Juden in der UdSSR ganz zu schweigen. Trotzdem muß man zwischen Mikro- und Makrogeschichte unterscheiden. Hier versuchen wir die Rahmenereignisse und die Querverbindungen festzustellen, welche den Hintergrund der persönlichen Erlebnisse bilden. Wenn die Sowjetdeutschen sozusagen in die Zahnräder der Geschehnisse gerieten und teilweise von ihnen zermalmt wurden, kann man deswegen nicht auf eine Analyse des Ganges eben dieser Zahnräder verzichten.

Natürlich kann man sich beim Gegenüberstellen nicht mit Allgemeinheiten begnügen. Man braucht exakte und konkrete Daten und muß Phänomene wählen, die zähl- oder meßbar sind. Wenn man die Ergebnisse solcher Gegenüberstellungen zeichnerisch festhält, kann man sogar Graphiken von plastischem Aussagewert erlangen, wie zum Beispiel die als Grafik 1 auf den Seiten 14 und 15 wiedergegebene Übersicht über die Zeitungen und Zeitschriften der Ukraine, die in den dreißiger Jahren in den Sprachen der Minderheiten erschienen. Hier sprechen die Jahre, in denen die Periodika der Minderheiten ihr Erscheinen einstellen mußten, eine klare Sprache. Als erste wurden im Jahr 1935 die polnischen

5 Ebenda, S. 84.
6 H. Smolar schildert den Kongreß auf S. 249-279 seines Buches „Tochelet vešivra; zichronot šel ‚Yevsek'liše 'avar", Tel-Aviv, Universität Tel-Aviv, 1978/9 (hebräisch) (Eine Erwartung und ihr Scheitern: Erinnerungen eines ehemaligen Mitglieds der Jüdischen Sektion). Die ergänzende Information bekam ich mündlich von ihm.

Grafik 2: Vergleichende Kurve der Pressetitel in der Ukraine 1934–1940

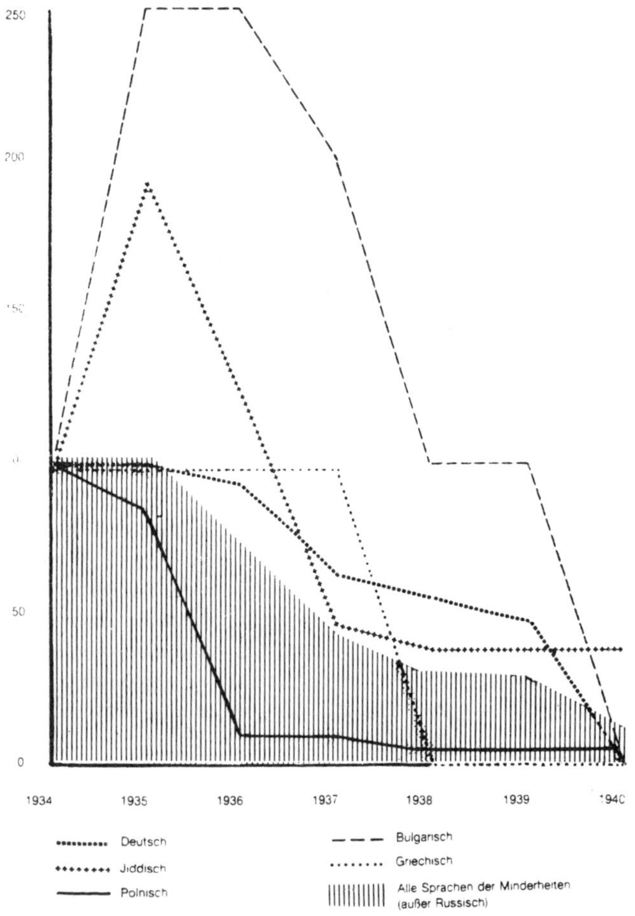

Zeitungen und Zeitschriften konsequent getilgt, als letzte fielen die jiddischen Periodika weg, die bis 1941 erscheinen konnten. Zwischen diesen Zeitpunkten verschwanden die griechischen, bulgarischen und deutschen Periodika. Das Diagramm auf dieser Seite (Grafik 2) veranschaulicht diesen Prozeß. Der Aussagewert dieser Daten ist um so größer, wenn wir daran denken, daß die Eröffnung und die Einstellung einer Zeitung oder Zeitschrift in der Sowjetunion kein Zufall, sondern ein Ausdruck politischer Vorgänge ist. Mit anderen Forschungsergebnissen synchronisiert und dann untersucht, stimmt die Kurve mit dem Gesamtbild der Entwicklung der Nationalitätenfrage in der Ukraine überein.

Ein Nachteil dieser vergleichenden Methode ist, daß man durch sie zwar die Einstellung der Behörden zu den verschiedenen Minderheiten feststellen kann, aber nie die Einstellung in der entgegengesetzten Richtung, das heißt die Haltung der Bevölkerung (oder bestimmter ihrer Segmente) zum Regime. Wenn ich wieder auf die Zeitungen zurückgreife: Das Erscheinen einer Zeitung ist zweifellos eine Maßnahme des Regimes gegenüber der Bevölkerung. Ob die Zeitung gelesen wird, und wenn ja, ob und welchen Einfluß sie hat, ist eine unbekannte Größe.

Ein schwer zu lösendes Problem ist die Beschaffung glaubwürdiger Daten zur Geschichte der Sowjetunion in den dreißiger Jahren (und besonders in deren zweiter Hälfte).[7] Es ist daher kein Zufall, daß zum Beispiel die Verwaltungseinteilung der Ukraine (Auszug aus der Landkarte als Grafik 3, S. 20-21)[8] zwar aus einer sowjetischen Quelle stammt, aber auf dem Umweg über das Reichsministerium für die besetzten Ostgebiete[9] (oder auch das Sonderkommando Baron von Künsberg – Bataillon der Waffen-SS z.b.V.[10]) zu uns gelangt ist. So besteht natürlich auch die Möglichkeit, daß etwas zwar zähl- oder meßbar ist, die Daten dazu aber nicht zu beschaffen sind.

Eine gängige Feststellung, die den Vergleich auch impliziert, ist die Behauptung, daß die Deutschen zwischen den Weltkriegen die am meisten benachteiligte und am meisten verfolgte Minderheit in der Sowjetunion gewesen seien. Ich habe hier nicht nur propagandistische Veröffentlichungen im Auge. Wenn man der Sache nachgeht, wird man entdecken, daß diese Vorstellung ziemlich tief sitzt und bei verschiedenen Gelegenheiten auftaucht. Nicht selten wird dieser Behauptung eine offene oder angedeutete Begründung der Einstellung der Sowjetdeutschen zur UdSSR angekoppelt. Die Argumentation lautet ungefähr so: Wenn die Deutschen so benachteiligt waren, ist es doch kein Wunder, daß sie (in Zeiten, die dies auf die Probe stellten) keine Verpflichtung gegenüber dem Staat, dessen Bürger sie waren, fühlten. Es soll einer der Zwecke des Vergleichs sein, zu prüfen, ob die Deutschen wirklich gegenüber anderen benachteiligt waren; wenn ja, weshalb und von welchem Zeitpunkt ab. E i n e n Versuch der Einstufung habe ich ja bereits vorgenommen.

7 Der Kontrast zwischen den zwanziger und dreißiger Jahren ist kraß. In den dreißiger Jahren wurde, hauptsächlich aus Angst vor Spionage, alle sachliche Information möglichst geheimgehalten, und wenn schon etwas veröffentlicht wurde, war es oft nicht den Tatsachen entsprechend. In den zwanziger Jahren, um nur das Beispiel der Volkszählung von 1926 zu nennen, lagen die Dinge anders. Hier wäre beispielsweise die minuziöse (bis zu Dorfräten hinab spezifizierende) ukrainische Publikation „Nacional'nyj sklad sil's'koho naselennja Ukraïny" zu erwähnen, Charkow: Central'ne Statystyčne Upravlinnja USSR 1927, die uns auch hier gedient hat (vgl. Grafik 5, S. 25/26).

8 Die Einzeichnungen der nationalen Rayons stammen von mir.

9 Ortsnamensverzeichnis der Ukraine auf Grund der Administrativen Karten der SSR der Ukraine, Berlin: Stollberg 1943, nach S. 590.

10 Meldungen vom Einsatz in der Ukraine und Krim, o.O.: Bataillon der Waffen-SS z.b.V., 1942, Beilage am Schluß, S. 147 im Politischen Archiv des Auswärtigen Amtes, Inland II/g, Nr. 441 (im Exemplar des Bundesarchivs – Militärarchiv, RS 4/55, fehlt offenbar diese Karte).

TSCHERNIGOW
KIJEW
SHITOMIR
WINNIZJA
KIROWOGRAD
NIKOLAJEW
ODESSA
Autonome
Moldau-
KISCHINEW
Republik

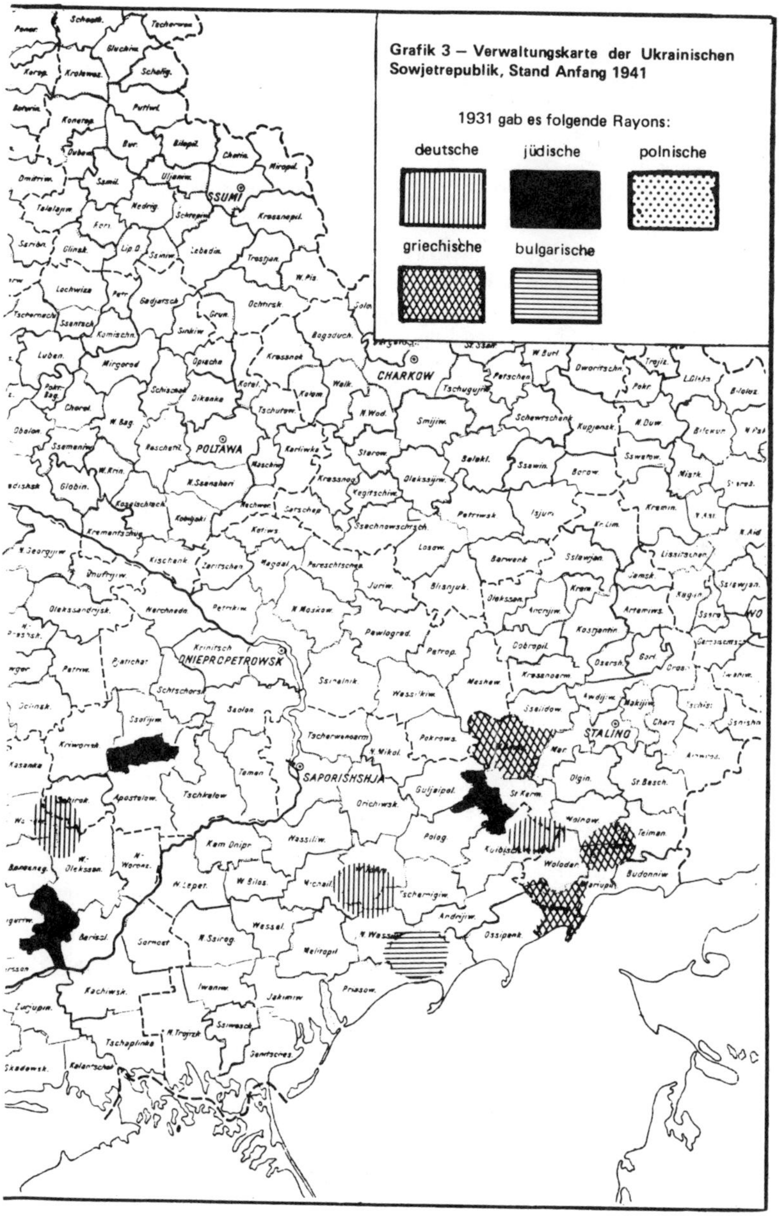

Grafik 3 – Verwaltungskarte der Ukrainischen Sowjetrepublik, Stand Anfang 1941

II.

In der Sowjetunion gab es und gibt es zum Teil bis heute sogenannte nationale, autonome Verwaltungsgebiete (vgl. Bestandstafel, S. 43-45[11]). Auch hier ergeben sich quantitative und chronologische Vergleichsmöglichkeiten. Es ist nicht immer leicht, die Daten zusammenzutragen, sei es, weil sie nicht oder nur verschleiert veröffentlicht wurden oder weil die verschiedenen Jahrgänge der einschlägigen Literatur schwer aufzufinden sind. So hat keine mir bekannte Bibliothek im Westen eine vollständige Sammlung der Jahrbücher „SSSR, administrativno-territorial'noe delenie" und ebenso nicht der Jahrbücher „Pečat' SSSR".

Nationale Verwaltungseinheiten, in diesem Falle die deutschen Rayons, wurden aus zwei Hauptgründen gebildet oder aufgehoben: aus allgemeinen Überlegungen der sowjetischen Politik oder aus spezifischen der Nationalitätenpolitik. Ich benütze hier die Ukraine als Illustration (vgl. Karte der deutschen Bevölkerungsanteile, Grafik 4, S. 23). Zur ersten Kategorie gehört zum Beispiel die teilweise Verkleinerung der Verwaltungseinheiten im Januar 1935. Vorher gab es in der UdSSR ungefähr 2.400 Rayons und nachher fast 3.300.[12] Dadurch wurden auch neue nationale Rayons geschaffen, so offenbar der deutsche Rayon Rotfront (früher Waldheim)[13] in der Ukraine, der deutsche Rayon Thälmann[14] und der jüdische Rayon Larindorf[15] auf der Krim. Ein weiteres Beispiel ist die Aufhebung der Okrugi und die Angliederung dörflicher Ortschaften an Städte. In diesem Rahmen wurde der deutsche Rayon Chortitza am 2. September 1930 aufgehoben und der Stadt Saporoshie angeschlossen.[16] Als Beispiel der zweiten Kategorie, der nationalitätenpolitischen Überlegungen, kann man die Umbildung desselben Rayons Chortitza im September 1929 in einen deutschen Rayon betrachten, also ein Jahr vor seiner eben erwähnten Aufhebung.[17]

11 Laut „Vsesojuznaja peripis' naselenija 1926 goda", Bd. 11, Moskau: CSU 1928, S. 27-30, 32. → Bei der Einrichtung neuer Verwaltungseinheiten 1921-23 wurden die Interessen der nationalen Minderheiten nicht genügend beachtet, so daß als Folge in den Jahren 1922-24 rund 20.000 Deutsche in der Ukraine die Ausreise beantragten. Nur 8000 Personen wurde das Verlassen der Sowjetunion gestattet. M. Pančuk, L. Poľovyj: Pid presom totalitarnogo režymu, in: Polityka i čas, 1992, Nr. 9-10, S. 61-66, hier S. 61.

12 Administrativno-territorial'noe delenie sojuznych respublik na 1 marta 1937 g, Moskau: Vlast' Sovetov 1937, S. V.
→ Vgl. exaktere Zahlen in diesem Buch: Deutsche Landkreise, S. 53.

13 Administrativno-territorial'noe delenie Sojuza SSR; kratkij spravočnik na 1 sentjabrja 1935 g, Moskau: Vlast' Sovetov 1935, S. 199.

14 Ebenda, S. 128.

15 Ebenda, S. 127. Der Rayon Larindorf entstand durch die Aufteilung des Rayons Freidorf und wird in sowjetischen Quellen als jüdischer nationaler Rayon bezeichnet: Boľšaja sovetskaja ėnciklopedija[1], Bd. 35, Moskau: Sovetskaja ėnciklopedija 1937, Spalte 294; S. Dimanšteyn (Hrsg.): Jidn in FSSR, Moskau: Emes 1934, S. 192-193 (jiddisch); S. Rabinovič: Ne uspokaivat'sja na dostignutom!, in: Tribuna, 1935, H. 6 (189), S. 7-8.

16 O likvidacii okrugov i perechode na dvuchstepennuju sistemu upravlenija, in: Zbirnyk zakoniv ta rozporjadžen' Robitnyčo-Seljans'koho Urjady Ukraïny, H. 23, 31. Oktober 1930, S. 694.

17 Ob obrazovanii na territorii Zaporožskogo okruga Chortickogo rajona s preobladajuščim nemeckim naseleniem, in: Sobranie uzakonenij i rasporjaženij Raboče-Krest'janskogo Praviteľstva Ukrainy, H. 24, 30. Oktober 1929, S. 866-867.

Grafik 4: Die deutsche Bevölkerung in der Ukraine in absoluten und Prozentzahlen aufgrund der Volkszählung von 1926, in Bezirken, in denen sie mindestens 1 Prozent der Gesamtbevölkerung ausmachte. Grenzen der Verwaltungsbezirke – 1926

Die Technik der Schaffung und Abschaffung war vielfältig.[18] Bei der Einrichtung der Rayons schloß man zum Beispiel die von anderen ethnischen Gruppen bewohnten Dörfer aus einem Rayon aus, das heißt man verdichtete die chemische Lösung, oder man faßte Räume, in denen die gewünschte Nationalität konzentriert war, zu einer neuen Einheit zusammen. Im Fall des sogenannten „Deutschen Rayons" (Zentrum: Halbstadt), der 1928 im Kreis Slawgorod (Sibirien) geschaffen wurde, wurden Teile mit hohem deutschen Bevölkerungsanteil aus drei benachbarten Rayons, Slawgorod, Znamenka und Nowo-Alek-

18 → Vgl. hierzu auch den Artikel in diesem Buch: Deutsche Landkreise, S. 49-51. Weitere Fallbeispiele in: Buchsweiler, German raiony, a.a.O. (Anm. 3), S. 28.

sejewka, herausgeschnitten und zu dem „Deutschen Rayon“ zusammengeschlossen[19]. Das kann aus dem Folgenden abgeleitet werden: Die Zusammenzählung der Bevölkerung dieser drei Rayons[20] im Jahre 1926 stimmt mit der summierten Einwohnerzahl dieser drei Rayons und des neugebildeten „Deutschen Rayons“ Anfang 1929[21] überein.

Bei der Abschaffung tat man das Gegenteil, man verwässerte die chemische Lösung durch Zugabe andersethnischer Einwohner oder verteilte einen nationalen Rayon auf verschiedene Rayons anderer Nationalitäten.[22] Hier lohnt es sich, einen Blick hinter die Kulissen zu werfen, um diese Technik besser beobachten zu können: Grafik 5 (S. 25) zeigt die nationale Zusammensetzung des früheren, nichtdeutschen Rayons Chortitza nach der Volkszählung von 1926. Grafik 5 (S. 26), der schon erwähnte Erlaß von 1929, der einen deutschen Rayon Chortitza begründete, illustriert, wie dazu diejenigen Dörfer mit einem hohen deutschen Bevölkerungsanteil ausgewählt und die übrigen Dörfer anderen Rayons zugeteilt wurden; durch diese Manipulation wurde der Anteil der deutschen Bevölkerung des Rayons von 30 Prozent auf 60,4 Prozent hinaufgeschraubt.[23]

Im Verhältnis zu ihrer Bevölkerungszahl hatten die Deutschen erheblich mehr nationale Rayons als die Juden: Juden gab es 1926 in der Ukraine 1,6 Millionen, und sie hatten 1931 drei Rayons, Deutsche gab es 1926 gegen 400.000, und sie hatten sieben bis acht Rayons.[24]

19 → Vgl. hierzu auch die beiden inzwischen erschienenen Veröffentlichungen: M. Klaube: Die deutschen Dörfer in der westsibirischen Kulunda-Steppe: Entwicklung – Strukturen – Probleme. Marburg 1991. (Schriftenreihe der Kommission für Ostdeutsche Volkskunde in der Deutschen Gesellschaft für Volkskunde, Bd. 57); A. Savin: Verordnete Autonomie. Die Entstehung des Deutschen Rayons in Sibirien 1924-1928. In: Forschungen zur Geschichte und Kultur der Deutschen im östlichen Europa. Newsletter-bjulleten', 1994, H. 4, S. 89-98.

20 Vsesojuznaja perepis' naselenija 1926 goda, Bd. 6, 1929, a.a.O. (Anm. 11), S. 260-261.

21 Administrativno-territorial'noe delenie Sojuza SSR, 8. Ausgabe, Moskau: NKVD 1929, S. 75 (die in dieser Quelle angeführten Zahlen sind ebenso die der Volkszählung von 1926).

22 → Vgl. zur Abschaffung der deutschen Rayons auch: Buchsweiler, German raiony, a.a.O. (Anm. 3), S. 32-34.

23 Diese Prozentsätze ergeben sich, wenn man die gesamte Einwohnerzahl im früheren Rayon Chortitza zusammenzählt (Grafik 5, S. 25) und dasselbe mit der Anzahl der Deutschen in allen Dorfräten tut. Dann zählt man die gesamte Einwohnerzahl derjenigen Dorfräte zusammen, die laut der Verordnung auf der linken Hälfte zum neuen Rayon Chortitza vereinigt wurden (mit Pfeilen gezeichnet) und tut dasselbe mit den Deutschen dieser Dorfräte.
→ Vgl. zum Rayon Chortitza 1926-1929 auch in diesem Buch: Deutsche Landkreise, S. 46-47.

24 A. Glinski: Dergreychungen un felern in der arbet tswischn di natsionale minderheytn, Charkow: Zentrfarlag 1931, S. 80-81 (jiddisch).
→ Vgl. die Angaben zur Gesamtzahl der Sowjetdeutschen 1926 und 1939 in diesem Buch: Bibliographical vignettes, S. 107. 1924 gab es fünf, ein Jahr darauf sieben deutsche Rayons. Im Jahre 1926 machte der Anteil der in der Ukraine lebenden Deutschen rund 40 Prozent der Gesamtzahl der in der Sowjetunion ansässigen deutschen Bevölkerung aus. Vgl. zur Zahl der deutschen Bevölkerung sowie anderer ethnischer Gruppen in der Ukraine 1926-1939: S. Maksudov, Demografični vtraty naselennja Ukraïny v 1930-1938 rr., in: Ukraïns'kyj istoryčnyj žurnal, 1991, Nr. 1, S. 121-127, hier S. 125; vgl. zur Zahl der Deutschen in der Ukraine im Jahre 1923: Pančuk, Pol'ovyj, a.a.O. (Anm. 11), S. 62; im Jahre 1920: B.V. Čyrko, Nacional'ni menšosti na Ukraïni, in: Ukraïns'kyj istoryčnyj žurnal, 1990, Nr. 1, S. 51-64, hier S. 52.

Grafik 5 (S. 25/26): Gegenüberstellung: Der statistische Sachverhalt am 17. Dezember 1926 und der Erlaß über die Errichtung eines deutschen Rayons in Chortitza 1929

ПРОЛЕТАРІ ВСІХ КРАЇН, ЄДНАЙТЕСЯ!

ЦЕНТРАЛЬНЕ СТАТИСТИЧНЕ УПРАВЛІННЯ УСРР

[312.572–99 (477)]

СЕРІЯ XVII

№ 96

СТАТИСТИКА УКРАЇНИ

НАЦІОНАЛЬНИЙ СКЛАД
СІЛЬСЬКОГО НАСЕЛЕННЯ УКРАЇНИ

(ЗА НАЦІОНАЛЬНІСТЮ ГОСПОДАРІВ)

ПОПЕРЕДНІ ПІДСУМКИ ВСЕСОЮЗНОГО
ПЕРЕПИСУ НАСЕЛЕННЯ 1926 р

ХАРКІВ 1927

Запорізька

№№ по черзі	СІЛЬРАДИ	Господарств	Населення: Разом	Населення: З того розподілено за національністю	Розподіл за національністю: Українці	Росіяни	Євреї	Поляки	Німці	Чехи	Болгари	Греки	Білоруси	Молдавани	Инші
а	б	1	2	3	4	5	6	7	8	9	10	11	12	13	14
	Хортицький														
1	Августинівська	303	1 504	1 504	1 491	11	2	-	—	—	—	—	—	—	—
2	Багурська	107	524	524	—	30	—	2	492	—	—	—	—	—	—
3	Білянська	969	4 792	4 793	4 714	73	—	—	—	2	—	—	4	—	—
4	Весела	294	1 423	1 423	1 389	20	—	1	8	—	—	—	1	—	4
5	Гарбузівська	131	680	680	680	—	—	—	—	—	—	—	—	—	-
6	Ганнівська	140	786	786	786	—	—	—	—	—	—	-	—	—	—
7	Жмирівська	217	1 112	1 112	982	—	—	—	130	—	—	—	—	—	—
8	Зелено-Гайська	124	645	645	640	5	—	—	—	—	—	—	—	—	—
9	Івангородська	91	532	532	528	4	—	—	—	—	—	—	—	—	—
10	Кичкаська	592	2 179	2 179	602	191	55	17	1262	—	—	7	17	—	28
11	Любимівська	170	889	889	874	9	—	—	6	—	—	—	—	—	—
12	Лукашівська	286	1 493	1 493	1 479	14	—	—	—	—	—	—	—	—	—
13	Миколайпільська	319	1 712	1 712	57	7	26	4	1612	—	—	—	2	—	4
14	Михайлівська	239	1 178	1 178	1 170	8	—	—	—	—	—	—	—	—	—
15	Мар'ївська	446	2 498	2 498	2 472	26	—	—	—	—	—	—	—	—	—
16	Ново-Олександрів.	251	1 099	1 099	1 081	9	—	5	—	—	—	—	1	—	—
17	Ново-Запорізька	120	557	557	538	18	—	—	1	—	—	—	—	—	—
18	Ново-Сергіївська	137	749	749	747	—	—	—	2	—	—	—	—	—	—
19	Нижньо-Хортицька	256	1 174	1 174	96	-	4	—	1073	—	—	—	—	—	1
20	Павлівська	339	1 779	1 779	143	44	43	—	1537	—	—	—	7	—	5
21	Розумівська	356	1 950	1 950	1 913	37	—	—	—	—	—	—	—	—	—
22	Смолянська	91	433	433	17	—	—	—	416	—	—	—	—	—	—
23	Хведорівська	261	1 231	1 231	1 231	—	—	—	—	—	—	—	—	—	—
24	Хортицька	1 024	3 963	3 963	1 159	315	187	8	2264	4	—	—	19	—	7
25	Широчанська	498	2 514	2 514	42	18	15	—	2439	—	—	—	—	—	—

Пролетарі всіх країн, єднайтеся!

ЗБІРНИК
ЗАКОНІВ ТА РОЗПОРЯДЖЕНЬ
РОБІТНИЧО-СЕЛЯНСЬКОГО УРЯДУ УКРАЇНИ

ОФІЦІЙНЕ ВИДАННЯ

№ 24 НАРОДНЬОГО КОМІСАРІЯТУ ЮСТИЦІЇ 1929 Р.
ВІДДІЛ ПЕРШИЙ | 30 ЖОВТНЯ

193. Про утворення на території Запорізької округи Хортицького району з переважною німецькою людністю.

Щоб здійснити на практиці національну політику й створити умовини вільного господарського і культурно-соціяльного розвитку німецьких трудящих мас, Всеукраїнський центральний виконавчий комітет і Рада народніх комісарів УСРР постановили:

1. Утворити на території Запорізької округи Хортицький район з переважною німецькою людністю, з центром у селі Верхня Хортиця, в складі Верхне-Хортицької, Нижне-Хортицької, Кічкаської, Широчанської, Павлівської, Бабурської, Смолянської, Миколайпільської, Веселівської, Лукашівської, Ново-Запорізької та Зеленогайської сільських рад сучасного Хортицького району Запорізької округи.

2. Решту сільських рад сучасного Хортицького району Запорізької округи віднести до складу таких районів:

1) Розумівську, Мар'ївську, Ново-Сергіївську, Білянську, Августинівську, Федорівську, Івангороднівську та Ново-Олександрівську сільські ради—Запорізького району Запорізької округи;

2) Михайлівську, Жмеринську, Гарбузівську та Ганнівську сільські ради—Томаківського району Запорізької округи;

3) Любимівську сільську раду—Солонянського району Дніпропетровської округи.

3. Вважати Хортицький район за національно-німецький.

Харків, 18 вересня 1929 р.

Голова Всеукраїнського центрального виконавчого комітету **Г. Петровський.**

Заст. Голови Ради народніх комісарів УСРР **Сербиченко.**

Вик. об. Секретаря Всеукраїнського центрального виконавчого комітету **К. Горлинский.**

Оголошено у Вістях ВУЦВК" 4 жовтня 1929 р. № 230

193. Об образовании на территории Запорожского округа Хортицкого района с преобладающим немецким населением.

В целях практического осуществления национальной политики и создания условий свободного хозяйственного и культурно-социального развития немецких трудящихся масс, Всеукраинский центральный исполнительный комитет и Совет народных комиссаров УССР постановили:

1. Образовать на территории Запорожского округа Хортицкий район с преобладающим немецким населением с центром в селе Верхняя Хортица, в составе Верхне-Хортицкого, Нижне-Хортицкого, Кичкасского, Широчанского, Павловского, Бабурского, Смолянского, Николайпольского, Веселовского, Лукашевского, Ново-Запорожского и Зеленогайского сельских советов нынешнего Хортицкого района Запорожского округа.

2. Остальные сельские советы нынешнего Хортицкого района Запорожского округа отнести к составу следующих районов:

1) Разумовский, Марьевский, Ново-Сергеевский, Белянский, Августиновский, Федоровский, Ивангородневский и Ново-Александровский сельские советы—Запорожского района Запорожского округа;

2) Михайловский, Жмеринский, Гарбузовский и Гановский сельские советы—Томаковского района Запорожского округа;

3) Любимовский сельский совет—Солонянского района Днепропетровского округа.

3. Считать Хортицкий район национально-немецким.

Харьков, 18 сентября 1929 г.

Председатель Всеукраинского центрального исполнительного комитета **Г. Петровский.**

Зам. Председателя Совета народных комиссаров УССР **Сербиченко.**

Исп. об. Секретаря Всеукраинского центрального исполнительного комитета **К. Горлинский.**

Распубликовано в „Вістях ВУЦВК" 4 октября 1929 г. № 230

Grafik 6: Die nationalen Rayons von 1931 und ihr Stand am 27. März 1939

Minderheit	Name des Rayons	Name des Gebiets	aufgehoben vor 26. 3. 39	aufgehoben am 26. 3. 39	Zwischenbilanz	existierte am 26. 3. 39	Zwischenbilanz
Deutsche	Luxemburg	Saporoshie		+		–	
	Molotschansk	Saporoshie		+		–	
	Karl Liebknecht	Nikolajew		+		–	
	Wisokopolie	Nikolajew		+		–	
	Spartakus	Odessa		+		–	
	Friedrich Engels	Odessa		+		–	
	Pulin	Shitomir		+		–	
					7		0
Juden	Nowo Slatopol	Saporoshie				+	
	Stalindorf	Djnepropetrowsk				+	
	Kalinindorf	Nikolajew				+	
							3
Polen	Marchlewsk	Shitomir	+			–	
					1		0
Bulgaren	Kolarow	Saporoshie		+		–	
	Blagojew	Odessa		+		–	
	Olschanka	Odessa				+	
					2		1
Griechen	Sartana	Stalino	+			–	
	Weliko-Janisol	Stalino				+	
	Mangusch*	Stalino				+	
					1	2	
Insgesamt					11		6

* Der Rayon Mangusch existierte in den Jahren 1932–1938 nicht als administrative Einheit.

Dieses Ungleichgewicht hängt damit zusammen, daß die Juden vorwiegend zur städtischen Bevölkerung gehörten, während die Deutschen hauptsächlich auf dem Lande lebten.[25]

Der nationale Rayon verfügte gemeinhin über eine gleichsprachige Zeitung[26], die bei seiner Aufhebung dann auch abgeschafft wurde, oder meist einige Tage später. Die Bewohner des nationalen Rayons konnten sich noch in ihrer muttersprachlichen Zeitung über die Aufhebung der nationalen Autonomie informieren; so erschien das Dekret vom 28. August 1941 über die Deportation der Wolgadeutschen in den „Nachrichten" vom 30. August.[27] Als erster wurde 1935 der polnische Rayon Marchlewsk aufgehoben. Die deutschen Rayons in der Ukraine wurden am 26. März 1939 zusammen mit zwei der drei bulgarischen liquidiert.[28] Die Lage in der Ukraine am Ende der dreißiger Jahre kann man auf der Grafik 6 (S. 27) überblicken.

III.

Die Verlagstätigkeit der nationalen Minderheiten ist ebenfalls zähl- und meßbar, allerdings fragt es sich, welche Zahlen sich zum Vergleich eignen. Ist es die Anzahl der Veröffentlichungen, ihre Auflage oder die Menge der bedruckten Bögen? Die Daten sind auch hier nicht immer vorhanden, und komplette Bestände der erschienenen Bücher sind nicht verfügbar. Wohl oder übel müssen wir die Anzahl der Veröffentlichungen als Maßstab benutzen. Die Nachteile dieser Methode liegen auf der Hand. Ein dicker Band wird einem dünnen Heft gleichgesetzt, und darüber hinaus wiegt ein Buch, das in einigen hundert Exemplaren erschien, genauso schwer wie eines mit der Auflage von mehreren tausend.

Zwischen den Weltkriegen gab es in der Sowjetunion etwa 6.000 deutsche Veröffentlichungen. Diese Anzahl erscheint auf den ersten Blick als sehr hoch, doch handelt es sich bei etwa der Hälfte um Übersetzungen aus anderen Sprachen. Was bleibt, ist aber immer noch viel. Daher muß man, um sich ein realistisches Bild machen zu können, einen qualitativen Maßstab anwenden. Ein solcher kann meines Erachtens die Antwort auf die

25 → Mitte der zwanziger Jahre lebten rund 94,1 Prozent der deutschen Bevölkerung in der Ukraine auf dem Land. Pančuk, Poľovyj, a.a.O., (Anm. 11), S. 62.

26 → Vgl. zu deutschen Rayonszeitungen in diesem Buch: Deutsche Landkreise, S. 681-682. In Wolhynien gab es Ende 1924 weder deutsch- noch russischsprachige Periodika bzw. Literatur. Nach Angaben eines Mitglied der Zentralkommission für nationale Minderheiten beim Allukrainischen Zentralen Exekutivkomitee, war die ansässige deutsche Bevölkerung infolge mangelnder Sprachkenntisse nicht in der Lage, auf das in ukrainischer Sprache erscheinende Blatt „Radjans'ka Volyn'" zurückzugreifen. „Dopovid' člena Central'noï komisiï nacional'nych menšnostej pri Vseukraïns'komu Central'nomu Vykonavčomu Komitetovi pro stan roboty sered nimec'kogo naselennja na Volyni. Dok. Nr. 24 vom 12.12.1924, in: Ukraïns'kyj istoryčnyj žurnal, 1990, Nr. 11, S. 114-118, hier S. 115.

27 Eine Abbildung der besagten Nummer dieser Zeitung – Heimatbuch der Deutschen aus Rußland 1973–1981, Stuttgart: Landsmannschaft der Deutschen aus Rußland [1982], S. 18. → Vgl. zu den Deportationen aus der Ukraine: Pančuk, Poľovyj, a.a.O., (Anm. 11), S. 66.

28 SSSR; administrativno-territorial'noe delenie sojuznich respublik. Izmenenija, proisšedšie za vremja s 1/X 1938 goda po 1/III 1939 goda, Moskau: Vlg. Vedomostej Verchovnogo Soveta RSFSR 1939, S. 133-134.

Grafik 7: Eine Seite deutscher belletristischer Publikationen aus dem Katalog des Staatsverlages der deutschen Minderheiten in der Ukraine

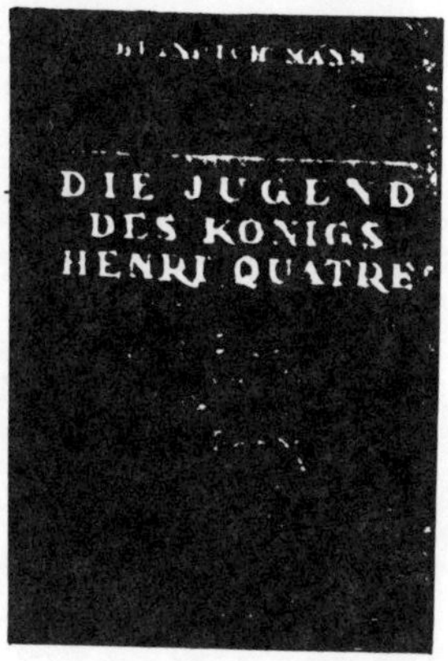

Goethe, Johann Wolfgang — Reineke Fuchs, 1938, S. 186, Pr. in Einband 5 Rbl 50 Kop.

Golowko, A. — Die Mutter, 1938, S. 380, Pr. in Einband 5 Rbl. 25 Kop.

Gorki, Maxim — Meine Universitäten — Der Nachtwächter, 1937, S. 198, Pr. in Einband 4 Rbl 35 Kop.

Hugo, Viktor — Dreiundneunzig, 1938, S. 407, Pr. in Einband 4 Rbl. 50 Kop.

Dickens, Charles — David Kopperfild, 1939, S. 271, Pr. in Einband 4 Rbl. 50 Kop.

Katajew, W. — Ich, Sohn des werktätigen Volkes, 1938, S. 224. Pr. in Einband 2 Rbl.

Korolenko, W. — Der blinde Musikant, 1938, S. 151, Pr. in Einband 1 Rbl. 65 Kop.

Kozjubinski, M. — Fata-Morgana, 1938, S. 150, Pr. in Einband 3 Rbl. 25 Kop.

Kurella, Alfred — Wo liegt Madrid (7 Erzählungen), 1939, S. 120, Pr. in Einband 1 Rbl. 90 Kop.

Lermontow, M — Ein Held unserer Zeit, 1938, S. 180. Pr. in Einband 3 Rbl. 40 Kop.

Lessing, G. — Nathan der Weise, 1939, S. 206, Pr. in Einband 5 Rbl. 50 Kop.

Leschnitzer, Franz — Verse, 1939, S. 120, Pr. in Einband 4 Rbl.

Mann, Heinrich — Die Jugend des Königs Henri Quatre. (Roman) 1. Buch, 1938, S 612, Pr. in Einband 10 Rbl.

Mann, Heinrich — Die Vollendung des Königs Henri Quatre. (Roman) 2. Buch, 1939, S. 800, Pr. in Einband 15 Rbl.

Grafik 8: Katalog der Publikationen in jiddischer, polnischer, bulgarischer und deutscher Sprache 1937-1939

Literarisches Genre	Gesamtzahl		Originalsprache. Der Verfasser ist: Summe in der Originalsprache		Minderheitsangehöriger, wohnt in der UdSSR		Emigrant, wohnt in der UdSSR		Lebte im vorrevolutionären Rußland		Wohnt außerhalb Rußlands		Übersetzung. Summe der Übersetzungen		Aus folgender Sprache: Aus einer Sprache der UdSSR		Aus einer auswärtigen Sprache	
	Deutsch	Jiddisch	Deutsch	Jiddisch	Deutsch	Jiddisch	Deutsch	Jiddisch	Deutsch	Jiddisch	Deutsch	Jiddisch	Deutsch	Jiddisch	Deutsch	Jiddisch	Deutsch	Jiddisch
Sozio-ökonomische Literatur	32	37		4		4							32	33	32	33		
Schöngeistige Literatur – Prosa und Dichtung	37	137	13	101		98	10				3	3	24	35	8	29	16	6
Schauspiele	10	25	4	19		17	4			2			6	6	3	6	3	
Kinder- und Jugendliteratur	7	73		28		26				2			7	45	4	28	3	17
Verschiedenes		22		14		14								8		8		
Gesamtzahl	86	293	17	166		159	14			4	3	3	69	127	47	104	22	23

Die Spalten mit Raster = Deutsch, die weißen = Jiddisch. Der Katalog enthält keine Schulbücher.

Frage sein, ob der Verfasser Sowjetdeutscher war. Es wurden natürlich Publikationen auch anderer deutscher Verfasser verlegt, von Klassikern der deutschen Literatur und von Klassikern des Marxismus-Leninismus, wie es in der Sowjetunion heißt. Zusätzlich gab es unter den Autoren Emigranten aus Deutschland und Österreich. Die Abnehmer des deutschen Verlagswesens lebten teilweise außerhalb der Sowjetunion oder aber sie waren von dort stammende Leute, die in der UdSSR wohnten, das heißt sie waren vielfach keine Sowjetdeutschen.

Ich habe alle erreichbaren Verlagskataloge durchgearbeitet und auf die Persönlichkeit und Geburtsländer der Verfasser hin untersucht. Das Ergebnis zeigt ein langsames Ansteigen des Prozentsatzes der von Sowjetdeutschen verfaßten Publikationen, das in der zweiten Hälfte der dreißiger Jahre zu einem abrupten Ende kam. Wenn wir als Beispiel dafür und für die angewandte Methode den hochinteressanten Katalog[29] (Grafiken 7 und 8, S. 29/30) nehmen (und wieder ist die Ukraine die Illustration), so sind seine Resultate eindeutig: Von 86 deutschen Veröffentlichungen in diesem Katalog sind 69 Übersetzungen aus anderen Sprachen, und 17 wurden von Deutschen, die nicht in Rußland auf die Welt gekommen sind (Klassiker, Emigranten usw.), geschrieben. Nicht eine einzige ist von einem Sowjetdeutschen verfaßt worden. Dagegen wurden von 293 jiddischen Publikationen immerhin 159 von in der UdSSR wohnenden Juden verfaßt. Bei einem solchen Vergleich darf man natürlich nicht vergessen, daß es bei den Sowjetjuden nicht so viele Emigranten gab und daß bei ihnen die schöpferischen Kräfte viel zahlreicher waren.

IV.

In Hinsicht auf den nationalen Aspekt des Verlagswesens stellt die Bücherproduktion den Rahmen dar, und ihr Inhalt ist selbstverständlich die Literatur. Die Herausgabe von Büchern in der Muttersprache ist schon an sich eine nationale Erscheinung. Man muß jedoch auch in diesem Falle untersuchen, wer der Verfasser war, welches sein künstlerisches Niveau ist, welche Themen er behandelt und welche Einstellung er ausdrückt. Hier bietet sich der Vergleich verschiedener Perioden innerhalb ein und derselben Literatur an und erst später der Vergleich der Literaturen verschiedener Minderheiten untereinander. Wir können die Entwicklung beziehungsweise in diesem Fall den Ruin der Schriftsteller verfolgen. Dasselbe kann man in bezug auf literarische Zeitschriften tun. Daher ist es nicht zu verwundern, daß Frau Engel-Braunschmidt hier in Deutschland und ich in Israel völlig unabhängig voneinander die ukrainisch-deutsche Zeitschrift „Sturmschritt" als Exempel untersucht haben.[30] Diese Analyse förderte meines Erachtens eine interessante zweifache

29 Katalog izdanij na evrejskom, poľskom, bolgarskom i nemeckom jazykach 1937–1939 gg, Kiew: Gosudarstvennoe izdateľstvo nacionaľnych men'šinstv pri SNK USSR 1940.

30 A. Engel-Braunschmidt: Sowjetdeutsche Literatur im Aufbruch: Die Zeitschrift „Der Sturmschritt" zwischen kultureller Autonomie und dem Würgegriff Stalins, in: Germano-Slavica, 4, 1983, H. 4, S. 169-190. Meine Untersuchungen, deren erste in der hebräischen Ausgabe meines Buches (1980) enthalten war, die zweite erschien als Artikel und die bis jetzt letzte in der deutschen Übersetzung des Buches (Einzelheiten siehe Anm. 3), wurden von Fall zu Fall durch weiteres Material ausgebaut.

Bindung zutage. Die deutsche Literatur in der Ukraine war an doppelte Rahmen gebunden und litt auch doppelt. Einerseits war sie an die allgemeinen Geschehnisse der sowjetischen Literatur angeschlossen, im besonderen an die bekannte Resolution des Zentralkomitees (ZK) vom 23. April 1932 „Über die Neuordnung der literarischen-künstlerischen Organisationen“[31], und an die Ereignisse um den ersten Schriftstellerkongreß. Andererseits war sie als Literatur einer Minderheit in der Ukraine schon 1934 mit den Säuberungen unter den ukrainischen Schriftstellern verzahnt. Jedenfalls, und dies ist meiner Meinung nach nicht genug bekannt, hörte die Existenz einer sowjetdeutschen Literatur, soweit die frühere Phase eine solche darstellte, schon in der zweiten Hälfte der dreißiger Jahre auf und nicht erst mit dem deutschen Einmarsch, wie oft im sowjetischen Schrifttum behauptet wird.

Eine andere aktuelle Frage: Wie wird diese Periode in den heutigen sowjetdeutschen Medien dargestellt, das heißt, wie nimmt sich die Vergangenheit von heute gesehen aus und in welchem Verhältnis steht dies zu dem tatsächlichen Lauf der damaligen Ereignisse? Diese Darstellung der Vergangenheit, die in der Sowjetunion nichts Zufälliges an sich hat, ist ein Maßstab der gegenwärtigen Politik. Ob diese Schriftwerke dabei auch Kunstwerke sind, ist eine andere Frage. Die sowjetdeutsche Selbstbeschreibung hat seit dem Kriegsende einen weiten Weg hinter sich.[32] Anfänglich wurden die Sowjetdeutschen fast totgeschwiegen und hatten auch zu schweigen (es gab keine Möglichkeit, auf deutsch zu publizieren). Sehr langsam erwuchsen dann verschiedene Möglichkeiten. Es erschienen Zeitungen, einige Bücher (unter ihnen eine dreibändige „Anthologie der sowjetdeutschen Literatur“[33]) und die literarische Zeitschrift „Heimatliche Weiten“.[34] Das Thema der Einstellung zur Vergangenheit auf diesen Bühnen verpflichtet zu einer gründlichen Untersuchung, und ich bin mit der Ausarbeitung einer solchen beschäftigt. Hier möchte ich die Sachlage nur durch ein paar markante Beispiele veranschaulichen. Ein Problem war und ist der nationale Ton der Literatur. Darüber schreibt Woldemar Herdt in der Zeitung „Freundschaft“: „Was wir aber an vielen Werken beanstanden müssen, ist die blasse nationale Färbung. In den meisten Fällen könnten wir die Namen der Helden und Verfasser beispielsweise durch russische ersetzen, und kein Mensch würde an ihrer Echtheit zweifeln.“[35] Das sind interessante und meines Erachtens seltene Formulierungen. So finden sich auch gegensätzliche Tendenzen, wenn gerade die nationale Prägung und Motivation des Schaffens eines Verfassers nicht gewürdigt werden.

→ Ergänzende Informationen aus dem Aufsatz von A. Engel-Braunschmidt sind in diesem Buch in Form von zusätzlichen Hinweisen eingearbeitet worden. Vgl. dazu den Beitrag: Probleme der sowjetdeutschen Literatur.

31 KPSS v rezoljucijach i rešenijach s“ezdov, konferencij i plenumov CK, Bd. 5, Moskau: Politizdat 1971, S. 44-45.

32 → Vgl. allgemein zur Darstellung der eigenen Vergangenheit in den sowjetdeutschen Medien der letzten Jahren in diesem Buch: Die Vergangenheit.

33 Anthologie der sowjetdeutschen Literatur, Alma-Ata: Vlg. Kasachstan 1981–1982.

34 Zweimal jährlich, seit 1981.

35 Was ich dazu meine, in: Freundschaft, H. 68, 6. April 1985.

Ein anderer charakteristischer Fall ist das Los des Romans von Gerhard Sawatzky „Wir selbst".[36] Dieser Roman, der als das „bedeutendste Werk der sowjetdeutschen Vorkriegsliteratur" umschrieben und mit Michail Scholochows „Der stille Don" verglichen wird,[37] „war schon gesetzt, als im November 1938 der Autor auf Grund von Verleumdungen verhaftet und abgeurteilt wurde".[38] „Das maschinengetippte Manuskript bewahrte seine treue Lebensgefährtin Sophie Sawatzky auf."[39]

Verschiedentlich wurden Auszüge aus dem Roman veröffentlicht, in „Heimatliche Weiten" (ab 1984, Nr. 1) wird er nun vollständig gedruckt. „Im Heft zwei (1985) soll der Schluß des ersten Bandes des Romans ‚Wir selbst' ... erscheinen."[40] Hier ein Überblick über die partiellen Veröffentlichungen des Romans:

Jahr	**Publikation**	**Abgerundeter Umfang auf „Heimatliche Weiten" umgerechnet**
1963	„Neues Leben" Heft 46; 4. November	4
1965	„Neues Leben" Heft 37, 43, 46, 47; 8. September, 20. Oktober, 10. November, 17. November	35
1968	„Wir selbst"; „Sammelband sowjetdeutscher Prosa"[41]	37
1971	„Neues Leben" Heft 51, 52; 15. Dezember, 22. Dezember[42]	16
1976	„Neues Leben" Heft 52; 21. Dezember[43]	9
1977	„Poesie und Prosa der deutschsprachigen Schriftsteller in der UdSSR"[44]	5
1981	„Anthologie der sowjetdeutschen Literatur"[45]	15
1983	„Neues Leben" Heft 38; 14. September	10
1984	„Heimatliche Weiten" Heft 1,2	
1985	„Heimatliche Weiten" Heft 1,2	500
1986	„Heimatliche Weiten" Heft 1 (mit Anmerkung „Fortsetzung folgt")	

Ich behaupte nicht, daß die sich aus diesen vergleichenden Zahlen ergebende Kurve repräsentative Bedeutung hat, sie vermittelt aber doch den Eindruck eines Trends. Der Vergleich ergibt nicht nur quantitativen Zuwachs, sondern auch einen bedeutungsvollen Schwund. 1965 wird über Gerhard Sawatzky berichtet (vgl. obiges Zitat), daß er verhaftet wurde, und ... „nach dem XX. Parteitag wurde er vollkommen rehabilitiert". Die entspre-

36 → Vgl. zu dem Roman und seinen weiteren partiellen Veröffentlichungen in diesem Buch: Die Vergangenheit, S. 134-135.
37 W. Ekkert: Zum Geleit, in: Heimatliche Weiten, 1984, H. 1, S. 5-6.
38 Neues Leben, H. 37, 8. September 1965.
39 W. Ekkert, a.a.O. (Anm. 37), S. 6.
40 Das neue Heft des Almanachs ist da!, in: Neues Leben, H. 37, 11. September 1985.
41 Moskau: Vlg. Progress 1968, S. 5-41.
42 Zum 70. Geburtstag G. Sawatzkys.
43 Zu seinem 75. Geburtstag.
44 Lehr- und Lesebuch für die 8. Klasse der Schulen mit muttersprachlichem Deutschunterricht², zusammengestellt und verfaßt von V. Klein und J. Warketin, Moskau: Prosveščenie 1977, S. 27-32.
45 Anthologie der sowjetdeutschen Literatur, a.a.O. (Anm. 33), Bd. 1, S. 228-244.

chende Formulierung von 1963 war: „In der Blüte seiner Schaffenskraft wurde er ein Opfer des Personenkults.“[46] In allen weiteren oben genannten Beiträgen (ab 1968) ist die Verleumdung, Verhaftung oder Rehabilitierung nicht erwähnt. Dies trifft auch auf Publikationen zu, bei denen eine Charakteristik des Verfassers den Auszügen beziehungsweise Abdrucken vorgestellt war („Poesie und Prosa“, „Anthologie“, „Heimatliche Weiten“). Auch in Dominik Hollmanns „Literarisches Porträt: Gerhard Sawatzky“[47] und seinem Bericht „Gedenkfeier in Potrassowo; zu Gerhard Sawatzkys 75. Geburtstag“[48] steht nichts darüber. Wenn man die Charakteristik in der „Anthologie“ liest, erfährt man auch nicht, daß „Wir selbst“ seinerzeit gar nicht veröffentlicht wurde.[49]

Zum Schluß dieses Exkurses wäre noch zu sagen, daß in der letzten Zeit Themen behandelt beziehungsweise in erweiterter Form behandelt werden, die wenigstens teilweise mit Tabu belegt waren, wie die Kriegszeit, die Verschleppung, die Trudarmija und so weiter.[50] Auch hier gibt es in der sowjetischen Literatur kaum Zufälle. Man weiß ja nicht, was geschrieben wird. Sicher ist, daß ein Teil davon nicht veröffentlicht wird, und dieser Teil kann lange, wenn nicht für immer, „in der Schublade“ liegenbleiben (wenn er nicht vernichtet wird). Es zählt das, was veröffentlicht wird. Wenn weitere Themen in das Erlaubte eingeschlossen werden, können auch ältere Schriftwerke zur Publikation gelangen. Selbst wenn manche Darstellungen unwahrscheinlich oder ungenau sind, bedeutet doch eine Sachlage, in der eine solche Thematik behandelt werden kann, einen Schritt vorwärts. Um zu einer ausgewogenen Einschätzung zu gelangen, sollte man einen Vergleich nicht nur mit dem Erwünschten, sondern mindestens so mit dem im vorhergehenden Stadium Gewesenen anstellen.

V.

Auf dem Gebiet der Erziehung kann man auch Vergleiche anstellen, so zum Beispiel wie viele Schulen, Klassen und Schüler in der Muttersprache es zu einem bestimmten Zeitpunkt gab, und zwar in Relation zur Bevölkerungszahl der verschiedenen Minderheiten. Zu diesem Komplex gibt es ausgiebige Angaben aus den zwanziger Jahren.[51] Die Deutschen

46 Neues Leben, H. 46, 14. November 1963.
47 Zweig eines großen Baumes, Alma-Ata: Vlg. Kasachstan 1974, S. 107-114.
48 Neues Leben, H. 33, 9. August 1978.
49 Anthologie der sowjetdeutschen Literatur, Bd. 1, a.a.O. (Anm. 33), S. 228.
50 Weitere solche Themen: Die rußlanddeutsche Geschichte bis 1917, Lebens- und Schaffensberichte der vernichteten sowjetdeutschen Intelligenz der Zwischenkriegsjahre und weiteres. Über einige erschienen auch Monographien, so Franz Bach: Einleitung und Auswahl von D. Wagner, Alma-Ata: Vlg. Kasachstan 1983, und W. Ekkert: Franz Schiller, Alma-Ata: Vlg. Kasachstan 1983.
51 Hauptsächlich die Serie: Narodnja osvita Ukraïny, Charkow: Central'ne statystyčne upravlinnja USSR.
→ Vgl. hierzu auch: Pančuk, Pol'ovyj, a.a.O. (Anm. 11), S. 62; Čyrko, a.a.O. (Anm. 24), S. 52-53. Ende der 20er Jahre verfügte die deutsche Bevölkerung in der Ukraine über je ein eigenes pädagogisches und Industrietechnikum, eine siebenjährige Schule, die jedoch nur zu 30% von deutschen Kindern besucht wurde, des weiteren über eine deutsche Abteilung am Institut für Volksaufklärung, über 5 Landwirtschaftstechnika und eine Sowjetparteischule. Die Bildungs-

in der Ukraine waren, was die Grundschule betrifft, unter den Minderheiten nicht schlecht dran. Das war natürlich auch durch die Geschlossenheit ihrer Ansiedlung verursacht. Die deutschsprachigen Schulen (Schulen, in denen die Unterrichtssprache Deutsch war; Deutsch als Fach konnte ab der fünften Klasse auch später unterrichtet werden) wurden seit dem Schuljahr 1938/39 geschlossen. Ob dies, wie allgemein angenommen wird, mit der Verordnung des ZK der Kommunistischen Partei und des Rates der Volkskommissare der UdSSR vom 13. März 1938 „Über das obligatorische Studium der russischen Sprache in den Schulen der nationalen Republiken und Gebiete“[52] zusammenhängt, ist nicht so wesentlich.

Die deutschsprachigen Schulen in der Wolgarepublik bestanden bis 1941. Ebenso existierten in der Ukraine Schulen mit ukrainischer, russischer, jiddischer oder moldauischer Unterrichtssprache weiter.[53] Die Einstellung der Bevölkerung zur Erziehung ist auf diesem Weg nicht zu ermitteln. Es wird allerdings verschiedentlich gemeldet, daß bei manchen Eltern die Tendenz zu spüren war, ihre Kinder nicht in die Schulen, in denen in Minderheitssprachen unterrichtet wurde, zu schicken, weil sie ihnen den Weg zu den höheren Bildungsanstalten (von denen es wenige in diesen Sprachen gab) ebnen wollten.

In Israel wurden aufgrund eines quantifizierenden Vergleiches jiddischer Schulbücher Analysen des nationalen Wertes des Schulbetriebs unternommen. Es wurden Schulbücher verschiedener Zeitpunkte, hauptsächlich in den Fächern Geschichte, Literatur und jiddische Sprache untersucht. Das Resultat war, wie wir auch auf anderen Gebieten sahen, ein Niedergang der nationalen Substanz, soweit eine solche in den zwanziger Jahren bestanden hatte, in den dreißiger Jahren. Die Arbeiten sind auf hebräisch geschrieben. Aber wo gibt es sowjetdeutsche Schulbücher der zwanziger und dreißiger Jahre, die man zur Analyse und zum Vergleich heranziehen könnte?

VI.

Bestrebungen zur Reform der Orthographie verschiedener Sprachen, zum Beispiel des Deutschen, Russischen und Jiddischen (Englisch, Chinesisch und Türkisch gehören nicht hierher), gab es sowohl außerhalb der Sowjetunion als auch vor der Revolution. Ich sage

einrichtungen der jüdischen Bevölkerung waren noch zahlreicher. So gab es beispielsweise sechs jüdische Abteilungen an Instituten für Volksaufklärung. M.O. Skrypnyk: Perebudovnymy šljachamy. Problema kuľturnogo budivnyctva nacionaľnostej Ukraïny, in: Ukraïns'kyj istoryčnyj žurnal, 1989, Nr. 8, S. 118-124; Nr. 11, S. 99-108; Nr. 12, S. 129-135, hier S. 129-130. Vgl. speziell für das Gebiet Odessa: S.O. Guseva, M.M. Cobenko: Z dosvidu rozv'jazanija nacionaľnogo pitanija na pivdni Ukraïni (1920-1930rr.), in: Ukraïns'kyj istoryčnyj žurnal, 1 ,1991, Nr. 2, S. 45-54, hier S. 51. In der Ukraine zählt Skrypnyk für die Jahre 1929/30 574 deutsche Schulen 1. Stufe mit 31.075 Schülern und 54 Schulen 2. Stufe mit 3.000 Schülern an. Im Jahre 1930/31 erhielten 89,3 Prozent aller deutschen Kinder Unterricht in ihrer Muttersprache. Vgl. auch detaillierte Zahlen zu Schulen und Schülern anderer Nationalitäten: Skrypnyk, Perebudovnymy, Nr. 11, S. 105-107.

52 Die entsprechende Verordnung der ukrainischen Gremien: Kuľturne budivnyctvo v Ukraïnśkij RSR, Bd. 1, Kiew: Deržavne vydavnyctvo polityčnoï literatury URSR 1959, S. 740-744.

53 Siehe dazu: Navčaľni plany počatkovoï ta seredno'oï školy, Kiew: Narodnyj Komisariat Osvity URSR 1939.

dies, weil die erwähnten Strömungen öfter als typisch bolschewistische Erscheinungen angeschwärzt wurden. Die Reform des russischen Alphabets wurde schon im Oktober 1918 verordnet und verschiedene Buchstaben wurden abgeschafft.[54] Es gab auch eine Tendenz, und das ist weniger bekannt, im Russischen die lateinische Schrift einzuführen, und diese Tendenz wurde sogar von Anatoli Lunatscharski unterstützt.[55] Dokumente zu dieser Episode habe ich einem noch nicht veröffentlichten Aufsatz über die Sprachreform beigegeben.[56] Hier muß auch die Einführung der lateinischen Schrift in den zwanziger und zu Beginn der dreißiger Jahre bei zentralasiatischen und anderen Völkern erwähnt werden.

Vor diesem Hintergrund kann man die Reform der deutschen und der jiddischen Orthographie betrachten. Diese Reform war meines Erachtens mehr eine politische als eine linguistische Erscheinung oder vielleicht eine politische Erscheinung, die linguistische Formen annahm. Man wollte in beiden Fällen einen Grenzstreifen zwischen der in der Sowjetunion und der in der restlichen Welt benützten Sprache ziehen. Die Sprache sollte einfacher und phonetisch sein, das heißt schreibe, was du sagst oder hörst. Bei den Juden wurde auch über eine Latinisierung der Schrift gesprochen.[57] Das Ausmaß der geplanten Reform war umstritten. Hauptpunkte, über die man sich in den verschiedenen Systemen einig war, sollten beispielsweise sein:

1. Kleinschreibung,
2. Abschaffung verschiedener Buchstaben (so zum Beispiel C, X, V, Y),
3. Schreibweise der Fremdwörter nach ihrer Aussprache im Deutschen (so zum Beispiel füsik).

Bei manchen Befürwortern der deutschen Othographiereform findet man die Annahme, daß die vorgeschlagene Vereinfachung die Volksbildung erleichtern würde.

54 Dekrety Sovetskoj Vlasti, Bd. 3, Moskau: Politizdat 1964, S. 403-404.

55 A. Lunačarskij: Latinizacija russkoj pis'mennosti, in: Kultura i pis'mennost' vostoka, 1930, H. 6, S. 20-26.

56 → Vgl. in diesem Buch: Zur sowjetischen Sprachpolitik.

57 Zur Reform der deutschen Orthographie siehe zum Beispiel die Resolution einer Konferenz der deutschen Kulturarbeiter und proletarischen Kollektivistenschriftsteller in der Ukraine „Für Einführung der Einfachschrift", in: Sturmschritt, 1931, H. 5/6, S. 28-31, und als allgemeinen Hintergrund zu dem Problem L. Weisgerber: Die Verantwortung für die Schrift; sechzig Jahre Bemühungen um eine Rechtschreibereform, Mannheim: Bibliographisches Institut 1964. Zur Reform der jiddischen Orthographie (außer dem reichen jiddischen und hebräischen Material): R. Ehrlich: Politics and linguistics in the standardization of Soviet Yiddish, in: Soviet Jewish affairs, 1973, H. 1, S. 71-79. Über andere jüdische Sprachen und Dialekte in der UdSSR, die der Bergjuden (im Kaukasus) und den der bucharischen Juden, vgl. M. Zand: Literature of the Mountain-Jews, in: Soviet Jewish affairs, 15, 1985, H. 2, S. 3-22; Evrejsko-tatskij jazyk, in: Kratkaja evrejskaja ėnciklopedija, Bd. 2, Jerusalem: Obščestvo po issledovaniju evrejskich obščin, 1982, Spalten 459-462; Evrejsko tadžikskij jazyk, ebenda, Spalten 453-455; M. Zand: Bukharan Jewish culture, in: Soviet Jewish affairs, 9, 1979, H. 2, S. 15-23. Die erste Sprache wurde ursprünglich mit hebräischen Buchstaben geschrieben, „bekam" dann 1929 das lateinische Alphabet und 1938 das kyrillische. Der zweite Dialekt wurde auch mit hebräischen Buchstaben geschrieben, 1929–1932 latinisiert und dann (nach 1940) als Schriftsprache ganz ausgelöscht.

Ein Beweis für die Richtigkeit meiner Behauptungen ist der Zeitpunkt, zu dem die deutsche Sprachreform vom Tisch gefegt wurde. Dies ereignete sich nach Hitlers Machtergreifung und wurde begründet mit der Gefahr, die sowjetdeutsche Sprache und Literatur „durch sprachliche (ja auch nur orthographische) Absonderung künstlich dem Verständnis deutsch-sprechender Millionenmassen zu entfremden".[58] Daneben wurde die Sprachreform als Schädlingsarbeit gewertet. Die Professoren Alfred Ström und Reinhold Mickwitz von der Pädagogischen Hochschule in Odessa, die die Reform gefördert hatten, kamen daraufhin im Norden um.[59] Ihre spätere Rehabilitation hat ihnen nicht mehr geholfen.

Die jiddische Orthographie wurde und blieb reformiert, wenn man von einem Rückzieher, der Wiedereinführung von Endbuchstaben seit der Veröffentlichung der jiddischen literarischen Zeitschrift „Sovetisch Heymland" 1961, absieht. Der entscheidende Schlag galt hier den hebräischen Wörtern in der jiddischen Sprache. Sie wurden nicht mehr nach der hebräischen Orthographie geschrieben, sondern so aufgezeichnet, wie man sie hörte.

VII.

Die Möglichkeit einer doppelten beziehungsweise geteilten Loyalität besteht bei Minderheiten, deren Muttervolk einen – außerhalb der Sowjetunion liegenden – Staat bildet. Der Begriff ist modern, das heißt er ist ein Kind des nationalen Staates und der mit ihm erwachsenen Umschreibung der Souveränität. Er kommt von irgendwo zwischen den Hugenotten und den sich emanzipierenden Juden. Das Problem aber ist uralt. So steht doch im ersten Kapitel des Zweiten Buch Mosis über die Juden in Ägypten: „Denn wenn ein Krieg ausbräche, können sie sich zu unseren Feinden schlagen und gegen uns kämpfen und aus dem Lande ziehen."[60] Wer will behaupten, die Bibel entbehre der Aktualität?

Die Loyalitätsfrage hatte meines Erachtens für die Sowjetdeutschen der zwanziger und der ersten Hälfte der dreißiger Jahre kein reales Gewicht. Man fragt sich nicht jeden Morgen beim Aufstehen, ob man der Sowjetunion oder dem Deutschen Reich gegenüber loyal sei. Ich will damit nicht sagen, daß die Loyalität der sowjetdeutschen Bauern zur Sowjetmacht außer Frage stand, ich meine nur, daß sie dieses Problem nicht, und sicher nicht in seinem theoretischen Ausdruck, beschäftigt hat. Wenn das Problem wirklich bestand, und es bestand, so waren sie sich dessen kaum bewußt. Jene, die zum Beispiel 1933/34 Pakete aus Deutschland annahmen, taten dies nicht aus Illoyalität, sondern aus purem Hunger.[61] Das

58 Vortrag von Hugo Huppert: Von der 1. Unionskonferenz sowjetdeutscher Schriftsteller, in: Sturmschritt, 1934, H. 5, S. 511.

59 „Alfred Ström kam in Workuta im Herbst 1944 beim Flößen um ... R. Michwitz fand kurz vor Kriegsbeginn seinen tragischen Tod im Norden." (W. Ekkert: Im Dienste der Heimat, in: Heimatliche Weiten, 1984, H. 1, S. 235-236, 243.) Der Artikel ist „meinem unvergeßlichen Lehrer Professor Alfred Ström zum Gedenken" gewidmet.

60 Exodus, Kap. 1, 10 (M. Luthers Bibelübersetzung).

61 → Neuere ukrainische Forschungen beschäftigen sich mit den Hungersnöten in der Ukraine in den 20er und 30er Jahren. Vgl. zur Kollektivierung und der Hungersnot 1932-33 v.a. in den deutschen und jüdischen Rayons: L.P. Pol'ovyj, B.V. Čyrko: Nacional'ni menšyni ukraïns'kogo sela v umovach kolektyvizaciï, in: Ukraïns'kyj istoryčnyj žurnal, 1993, Nr. 3, S. 64-69 sowie: Pančuk, Pol'ovyj, a.a.O. (Anm. 11), S. 63-64; vgl. zur Hungersnot von

heißt aber nicht, daß es in Deutschland niemanden gab, der bereit war, diese Tatsachen auszunutzen. Am Vorabend des Zweiten Weltkrieges und an dessen Beginn wurde dann das Problem erschreckend aktuell.

Eine andere Art der geteilten Loyalität existiert im Mutterstaat und besitzt eine hartnäckige Kontinuität. Was soll den Vorrang im Mutterland haben, wir sehen dies auch in Israel – die staatlichen, politischen und wirtschaftlichen Interessen oder die Sorge um die Deutschen beziehungsweise Juden in der UdSSR? Das Problem war aktuell zur Zeit der Weimarer Republik, im Dritten Reich und ist es auch heute noch. Ich würde in eine Dokumentation über die Sowjetdeutschen, auf die ich unten näher eingehe, zum Beispiel folgende Quellen aufnehmen: Das Memorandum Herbert von Dirksens „Lage der deutschen Kolonisten" vom August 1929[62], die Denkschrift des Grafen Friedrich Werner von der Schulenburg „Umsiedlung von Volksdeutschen, die innerhalb der Grenzen der früheren Sowjetunion leben" vom Januar 1940[63] und Äußerungen von Vertretern des Auswärtigen Amtes in Debatten des Bundestags, wenn die Auswanderung Sowjetdeutscher zur Sprache kommt.[64] Einerseits wird immer wieder ein härteres Durchgreifen der Regierungen der Mutterstaaten zugunsten der Minderheit in der Sowjetunion verlangt, während andererseits betont wird, daß man außenpolitische Überlegungen deswegen nicht vernachlässigen darf und kann.

VIII.

Das Verhältnis der Deutschen zu den anderen Minderheiten in der Sowjetunion wurde von einer Verflechtung verschiedener Faktoren bestimmt. Der wirtschaftliche Faktor war dabei von nicht zu verkennendem Gewicht. Welchen sozialen Schichten gehörten die deutschen Bauern an? Wenn man das vorhandene Material analysiert, ist es klar, daß die deutschen Bauern vor dem Ersten Weltkrieg weit besser situiert waren als ihre Umgebung. Deswegen war auch ein Teil der antideutschen Ressentiments oft nicht national bedingt, sondern entsprang dem wirtschaftlichen Leben. Dies stellte auch Edmund Schmid in seiner bemerkenswerten Broschüre von 1919 „Die deutschen Kolonien im Schwarzmeergebiet Südrußlands"[65] fest. Seinen Angaben zufolge lebten zwar die meisten ländlichen Deutschen geschlossen, wenn nicht gar abgeschlossen, es waren jedoch vor dem Krieg ungefähr zwei

1921-23 und der Hilfeleistung v.a. durch amerikanische Mennoniten: O.M. Movčan: Inozemna dopomoga golodujučym Ukraïny v 1921-1923rr., in: Ebenda, 1989, Nr. 10, S. 77-84.

62 H. von Dirksen: Lage der deutschen Kolonisten in der UdSSR, 1. August 1929, aus: National Archives der Vereinigten Staaten, Filmserie T 120, Rolle 5213, Bilder 481228-233. Vgl. Rote Fahne, Berlin, 14. November 1929.

63 F.W. von der Schulenburg: Umsiedlung von Volksdeutschen, die innerhalb der Grenzen der früheren Sowjetunion leben, 2. Januar 1940, aus: National Archives der Vereinigten Staaten, Filmserie T 120, Rolle 1496/D, Bilder 626186-189.

64 Zum Beispiel in der Frage- und Aktuellen Stunde des Bundestages, 63. Sitzung, 11. November 1981, wie wiedergegeben in: Volk auf dem Weg, 1982, H. 1, S. 11-18; H. 2, S. 12-17; H. 3, S. 14-19.

65 Berlin: Verein für das Deutschtum im Ausland 1919.

Millionen der örtlichen Einwohner bei ihnen beschäftigt. Es waren also nationale, wirtschaftliche und Klassengegensätze von großem Ausmaß vorhanden.

Schmid machte auch Angaben über die deutsche Bevölkerung und deren Landbesitz im Jahre 1912. Diese Angaben wurden immer wieder von anderen abgedruckt, oft ohne die Quelle mitzuteilen. Auch Georg Leibbrandt und Karl Stumpp wiederholten diese Daten. Wenn wir von Bessarabien absehen, bildete die deutsche Landbevölkerung der drei Gouvernements Cherson, Jekaterinoslaw und Taurien etwa 6,7 Prozent der gesamten Landbevölkerung, besaß aber 26,3 Prozent des Kulturbodens dieser Gouvernements.[66] Der dortige deutsche Bodenbesitz umfaßte ungefähr 1,7 mal soviel wie das heutige Hessen und ein bißchen mehr als das heutige Baden-Württemberg. In einigen Kreisen war das Verhältnis krasser – so stellten die Deutschen im Kreise Simferopol 9,2 Prozent der Landbevölkerung, während ihr Anteil am Kulturland 77,8 Prozent betrug!

Eine andere statistische Angabe, die wiederholt auftaucht, ist der Prozentsatz der Kulaken unter den Deutschen und in der Gesamtbevölkerung. Sie steht in dem Werk von Dr. H. Neusatz und D. Erka „Ein deutscher Todesweg“,[67] einem interessanten und gut informierten Buch. Hinter dem Verfasserpseudonym steht Adolf Ehrt,[68] der zwei Jahre später, unter seinem richtigen Namen, das Standardwerk „Das Mennonitentum in Rußland von seiner Einwanderung bis zur Gegenwart“[69] veröffentlichte und dann Leiter des Antikomintern war. Weiteren Gebrauch von diesen Zahlen machte Hermann Maurer in seiner Denkschrift (wahrscheinlich von 1944) „Leistung und Schicksal deutscher Bauern im Ostraum“.[70] Diesen Angaben zufolge machten die Deutschen 0,8 Prozent[71] der Gesamtbevölkerung der Sowjetunion aus, stellten aber 15 Prozent der „Kulaken“.

Der zweite Teil der dreißiger Jahre war für die ganze sowjetische Bevölkerung, und besonders für die Minderheiten, eine schwere Zeit.[72] Die Säuberungen, die unter anderem

66 Ebenda, S. 15.
→ Eine neuere ukrainische Untersuchung, die sich wesentlich auf Archivmaterial stützt, gibt detaillierte Zahlen zum Landbesitz der deutschen Kolonisten in der Ukraine von den 20er Jahren des 19. Jahrhunderts bis zu den Jahren 1915/16 an. Leider hat es der Autor jedoch versäumt, die prozentuale Gewichtung des deutschen Bodenbesitzes in den jeweiligen Gebieten anzugeben. I.M. Kulynyč: Nimec'ki koloniï na Ukraïni (60-ti roki XVIII st.-1917 r.), in: Ukraïns'kyj istoryčnyj žurnal, 1990, Nr. 9, S. 18-30, hier S. 19-23. Vgl. andere Zahlen bei: D. Brandes: Von den Zaren adoptiert. Die deutschen Kolonisten und die Balkansiedler in Neurußland und Bessarabien 1751-1914, München: Oldenbourg 1993. (Schriften des Bundesinstituts für ostdeutsche Kultur und Geschichte, Bd. 2), S. 435; D. Neutatz: Die „deutsche Frage“ im Schwarzmeergebiet und in Wolhynien. Politik, Wirtschaft, Mentalitäten und Alltag im Spannungsfeld von Nationalismus und Modernisierung (1856-1914), Stuttgart: Steiner 1993. (Quellen und Studien zur Geschichte des östlichen Europa, 37), S. 244-245.

67 Untertitel: Authentische Dokumente der wirtschaftlichen, kulturellen und seelischen Vernichtung des Deutschtums in der Sowjet-Union, Berlin: Eckart-Vlg. 1930, S. 32.

68 Personalakten im Berlin Document Center.

69 Langensaltza: Beltz 1932.

70 Bundesarchiv, R6/104, fol. 44-105.

71 Hier hat sich ein Fehler auf Seite 222 der deutschen Übersetzung meines Buches (siehe Anm. 3 dieses Beitrags) eingeschlichen. Es heißt dort 8 Prozent statt 0,8 Prozent.

72 → Vgl. zu den Repressionen von 1929 bis in die zweite Hälfte der dreißiger Jahre: Pančuk, Poľovoyj, a.a.O. (Anm. 11), S. 63-65.

nationale Intelligenzschichten dezimierten, wenn nicht ganz ausrotteten, waren ein harter Schlag für alle Nationalitäten.

Zusammenfassend: Meines Erachtens waren die Deutschen bis zu den letzten Jahren des Jahrzehnts (1938/39) unter den Minderheiten nicht am stärksten benachteiligt. Andere hatten schon früher und härter unter Repressionen zu leiden. Wenn sie zu den stärker Betroffenen gehörten, so geschah dies offenbar nicht wegen ihrer Herkunft, sondern wegen anderer Charakteristika, die ihnen eigen waren. Hiermit meine ich in erster Linie ihre eben erwähnte wirtschaftliche Lage, ihre Religiosität, ihre Absonderung und ihren auch durch diese Charakteristika veranlaßten inneren Widerspruch zum sowjetischen System.[73]

Einige der Thesen, die ich hier vorgebracht oder angedeutet habe, sollten untersucht werden, um festzustellen, ob sie genügend begründet sind. Dann müßte aber die Forschung das Quellenmaterial über die Rußlanddeutschen besser aufarbeiten und eine Reihe von grundlegenden Hilfsmitteln zusammenstellen. Wenn man die Werkzeuge, die der Forschung auf diesem Gebiet zur Verfügung stehen, mit denen vergleicht, die auf dem Arbeitsfeld der jüdischen Minderheit vorhanden sind, schneiden die Deutschen sehr schlecht ab. Was die ungenügende systematische Sammlung und ungenügende Bearbeitung des Materials auf diesem Gebiet anbelangt, besteht eine Kontinuität in Deutschland seit 1917. Ich hoffe daher, daß es mir nicht als Anmaßung gewertet wird, wenn ich im folgenden einige Aufgaben aufzähle, deren Ziel es wäre, Hilfsmittel zu schaffen, die den Grundstock für eine weitere und tiefere Beschäftigung mit dem Thema bilden könnten:

1. Die Herausgabe einer umfassenden Bibliographie der Literatur über die Sowjetdeutschen in allen Sprachen.[74]
2. Die Herausgabe einer Bibliographie der in der Sowjetunion erschienenen deutschen Publikationen. Als Muster könnten zwei israelische bibliographische Werke dienen:

73 → Um die Mitte des Jahres 1921 bestand beim Volkskomissariat für Ernährung eine Sonderkomission, die für die Versorgung der deutschen Kolonien mit Brennmaterial und Lebensmitteln zuständig war. Do istoriï mižnacional'nych procesiv na Ukraïni, in: Ukraïns'kyj istoryčnyj žurnal, 1990, Nr. 8, S. 87-103, hier Dokument Nr. 12, S. 92-93.

74 → In der Zwischenzeit sind folgende Bibliographien erschienen: D. Brandes/M. Busch/K. Pavlović: Bibliographie zur Geschichte und Kultur der Rußlanddeutschen. Von der Einwanderung bis 1917, München: Oldenbourg 1994. (Schriften des Bundesinstituts für ostdeutsche Kultur und Geschichte, Bd. 4); N. Berend/H. Jedig: Deutsche Mundarten in der Sowjetunion. Geschichte der Erforschung und Bibliographie, Marburg: N.G. Elwert 1991; A. Engel-Braunschmidt/ M. Buchsweiler/C. Heithus: Bibliographie der sowjetdeutschen Literatur von den Anfängen bis 1941. Ein Verzeichnis der in Buchform erschienenen sowjetdeutschen Publikationen, Köln/Wien: Böhlau 1990. (Studien zum Deutschtum im Osten, H. 23); A. Engel-Braunschmidt/C. Heithus: Bibliographie der sowjetdeutschen Literatur 1960–1985. Ein Verzeichnis der in Buchform erschienenen sowjetdeutschen Publikationen, Köln/Wien: Böhlau 1987. (Studien zum Deutschtum im Osten, H. 20).

„Jüdische Publikationen in der Sowjetunion" und „Russische Publikationen über Juden und Judentum in der Sowjetunion".[75]

3.-5. Die Herausgabe einer Dokumentation mit den wichtigsten, die Sowjetdeutschen betreffenden Urkunden, eines Werkes mit den verfügbaren Statistiken und eines Atlasses.

6. Der Versuch, Ablichtungen irgendwelcher Art der in der UdSSR erschienenen zentralen und Rayonszeitungen anfertigen zu lassen. Ich glaube, daß es heute im Westen keine vollständige Sammlung selbst der „Deutschen Zentralzeitung" und der „Nachrichten" gibt.

7. Die Schaffung einer Sammlung von Ablichtungen der in der UdSSR erschienenen deutschsprachigen Publikationen.

75 Ḥ. Šmeruk (Hrsg.): Pirsumim yehudiyim bivrit hamo'atsot 1917-1960, Jerusalem: Haḥevra hahistorit hayisra'elit 1961 (hebräisch) (Ḥ. Šmeruk (Hrsg.): Jüdische Publikationen in der UdSSR); M. Altshuler (Hrsg.): Russian publications on Jews and Judaism in the Soviet Union 1917–1967, Jerusalem: The Historical Society of Israel, Society for Research on Jewish Communities, 1970.

Deutsche Landkreise (Rayons) und deutsche Kreiszeitungen in der UdSSR[1]

Unlängst ist der vierte Band von „Zeitungen der UdSSR 1917–1960" (Gazety SSSR 1917–1960, Moskau 1970–1980) erschienen. Diese Publikation ist nicht nur für Fachleute und besonders für Bibliothekare eine passende Beschäftigung, das Erscheinen dieses Werkes ist vielmehr ein bedeutendes Ereignis der sowjetischen Bibliographie und von großer Wichtigkeit für die sich mit der Sowjetunion Befassenden. Das Gesamtwerk ist auf fünf Bände geplant. Der erste Band enthält die Zeitungen von Moskau, Leningrad und den Hauptstädten der Unionsrepubliken. Bände zwei bis vier umfassen alle anderen Zeitungen. In den vier Bänden sind ungefähr 13.000 Zeitungen verzeichnet (Zeitungen, deren Titel sich geändert haben, nur einmal gezählt). Die gebotenen Einzelheiten sind minutiös und, soweit man es übersehen kann, auch so exakt wie möglich. Der noch ausstehende fünfte Band soll die Register enthalten, und zwar nach Erscheinungsorten, Sprachen usw.[2] Natürlich sind diese Register zur Zusammenstellung der Zeitungen in einer bestimmten Sprache (z.B. Deutsch) erforderlich, aber allenfalls kann man die Listen, Zeile auf Zeile, sorgfältig durchgehen, um das Nötigste herauszuschälen. Da die Herausgabe von Periodika der UdSSR keine zufällige Erscheinung ist (wenigstens nachdem die ersten Jahre des Sowjetregimes vorbei waren), sondern eine der Äußerungen der Politik, lassen sich auch politische Folgerungen aus den bibliographischen Angaben ableiten.

In der UdSSR bestanden und bestehen zum Teil auch heute noch „nationale" (so in der sowjetischen Terminologie) Verwaltungseinheiten verschiedener Größe, vom Dorfsowjet bis zur Unionsrepublik. Diese sollten ein Ausdruck der Rechte der verschiedenen Minderheiten sein. Die nationalen Landkreise (rajony), deren durchschnittliche Einwohnerzahl, z.B. in der Ukraine 1928, ungefähr 50.000 betrug[3], sind verhältnismäßig kleine Einheiten. In vielen von ihnen erschien eine Rayonzeitung in der nationalen Sprache als Hilfsmittel zur Führung dieser Einheit. Wir haben hier also zwei isolierbare Merkmale, die bei der Untersuchung der Stellung gegenüber den nationalen Minderheiten nützlich sein können.

Die nationale Bezeichnung einer Verwaltungseinheit und ihrer Zeitung war in der sowjetischen Wirklichkeit wenigstens teilweise nur äußere „Dekoration" im Verhältnis zur realen Situation an Ort und Stelle. In diesem Sinne ist wesentlich nicht das Erscheinen einer Zeitung an sich, sondern die Zahl ihrer Leser und der Einfluß, den sie ausübt. Klar ist, daß dies nur zwei aus einer Reihe von Aspekten sind. Es wäre aber verfehlt, sie völlig außer acht zu lassen. Immerhin sind sie „meßbar". Im folgenden sollen daher solche Aspekte zeitlich und quantitativ erfaßt, nicht aber in ihrer qualitativen Bedeutung behandelt werden. Die Frage, inwieweit der Rayon wirklich „national" war und was diese Benennung

1 → Der Aufsatz erschien erstmals in: Osteuropa, 1982, S. 671-682.
2 → Der 5. Band erschien 1984 und umfaßt 261 S.
3 Administrativno-territorial'noe delenie SSSR, 1929, Moskau 1929, S. 24; im weiteren werden diese Jahrbücher nur mit Kurztitel zitiert.

für die dortige Bevölkerung mit sich brachte, oder ob sie eine leere Titulierung darstellte, kann hier nicht beantwortet werden.

Die Errichtung, das Bestehen oder die Aufhebung von Rayons und ihren Zeitungen lassen sich zeitlich und quantitativ verfolgen, soweit Informationen darüber vorliegen. Doch gerade solche exakten Auskünfte sind für die 1930er Jahre sehr rar. Hier kommt die eingangs genannte Zeitungsbibliographie zu Hilfe, sowohl als ein weiteres Überprüfungsinstrument wie auch als Hilfsmittel. Aus dem Erscheinen (bzw. Nichterscheinen) einer Rayonzeitung lassen sich Schlüsse über das Bestehen (bzw. Nichtbestehen) des Rayons ziehen. Im folgenden wird versucht, Wege zu prüfen, wie man zur Information über die deutschen Rayons und die deutschen Rayonzeitungen in der UdSSR gelangen kann, und eine auf dieser Information fundierte Bestandtafel aufzubauen.

Anmerkungen zur Bestandstafel

Die nachstehende Bestandstafel verzeichnet die Namen jener Landkreise (Rayons) in der UdSSR, die in den Jahren 1926 bis 1941 deutsch, teilweise deutsch gewesen oder zumindest von einer größeren Zahl Deutscher bewohnt waren, charakterisiert diese Rayons für die einzelnen Jahre (deutsch, vielleicht deutsch, gemischt usw. – s. die Zeichenerklärung am Anfang der Tafel) und gibt schließlich das Bestehen von – deutschen, mehrsprachigen usw. – Rayonzeitungen an. Im einzelnen ist das zu bemerken:

1. Die Bestandstafel ist auf Informationen und Vermutungen, für die es verschiedene Anhaltspunkte gibt, aufgebaut.
2. Verschiedene Benennungen einiger Rayons werden nacheinander in derselben Zeile verzeichnet.
3. Die Zugehörigkeit der Rayons zu verschiedenen Gebieten (Oblast', Republik, ASSR) ist nach der Verwaltungseinteilung von 1938 angegeben.
4. Die Zeitungen, deren Bestehen verzeichnet ist, sind ausschließlich Rayonzeitungen oder deren Vorgänger; zentrale sowie sonstige Zeitungen, Jugendzeitungen usw. werden hier nicht aufgeführt.
5. Fremdsprachige (also nicht-deutsche) Rayonzeitungen erscheinen im allgemeinen auch nach der Liquidation der deutschen Rayons weiter.
6. Veränderungen innerhalb eines Jahres sind nicht berücksichtigt; der Teil eines Jahres ist in der Tafel als ganzes Jahr eingezeichnet.
7. Wenn für die Zeit zwischen zwei Daten, die mehr als ein Jahr auseinanderliegen, keine Informationen vorliegen, wird diese Zeitspanne manchmal geteilt.

Deutsche Landkreise (Rayons) und deutsche Kreiszeitungen in der UdSSR, 1926-1941

● Deutscher Rayon. ◑ Nach den Gegebenheiten - vielleicht deutscher Rayon. ⧗ Deutscher oder gemischter Rayon. ⊗ Gemischter Rayon. ○ Nichtdeutscher gleichnamiger Rayon. * Deutsche Rayonszeitung. + Vorgänger, deutsche Zeitung einer MTS. ± Mehrsprachige Zeitung (eine der Sprachen - Deutsch). △ Anderssprachige Zeitung.

I. ASSR der Wolgadeutschen

Liquidation: September 1941

	1926	1927	1928	1929	1930	1931	1932	1933	1934	1935	1936	1937	1938	1939	1940	1941
1. Marxstadt	●	●	●	●	●	●	●	●	●	●	●	●	●	●	●	●
							*	*	*	*	*	*	*	*	*	*
2. Unterwalden										●	●	●	●	●	●	●
										*	*	*	*	*	*	*
3. Krasnojar	●	●								●	●	●	●	●	●	●
									+	*	*	*	*	*	*	*
4. Mariental	●	●	●	●	●	●	●	●	●	●	●	●	●	●	●	●
						*	*	*	*	*	*	*	*	*	*	*
5. Gnadenflur										⧗	⧗	⧗	⧗	⧗	⧗	⧗
												*	*	*	*	*
										△	△	△	△	△	△	△
6. Seelmann	●	●	●	●	●	●	●	●	●	●	●	●	●	●	●	●
						*	*	*	*	*	*	*	*	*	*	*
7. Kukkus	●	●								●	●	●	●	●	●	●
								+	+	*	*	*	*	*	*	*
8. Lysanderhöh										●	●	●	●	●	●	●
								+	+	*	*	*	*	*	*	*
														△	△	△
9. Krasnyj Kut	⧗	⧗	⧗	⧗	⧗	⧗	⧗	⧗	⧗	⧗	⧗	⧗	⧗	⧗	⧗	⧗
						*	*	*	*	*	*	*	*	*	*	*
						△	△	△	△	△	△	△	△	△	△	△
10. Eckheim										⧗	⧗	⧗	⧗	⧗	⧗	⧗
										*	*	*	*	*	*	*
										△	△	△	△	△	△	△
11. Pallasovka	⧗	⧗	⧗	⧗	⧗	⧗	⧗	⧗	⧗	⧗	⧗	⧗	⧗	⧗	⧗	⧗
						*	*	*	*	*	*	*	*	*	*	*
												△	△	△	△	△
12. Gmelinka										⧗	⧗	⧗	⧗	⧗	⧗	⧗
									+	*	*	*	*	*	*	*
									△	△	△	△	△	△	△	△
13. Balzer	●	●	●	●	●	●	●	●	●	●	●	●	●	●	●	●
						*	*	*	*	*	*	*	*	*	*	*
							△	△	△	△	△	△	△	△	△	△
14. Frank	●	●	●	●	●	●	●	●	●	●	●	●	●	●	●	●
							*	*	*	*	*	*	*	*	*	*
15. Kamenka	●	●	●	●	●	●	●	●	●	●	●	●	●	●	●	●
										*	*	*	*	*	*	*
16. Dobrinka										●	●	●	●	●	●	●
							+	+	+	*	*	*	*	*	*	*
17. Erlenbach										●	●	●	●	●	●	●
										*	*	*	*	*	*	*
18. Jagodnaja Poljana (bis zum 31.3.1932 in der Oblast' Saratov, 1.4.1932—Januar 1935 in der Wolgadeutschen Republik)							●	●	●							
							*	*	*	+	+	+	+			

II. Ukrainische SSR

Liquidation der deutschen Rayons: März 1939

	1926	1927	1928	1929	1930	1931	1932	1933	1934	1935	1936	1937	1938	1939	1940	1941
1. Luxemburg (Oblast' Zaporož'e)	●	●	●	●	●	●	●	●	●	●	●	●	●	●		
					*	*	*	*	*	*	*	*	*	*		
2. Halbstadt (Oblast' Zaporož'e)	●	●	◖													
Moločansk (Oblast' Zaporož'e)			◗	●	●	●	●	●	●	●	●	●	●	●		
					*	*	*	*	*	*	*	*	*			
								±	△	△	△	△	△	△		
3. Prišib (Oblast' Zaporož'e)	●	●	◖													
4. Rotfront (Oblast' Zaporož'e)										●	●	●	●	●		
								+	+	*	*	*	*	*		
5. Chortica (Oblast' Zaporož'e)	○	○	○	●	●											
6. Kronau / Vysokopol'e / Petrovskij / Fritz Heckert (Oblast' Nikolaev)	●	●	●	●	●	●	●	●	●	●	●	●	●	●		
							*	*	*	*	*	*	*	△		
7. Karl Liebknecht / Landau (Oblast' Odessa)	●	●	●	●	●	●	●	●	●	●	●	●	●	●		
							*	*	*	*	*	*	±			
8. Spartakus / Gross-Liebental (Oblast' Odessa)	●	●	●	●	●	●	●	●	●	●	●	●	●	●		
					*	*	*	*	*	*	*	*	*	*		
9. Selz / Friedrich Engels (Oblast' Odessa)	●	●	●	●	●	●	●	●	●	●	●	●	●	●		
						*	*	*	*	*	*	*	*	*		
10. Pulin (Oblast' Žitomir)	○	○	○	●	●	●	●	●	●	●						
						*	*	*	*	*						

III. Weitere Teile der UdSSR

B. Bartels, a.a.O., S. 73, gibt an, daß die Rayons Arkadak (Oblast' Saratov) und Davlekanovo (ASSR Baschkirien) gemischte Rayons gewesen seien. Da andere Quellen dies nicht bestätigen, sind sie hier nicht aufgeführt. Ebenso ist auch der Rayon Thälmann (ASSR Kasachstan) nicht aufgeführt.

	1926	1927	1928	1929	1930	1931	1932	1933	1934	1935	1936	1937	1938	1939	1940	1941
1. Deutscher Rayon / Halbstadt (Kraj Altaj)			●	●	●	●	●	●	●	●	●	●	●			
						*	*	*	*	*	*	*	*			
2. Kičkass / Uran (Oblast' Orenburg)	●									◑	◑	◑	◑			
						+	+	+	+	*	*	*	*			
3. Luxemburg (Oblast' Orenburg)	●	●	●							◑	◑	◑	◑	◑	◑	◑
										+						
										△	△	△	△	△	△	△
4. Koški / Groß-Konstantinov (Oblast' Kujbyšev)	●	●	●	○	○	○	○	○	○	◑	◑	◑	◑	◑	◑	◑
											*	*				
				△	△	△	△	△	△	△	△	△	△	△	△	△
5. Leninpol (ASSR Kirgisien)												◑	◑	◑	◑	◑
												△	△	△	△	△
6. Jagodnaja Poljana (bis 31.3.1932 in der Oblast' Saratov, 1.4.1932–Januar 1935 in der Wolgadeutschen Republik)	●	●	●	●	●	●	●									
7. Bjuk-Onlar (ASSR Krim)						●	●	●	●	○	○	○	○	○	○	○
								±	±	±	±	△	△	△	△	△
8. Thälmann (ASSR Krim)										◑	◑	◑	◑	◑	◑	◑
										±	±	±	±	△	△	△
9. Vannovskoe (Oblast' Krasnodar)			●	●	●	●	●	●	◑	◑	◑	◑	◑	◑	◑	◑
							±	±	±	±	±	△	△	△	△	△
10. Luxemburg (SSR Georgien)	⨂	⨂	⨂	⨂	⨂	⨂	⨂	⊗	⊗	⊗	⊗	⊗	⊗	⊗	⊗	⊗
										*	*	*	*			
										△	△	△	△	△	△	△
11. Helenendorf / Chanlar (SSR Azerbajdžan)		○	○	○	○	○	○	○	○	○	○	○	○	○	○	○
							*	*	*	*	*					
								△	△	△	△	△	△	△	△	△
										△	△	△	△	△	△	△

Fragen über Fragen ...

Die wissenschaftliche Literatur hat sich mehr mit den größeren nationalen Einheiten der UdSSR (Unionsrepublik, Autonome Republik, Oblast', Okrug) beschäftigt, weil es über diese auch reichere Informationsquellen gibt. Eine Schwierigkeit bilden die dauernden Änderungen der sowjetischen Verwaltungseinteilung.[4] Deshalb darf man nicht die Information des einen Zeitpunkts automatisch auf einen anderen anwenden. Im übrigen sind die Begriffe Rayon und Rayonisierung in der sowjetischen Praxis der 1920er Jahre auch auf andere Einheiten angewandt worden, ebenso wie die früheren Verwaltungseinheiten (Gubernija, Volost' und Uezd) auch noch auftauchen.

Die deutschen Rayons teilt man zweckmäßigerweise im Hinblick auf ihre Dichte in zwei bzw. drei Gruppen ein.[5] Diese sind die Rayons der ASSR der Wolgadeutschen und die Rayons, welche über die weitere UdSSR verstreut lagen. Unter den letzteren hatten die ukrainischen eine Sonderstellung inne. Wenn wir in der einschlägigen Literatur die Zahl der deutschen Rayons außerhalb der Wolgadeutschen Republik suchen, stoßen wir öfters auf die Zahl 17.[6] Welcher Zeitpunkt ist damit gemeint? Das ist unklar. Woher stammt die Information? Das ersterwähnte Werk beruft sich (was die Zahl der deutschen Dorfsowjets betrifft) auf das 1928 in Moskau erschienene Buch von Bernhard Bartels „Die deutschen Bauern in Rußland einst und jetzt". Bartels und sein Buch (das Vorwort ist mit September 1927 datiert) werden auch anderswo öfters zitiert und gelten für unsere Fragen als eine grundlegende sowjetische Informationsquelle. Es wäre daher verführerisch, von dessen aus der Sowjetunion stammenden Angaben auszugehen.

Leider hält aber ein Teil der Einzelfälle einer gründlicheren Prüfung nicht stand. In Bartels' Liste sind Rayons, die damals nicht bestanden, als deutsche aufgeführt und solche, die damals existierten, aber in denen die Deutschen eine nicht sehr zahlreiche Minderheit bildeten, ebenso. In dieser Liste der deutschen Rayons[7] befindet sich auch Chortiza in dem Gebiet (oblast') Saporoshje (Ukraine), das wir hier als Beispiel nehmen können.[8] Wir haben zwei Beweise, daß 1926–1929 zwar ein Rayon Chortiza bestanden hat, daß dieser aber kein deutscher Rayon war. Nach der Volkszählung von 1926 machten die Deutschen in ihm nur 29 Prozent aus.[9] Außerdem ordnete das Zentrale Gesamtukrainische Exekutivkomitee

4 → Ein weiteres Problem entstand dadurch, daß Rayons umbenannt wurden, wenn die Person, nach der die Verwaltungseinheit benannt worden war, in Ungnade fiel. Meir Buchsweiler: German raiony and their newspapers 1927-1941, Jerusalem 1984, (The Hebrew University of Jerusalem. The Soviet and East European Research Centre, Research paper No. 58), S. 6.

5 → Vgl. zur Einrichtung der deutscher Rayons in diesem Buch: Die Sowjetdeutschen, S. 23-24. Vgl. eine ausführlichere Aufteilung der deutschen Rayons in drei Gruppen: M. Buchsweiler, German raiony, a.a.O., S. 21.

6 W. Kolarz: Russia and her colonies, New York 1952, S. 74; R. Conquest: The nation killers, London 1972, S. 65; H. Carrère d'Encausse: Risse im roten Imperium. Das Nationalitätenproblem in der Sowjetunion, Rastatt 1980, S. 308.
→ Vgl. hierzu auch: M. Buchsweiler, German raiony, a.a.O., S. 7.

7 B. Bartels: Die deutschen Bauern in Rußland einst und jetzt, Moskau 1928, S. 73.

8 → Vgl. zum Rayon Chortiza in diesem Buch: Die Sowjetdeutschen, S. 22.

9 Vsesojuznaja perepis' naselenija 1926 g., Bd. 13, Moskau 1929, S. 310.

erst am 18. September 1929 an, einen deutschen nationalen Rayon in Chortiza zu gründen, und zwar durch Ausscheiden eines Teils der Dorfsowjets aus dem früheren Rayon desselben Namens.[10] In Bartels' Liste sind weitere deutsche Rayons aufgeführt, die 1926–1928 nicht existierten, und möglicherweise auch solche, die keine mehr waren. Irrte er sich, oder wollte er andere irreführen? Worauf war seine Liste gegründet, auf Konzentrationen deutscher Dörfer, auf Pläne oder Versprechungen in Moskau oder auf wohlmeinende Absichten der dortigen Behörden?[11] Jedenfalls kann man sich auf Bartels' Angaben nicht unbedingt verlassen, und seine Motivierung ist für uns nicht ausschlaggebend.

Betrachtet man die Liquidierung der deutschen Rayons (außerhalb der Wolgadeutschen Republik) wieder aufgrund der einschlägigen Literatur, ist eine Äußerung von R. Conquest[12] charakteristisch: „... their various National Districts (17 in all) were abolished the same way as the Volga Republic".[13] Sind das dieselben 17 Rayons oder andere? Auf jeden Fall können wir schon hier sagen, daß es außerhalb der Wolgadeutschen Republik niemals 17 deutsche Rayons auf einmal gegeben hat (1941 waren es höchstens vier – die Zahlen werden weiter unten begründet), man also auch keine 17 liquidieren konnte. Ebenso kann als gesichert gelten, daß es nie neun deutsche Rayons auf einmal in der Ukraine[14] gegeben hat.[15]

Um also zu Ergebnissen zu kommen, muß eine neue Bestandsaufnahme bezüglich Startpunkt, Entwicklung und Ende gemacht werden. Wir müssen herausfinden, wieviele, wo und wann deutsche Rayons bestanden haben. Mit dem Fortschreiten der Jahre wird die Information karger. Man muß also mehr und mehr Material durchkämmen und manchmal von dem Schlußpunkt – der Liquidation – auf das Bestehen zurückfolgern. Fast jeder Rayon ist eine Geschichte für sich, die wir hier nicht im einzelnen verfolgen können. Wir sind also gezwungen, uns mit der Zusammenstellung und einigen typischen oder interessanten Beispielen zu begnügen. Eine ausdrückliche Benennung als deutscher Rayon liegt nur in einem Teil der Fälle vor. In anderen Fällen haben wir nur Gegebenheiten, welche die Annahme zulassen, daß der Rayon deutsch gewesen sein kann. Das bedeutet, daß es wegen der ungenügenden Informationen eine dritte (Not-)Kategorie zwischen dem deutschen und dem nicht-nationalen Rayon gibt. Das heißt auch, daß alle Resultate nur den Stand der augenblicklichen Einsicht widerspiegeln und keine allgemeine Geltung beanspruchen wollen.

10 Zbirnyk zakoniv ta rozporjadžen' Robitnyčo-Seljans'koho Urjadu Ukraïny, Nr. 24, 30.10.1929, S. 866f.

11 Einige der Rayons, die er als deutsche aufführte, die aber zum Zeitpunkt des Erscheinens seines Buches keine solchen waren, wurden es zu einem späteren Zeitpunkt.

12 R. Conquest, a.a.O., S. 65.

13 Die Wolgarepublik wurde am 7. September 1941 zwischen den benachbarten Verwaltungsgebieten aufgeteilt.

14 W. Kolarz, a.a.O., S. 74; H. Carrère d'Encausse, a.a.O., S. 308.
→ Vgl. dazu auch in diesem Buch: Die Sowjetdeutschen, S. 24.

15 Die deutschen Rayons in der Ukraine werden in meinem Buch untersucht: Volksdeutsche in der Ukraine am Vorabend und Beginn des Zweiten Weltkrieges – ein Fall doppelter Loyalität?, Gerlingen 1984. 499 S. (Schriftenreihe des Instituts für Deutsche Geschichte, Universität Tel-Aviv, Bd. 7).

Zur zahlenmäßigen Entwicklung der deutschen Rayons

Die zahlenmäßige Entwicklung der deutschen Rayons läßt sich wie folgt zusammenfassen[16]: In der Wolgadeutschen Republik bestanden von 1926 bis Januar 1935 zuerst neun, dann acht solcher Kantone (Rayons) und ein oder zwei gemischte – von insgesamt 14 bzw. – später – 12 in der ganzen Republik (die Schwankung der Zahlen ist der Ausdruck einer Änderung von 1928, die in der administrativen Einteilung vorkam), und 1935–1941 waren es 13 bis 17 deutsche (und vielleicht einige gemischte) von insgesamt 21 bis 22. In der Ukraine gab es 1927–1939 sieben bis acht (teilweise mit Zugabe eines gemischten) deutsche Rayons.[17] In den weiteren Teilen der UdSSR gab es Anfang 1927 fünf deutsche Rayons und einen oder zwei gemischte, im Juli 1934 zwei deutsche Rayons und einen gemischten.[18] Schließlich 1939 gab es fünf Rayons, die deutsch sein konnten. Otto Auhagen,[19] der bis 1929 landwirtschaftlicher Sachverständiger an der deutschen Botschaft in Moskau war, gab für 1933 die Zahl von zehn deutschen Rayons für die UdSSR außerhalb der Wolgadeutschen Republik an, und dies stimmt mit den obigen Berechnungen überein.

Auch die genaue Datierung verschiedener Vorkommnisse ist öfters sehr schwer. Wenn überhaupt ein Datum angegeben wird, ist es meistens nur das Jahr, seltener die Jahreszeit, noch seltener der Monat und am seltensten das genaue Datum. Im Gegensatz dazu sind die Daten der Zeitungen genau angegeben. Man kann natürlich fragen, weshalb die Erlaß-, Verordnungs- und Gesetzesblätter der Sowjetunion nicht durchgehend benutzt werden. Die Posten, welche unser Thema betreffen, sind in den Blättern der verschiedenen Republiken verstreut, und es wird kaum im Westen eine vollständige Sammlung dieser Blätter geben. Außerdem wurden anscheinend verschiedene Maßnahmen in diesen Blättern gar nicht publiziert.[20]

16 → Einzelheiten enthält die Bestandstafel, s. S. 43-45.

17 → Im Jahre 1924 bestanden in der Ukraine fünf, 1925 sieben deutsche Rayons. M. Pančuk, L. Poľovyj, Pid presom totalitarnogo režymu. Nimci Ukraïny v Radjans'kyj period, in: Polityka i čas, 1992, Nr. 9-10, S. 61-66, hier S. 62. M.V. Kovaľ, P.V. Medvedok, Foľksdojče v Ukraïni (1941-1944 rr.), in: Ukraïns'kyj istoryčnyj žurnal, 1992, Nr. 5, S. 15-28, hier S. 16, erwähnen 11 deutsche Rayons in der Ukraine am Vorabend des Zeiten Weltkrieges, können diese Angabe aber nur mit einem Verweis auf eine Kiever Tageszeitung (Več. Kyïv vom 12.11.1991) belegen.

18 Die Zahlen für 1934 sind ausdrücklich sowjetische Angaben. Vielleicht gab es einen Rayon mehr.
→ Eine neuere ukrainische Untersuchung, die eine offizielle ukrainische Statistik aus dem Jahre 1927 ausgewertet hat, bestätigt für dieses Jahr die Zahl von sieben deutschen Rayons in der Ukraine. B.V. Čyrko, Nacionaľni menšosti na Ukraïni v 20-30-ch rr., in: Ukraïns'kyj istoryčnyj žurnal, 1990, Nr. 1, S. 51-64, hier S. 56.

19 In: M. Sering und C. von Dietz, Hrsg.: Agrarverfassung der deutschen Auslandssiedlungen in Osteuropa, Berlin 1939, S. 44.

20 Ein Beispiel: In dem „Zbirnyk zakoniv ta rozporjadžen' Robitnyčo-Seljans'koho Urjadu Ukraïny" ist ein Erlaß vom 22. Januar 1935 über die neue Verwaltungsaufteilung der Rayons erschienen (Nr. 3, S. 3-7). Demnach gehörten solche Verwaltungsfragen in die Zuständigkeit dieses Verordnungsblattes. Nun wurde aber im selben Jahr (Ende September/Anfang Oktober) der deutsche Rayon Pulin in der Oblasť Kiev liquidiert, und davon ist keine Spur in diesem offiziellen Blatt zu finden.
→ Vgl. hierzu auch: M. Buchsweiler, German raiony, a.a.O., S. 16-17.

Auch sind die Informationen, welche aus der Sowjetunion stammen, keineswegs in allen Fällen eindeutig.[21]

Andererseits bürgerten sich auch in der westlichen Literatur öfters Fehler ein: In der Literatur über die Wolgadeutsche Republik kann man bezüglich ihrer Verwaltungseinteilung lesen (mit oder ohne Quellenangabe), daß im Juli 1927 die Zahl der Kantone von 14 auf 11 vermindert und Ende 1927/Anfang 1928 wieder auf 12 erhöht wurde.[22]

Nun halte ich es für wahrscheinlich, daß diese doppelte Umverteilung gar nicht stattgefunden hat, d.h. daß die Zahl der Kantone 1927/28 von 14 direkt auf 12 vermindert wurde. Wahrscheinlich ereignete sich hier eine Fehllesung, die dann „weiterzog". In der Nummer 13[23] des „Deutsch-Wolgadeutschen Pressedienstes" wurde folgendes berichtet: „Das Zentral-Vollzugs-Komitee der Wolgadeutschen hat in seiner letzten Sitzung beschlossen, die Zahl der bisher bestandenen Kantone um zwei bis drei zu verkleinern." Diesem Pressedienst standen laufend sowjetische Informationen zur Verfügung, und seine Nachrichten waren im allgemeinen zuverlässig. Doch berichtete derselbe Pressedienst später[24]: „Die Moskauer Zentralregierung hat soeben den Beschluß der wolgadeutschen Regierung bestätigt, nach dem von den bisher bestandenen 14 Kantonen der Wolgarepublik zwei Rayons aufgelöst werden und ihr Gebiet den angrenzenden Kantonen einverleibt wird."

„Spielregeln" für die Feststellung nationaler Rayons

Wenn man die sowjetische Verwaltungseinteilung und die ihr zugrundeliegenden politischen Einstellungen behandelt, kann man einige „Spielregeln" für die Feststellung nationaler Rayons aufstellen, die sich vielleicht zum Teil als selbstverständlich anhören[25]:

- Ein nicht bestehender Rayon kann kein nationaler Rayon sein, d.h. es genügt festzustellen, daß in der besprochenen Gegend kein im Namen oder im Umfang auf die Beschreibung passender Rayon besteht, um zu folgern, daß der erwähnte nationale Rayon nicht bestehen konnte.
- Das Bestehen eines Rayons heißt nicht automatisch, daß es ein nationaler Rayon war.
- Um dies festzustellen, brauchen wir weitere Merkmale des Rayons: Fläche, Zahl der

21 Noch ein Beispiel: In dem 26bändigen ukrainischen Werk „Istorija mist i sil Ukraïns'koï RSR", Band: „Žytomir'ska oblast", Kiev 1973, S. 634, wird über den Rayon Pulin berichtet: „... im Juli 1935 wurde er entsprechend den Wünschen der arbeitenden Bevölkerung Pulins in Červonoarmejsk umbenannt." Andere sowjetische Quellen gaben aber an, daß der Rayon Pulin am 1. September 1935 noch bestanden hat, s. Administrativno-territorial'noe delenie SSSR, 1935, S. 211, und daß seine Zeitung „Sozialistischer Umbau" bis zum 8. Oktober 1935 erschienen ist, s. Gazety SSSR 1917–1960, Bd. 4, Nr. 11.520.

22 Z.B.: M. Langhans-Ratzeburg: Die Wolgadeutschen. Ihr Staats- und Verwaltungsrecht in Vergangenheit und Gegenwart, Berlin 1929, S. 81-82; L. König: Die Deutschtumsinsel an der Wolga, Dülmen 1938, S. 5-6; G. Geilke: „Rehabilitierung" der Wolgadeutschen?, in: Jahrbuch für Ostrecht, Jg. 6, 1965, S. 47; M. Hagin: Die Wolgadeutsche Republik, in: Heimatbuch der Deutschen aus Rußland, 1964, S. 65.

23 Deutsch-wolgadeutscher Pressedienst, Nr. 13, 19.7.1927.

24 Ebenda, Nr. 2, 29.1.1928.

25 → Vgl. hierzu auch: M. Buchsweiler, German raiony, a.a.O., S. 18-21, 28, 31.

Dorfsowjets, Zahl der Einwohner, Prozentsatz der Deutschen und Datum der zu untersuchenden Situation.

- Wenn es sich um einen aus Teilen anderer Rayons zusammengestellten deutschen Rayon handelt (über den wir nicht genügend Information haben) – wo befanden sich dann diese Rayons? Waren sie territorial zusammenhängend? Wieviele Deutsche gab es in den früheren Rayons?[26]
- Ein nicht bestehender Rayon hat keine Rayonzeitung; umgekehrt folgt aus der Existenz einer Rayonzeitung das Bestehen eines entsprechenden Rayons, denn Mitte der 1930er Jahre hatten fast alle Rayons ihre Rayonzeitungen.
- Hatte der Rayon eine deutschsprachige Zeitung? Zwischen welchen Zeitpunkten erschien diese? Gab es gleichzeitig im Rayon anderssprachige Zeitungen?

Die Zusammenfassung der Prozesse der Bildung deutscher Rayons deutet auf einige typische Vorgänge hin. Bereits erwähnt wurde die Vergrößerung des Prozentsatzes der Deutschen durch Aussonderung nicht-deutscher Bevölkerung (z.B. Chortiza), was meist auch Verkleinerung des betreffenden Rayons bedeutete. Die nationalen Rayons waren oft kleiner als die sie umgebenden. In der Ukraine, z.B., mußte ein nationaler Rayon mindestens 10.000 Einwohner haben, während ein gewöhnlicher Rayon mindestens 25.000 umfaßte.[27] Eine andere Weise zur Bildung eines deutschen Rayons bestand darin, ihn aus abgetrennten Teilen umgebender Rayons zu schaffen,[28] so z.B. der „Deutsche Rayon" (Zentrum Halbstadt) im Kraj Sibirien (später Westsibirien), dessen Einwohnerschaft sich laut Volkszählung von 1926 wie folgt zusammensetzte:

Rayons	1926[29]	davon Deutsche	**1929**[30]
Slawgorod	47.205	10.093	40.571
Snamenka	37.382	9.556	28.611
Nowo-Aleksejewska	31.523	3.487	27.473
Deutscher Rayon (1927/28 errichtet)	–	–	19.328
	116.110	23.136	115.983

26 Hier kommt uns die ausführliche Volkszählung von 1926 zur Hilfe, s. weiter unten.
27 A. Glinski: Dergreichungen un felern in der arbet zwishn di nazionale minderheitn, Char'kov 1931, S. 31 (jiddisch).
28 → Diese Praxis fand auch Anwendung in Wolhynien. Dort herrschte Ende 1924 allem Anschein nach in der Partei Unklarheit darüber, welche Methode als die geeignetste für die Schaffung nationaler Rayons anzusehen sei. „Dopovid' člena Central'noï komisiï nacional'nych menšnostej pri Vseukraïns'komu Central'nomu Vykonavčomu Komitetovi pro stan roboty sered nimeckogo naselennja na Volyni. Dok. Nr. 24 vom 12.12.1924, in: Ukraïns'kyj istoryčnyj žurnal, 1990, Nr. 11, S. 114-118, hier S. 114.
29 Vsesojuznaja perepis' naselenija 1926 g., Bd. 6, S. 260.
30 Administrativno-territorial'noe delenie SSSR, 1929, S. 75.

Man vergleiche die dem genannten Band 6 der Volkszählung beigegebene Karte, aus der die territoriale Kontinuität dieser Rayons hervorgeht. Der „Deutsche Rayon" hatte auch in diesem Fall die niedrigste Einwohnerzahl aller Rayons des Okrug Slawgorod. Wenn sich aber eine solche Umbildung nicht so fein säuberlich getrennt abspielte, sondern mit weiteren Umbildungen verbunden war (z.B. die Aufstellung des deutschen Rayons Wannowskoje in der Nordkaukasus-Region 1928/29) sind die Dinge viel schwerer zu verfolgen.

Ein weiterer Weg war die Aufteilung eines bestehenden deutschen Rayons in zwei „neue" deutsche Rayons – z.B. der deutsche Rayon Molotschansk im damaligen Gebiet (oblast') Dnepropetrowsk (Ukraine) im Januar 1935 in Molotschansk und „Rotfront". Derselbe Rayon Molotschansk war im Herbst 1928 durch die Vereinigung der zwei deutschen Rayons Halbstadt und Prischib gebildet worden. In diesem Fall liegt das politische Motiv für den Verwaltungsakt auf der Hand: Prischib galt als proletarischer denn das mennonitische Halbstadt.[31] Im Deutsch-Wolgadeutschen Pressedienst[32] wurde über einen neuen deutschen Rayon namens Thälmann in Kasachstan, in der Gegend von Karaganda, berichtet. Der Volkszählung von 1926 zufolge lebten dort in Dörfern über 7.000 Deutsche. Am 1. Januar 1931 lebten im Rayon Thälmann 56.000 Einwohner[33]; demnach machten die Deutschen dort noch nicht einmal 13 Prozent der Bevölkerung aus. Wenn „Thälmann" also 1930 als deutscher Rayon errichtet wurde, war sein nationaler Status von kurzer Dauer. Der Name des Rayons dagegen überdauerte auch den Zweiten Weltkrieg. Es gab auch einen deutschen Rayon desselben Namens auf der Krim und einen weiteren mit deutschen Einwohnern im Gebiet (oblast') Stalino (Ukraine). Ähnlicherweise gab es drei Rayons „Luxemburg".

Die wichtigsten Quellen

Da es aus Platzmangel nicht möglich ist, zu jeder Gegebenheit der Bestandstafel Unterlagen zu verzeichnen, werden hier die wichtigsten Quellen erwähnt. In erster Linie ist dies sowjetisches Material, dessen Informationen mit gehöriger Vorsicht zu behandeln sind.[34]

– „Administrativ-territoriale Einteilung der UdSSR"[35] – Jahrbücher mit leichten Titelvariationen. Grundlegend, weil die Rayoneinteilung angebend, im allgemeinen ohne Angabe der Nationalität der Rayons, jedoch Jahrgang 1934 mit solchen Angaben; enthaltend auch weitere Informationen (nicht alle Jahrgänge) wie Fläche der Rayons, Einwohnerzahl (städtische und dörfliche), Zahl der Dorfsowjets usw. Die Einwohner-

31 S. z.B. A. Müller: 15 Jahre Oktoberrevolution im deutschen Dorfe, Char'kov 1932, S. 70-71, und A. Reinmarus [Penner]: Anti-Menno, Moskau 1930, S. 131.

32 Deutsch-Wolgadeutscher Pressedienst, Nr. 16, 22.7.1930.

33 Administrativno-territorial'noe delenie SSSR, 1931, S. 142f.

34 Die von mir benutzte Literatur ist über die gesamte Welt verstreut. Es ist mir eine angenehme Pflicht, mich bei allen Bibliotheken und Instituten zu bedanken, die so freundlich waren, mir Ablichtungen ihrer Schätze zur Verfügung zu stellen und direkt oder indirekt bei der Suche nach Einzelheiten behilflich zu sein.

35 Administrativno-territorial'noe delenie SSSR; bis 1929 vom sowjetischen Innenministerium (NKWD) veröffentlicht, dann im Verlag „Vlast' Sovetov" und ab 1939 im Verlag der „Vedomosti Verchovnogo Soveta RSFSR".

zahl der Rayons im Jahrgang 1929 sind aufgrund der Zahlen der Volkszählung von 1926 angegeben. Dies läßt, wie schon gezeigt, interessante Vergleiche zu.[36]

- „Allunions-Volkszählung des Jahres 1926".[37] Die Bände 1–17 umfassen die Zahlen der ethnischen Zusammensetzung (bis zur Stufe von Rayons) im Dezember 1926. In die zu den Bänden gehörenden Karten sind die Grenzen der damaligen Rayons eingetragen.[38]
- „Atlas der UdSSR".[39] Ein Teil der Karten enthält auch hier die Rayongrenzen. In späteren Jahren wurden diese kaum mehr in zur Veröffentlichung bestimmtem Material verzeichnet. Daher sind auch die von deutschen Stellen nach dem Überfall auf die UdSSR hergestellten Karten (aufgrund erbeuteten sowjetischen Kartenmaterials) von großer Wichtigkeit, so z.B.: Verwaltungskarte der Ukrainischen Sowjetrepublik, Stand Anfang 1941.[40]
- „Freie Flur. Deutscher Bauernkalender 1927"[41] enthält ein sehr ausführliches Verzeichnis der deutschen Siedlungen in der UdSSR. Laut Vorwort wurden die Angaben „speziell zu diesem Zweck zusammengestellt". Die Zahlen der deutschen Bevölkerung sind hier im allgemeinen etwas höher als die in den Veröffentlichungen der Volkszählung, aber die Differenzen sind meist nicht wesentlich. Hier haben wir eine Einteilung der deutschen Siedlungen nach Verwaltungseinheiten, ein für unsere Bestandsaufnahme wichtiges Grundwissen. Es ist nämlich des öfteren nötig, die Zusammensetzung eines Rayons auf dem Weg über seine sekundären Einheiten, d.h. die Dorfsowjets, zu ermitteln. Deshalb ist gerade die Information über die ethnische Aufgliederung von Dorfsowjets wesentlich. Diese Informationen über die Ukraine wird im folgenden Buch geboten:
- „Die nationale Zusammensetzung der dörflichen Bevölkerung der Ukraine".[42] Diese Statistik ist in ihrer Ausführlichkeit (die nationale Zusammensetzung von Dorfsowjets mit ein paar hundert Einwohnern wird angegeben) in der sowjetischen Praxis ungewöhnlich.
- Die eingangs schon genannte bibliographische Publikation „Zeitungen der UdSSR 1917–1960"[43] ist die Hauptquelle der Informationen über die Zeitungen. Es wurden aber in den 1930er Jahren auch ausführliche Jahresverzeichnisse veröffentlicht: Chronik

36 Die Nationalität der Rayons ist auch im folgenden Bericht angegeben: Nacional'no-territorial'noe razmeževanie SSSR, in: Revoljucia i nacional'nosti, Nr. 1 (59), Januar 1935, S. 89-97.
37 Vsesojuznaja perepis' naselenija 1926 g., Moskau 1928–1929.
38 Sowjetische Statistik wird zu Recht mit Vorsicht benutzt, tendenziöse Ungenauigkeiten sind in ihr keine Seltenheit. Die veröffentlichten Angaben über die Volkszählung von 1926 gelten aber als verhältnismäßig zuverlässig. Ihre Wichtigkeit liegt auch darin, daß bis zur Zählung von 1970, die allerdings nicht bis zur Stufe von Rayons ging, keine so ausführliche Veröffentlichung vorliegt.
39 Atlas Sojuza Sovetskich Socialističeskich Respublik, Moskau 1928.
40 Unter anderem auch im Buch: Ortsnamenverzeichnis der Ukraine aufgrund der administrativen Karten der SSR Ukraine, Berlin 1943.
41 Freie Flur. Deutscher Bauernkalender 1927, Pokrovsk 1926.
42 Nacionalnyi sklad sil'skoho naselennja Ukraïny, Char'kov 1927 (Statystyka Ukraïny, Nr. 96).
43 Gazety SSSR 1917–1960, Bd. 1-4, Moskau 1970–1980.
→ Bd. 5 erschien 1984.

der periodischen Veröffentlichungen der UdSSR – mit leichten Titelvariationen.[44] In der Ukraine erschien eine Zeitungsbibliographie, die von „Gazety SSSR“ in manchen Einzelheiten (welche auch in unserer Bestandstafel zum Ausdruck kommen) abweicht (Periodische Veröffentlichungen der Ukrainischen SSR 1917–1960: Zeitungen).[45]

Veränderungen nach 1935

Eine der tiefgreifendsten Veränderungen der unteren Verwaltungseinheiten der Sowjetunion fand im Jahre 1935 statt, in den uns hauptsächlich interessierenden Gebieten im Januar jenes Jahres. Sie scheint in der Literatur einen ungenügenden Niederschlag gefunden zu haben. Die folgenden Zahlen können den Umfang dieses Verwaltungsakts verdeutlichen: Ende 1934 war die UdSSR in 2.443 Rayons eingeteilt, am 1. März 1937 waren es 3.307.[46] In der Wolgadeutschen Republik, in der Ukraine und auf der Krim wurden deutsche Rayons unterteilt. Es mangelt bei den neuen Rayons an Information, ob sie und welche den Status nationaler (deutscher) Rayons erhielten. Wurden 1935 überhaupt noch nationale Rayons gebildet? Wir haben wenigstens einen Parallelfall bei einer anderen Nationalität, der diese Frage positiv beantwortet. Von dem jüdischen Rayon Freidorf auf der Krim wurde 1935 der Rayon Larindorf abgeteilt, den sowjetische Quellen auch als national-jüdischen Rayon bezeichnen.[47]

Noch am 2. März 1937 ist eine Verordnung durch das Zentrale Allunions-Exekutivkomitee bestätigt worden, 13 Dorfsowjets in von deutscher Bevölkerung bewohnten Siedlungspunkten in Nordkaukasus zu gründen.[48] Im Gebiet (oblast') Orenburg tauchten 1935 aufs neue Rayons mit den Namen Kitschkass (= Uran) und Luxemburg auf, die bis 1928 deutsche Rayons gewesen waren. Die Zahl ihrer Dorfsowjets war auch ähnlich. Ebenso wurde im Gebiet (oblast') Kujbyschew der Rayon Koschki (= Groß-Konstantinow) verkleinert und dadurch die Zahl seiner Dorfsowjets ungefähr auf den Stand von 1928 zurückgebracht.[49] Die drei (oder einer bzw. zwei) letzterwähnten könnten also nach 1935 im Blick auf ihre Gegebenheiten deutsche Rayons gewesen sein.

Was die Aufhebung der deutschen Rayons betrifft, wurde diese mit den gleichen Methoden wie ihre Aufstellung – nur in der umgekehrten Richtung – vorgenommen.[50]

44 Letopis' periodičeskich izdanij SSSR, Moskau.
45 Periodičeskie izdanija USSR 1917–1960; Gazety, Char'kov 1965.
46 Administrativno-territorial'noe delenie SSSR, 1937, S. V.
→ Vgl. zu den Veränderungen nach 1935 auch: M. Buchsweiler, German raiony, a.a.O., S. 32-34.
47 Bol'šaja Sovetskaja Ėnciklopedija, 1. Aufl., Bd. 35, Sp. 294; S. Dimanstein, Hrsg: Jidn in FSSR, Moskau 1935, S. 192-193 (jiddisch); S. Rabinovič: Ne uspokaivat'sja na dostignutom!, in: Tribuna (Ozet), Nr. 6 (189), 15.6.1935, S. 8.
48 Administrativno-territorial'noe delenie SSSR, 1937, S. 254.
49 1929 war die Zahl mehr als dreimal so hoch, und dadurch verminderte sich der Prozentsatz der Deutschen.
→ Ende 1924 gab es 18 deutsche Dorfsowjets in Wolhynien. Vgl.: Dopovid' člena, a.a.O., S. 114.
50 → Die Aufhebung der Rayons vollzog sich in mehreren Schritten. Vgl. M. Buchsweiler, German raiony, a.a.O., S. 8.

Natürlich bedeutete die Aufhebung des Status eines nationalen Rayons nicht in jedem Falle Aufhebung des Rayons selbst. Man konnte ihm zusätzliche Dorfsowjets angliedern und dadurch den Prozentsatz der Deutschen vermindern. Eine andere Art war die Angliederung deutscher Rayons an andere, und auch dadurch fiel der Prozentsatz der Deutschen. Oder aber deutsche Rayons wurden zwischen einigen benachbarten aufgeteilt. Die sieben deutschen Rayons in der Ukraine wurden am 26. März 1939 liquidiert[51], ebenso wie ihre Zeitungen. Dies war ein markanter politischer Schritt, bei dem alle sieben auf andere Rayons verteilt wurden.

Im Falle der Wolgadeutschen Republik wurde die deutsche Bevölkerung im Herbst 1941 (nach dem 28. August) verbannt, und dadurch hörten dort die Rayons auf, deutsch zu sein, obwohl anscheinend die Namen eines Teils (oder aller) von ihnen erst Ende Mai 1942 geändert wurden.

Die Veröffentlichung von Rayonzeitungen war hauptsächlich eine Erscheinung der 1930er Jahre. Eine solche Zeitung war im allgemeinen zwei- oder vierseitig, erschien alle zwei bis drei Tage und hatte Auflagen, die – je nach Größe des Rayons – in der Regel zwischen einigen hundert und 3.000 Exemplaren schwankten. Mancherorts gab es eine mehrsprachige Rayonzeitung. Einige Zeitungen waren, bevor sie den Rayonstatus bekamen, Zeitungen der MTS (Maschinen-Traktoren-Stationen). Verschiedene Rayons (hauptsächlich Kantone der Wolgadeutschen Republik) gaben parallel Zeitungen auf deutsch und auf russisch (oder in einer anderen Sprache) heraus. Die deutschen Zeitungen in der Wolgadeutschen Republik stellten ihr Erscheinen in den letzten Augusttagen 1941 ein, während die russischen Parallelzeitungen weiter erschienen, zum Teil aber über das Enddatum (1960) der „Gasety SSSR" hinaus. In den Rayons Kamenka und Krasnojar wurde eine russische Zeitung nach der Einstellung des Erscheinens der deutschen Rayonzeitung veröffentlicht.[52]

Ein Beispiel für den Nutzen der Koordination administrativer und bibliographischer Information sind die folgenden Gegebenheiten:

- Nach Angaben vom März 1937[53] existiert der Rayon Kitschkass im Gebiet Orenburg.
- Nach Angaben vom Oktober 1938 [54] existiert er nicht mehr.
- Laut „Prawda" vom 12. Oktober 1937[55] besteht der Rayon.
- Seine deutsche Zeitung „Stalins Weg" stellte ihr Erscheinen am 30. September 1938 ein.[56]

51 Administrativno-territorial'noe delenie SSSR, 1939, S. 132-134.
→ Ende der 20er Jahre gab es 18 deutschsprachige Periodika, Mitte der 30er Jahre bereits 21. Pančuk, Pol'ovyj, a.a.O., S. 62. Angaben, denenzufolge neun Rayons aufgelöst worden seien und die Abschaffung deutscher Periodika in der Ukraine im Jahre 1941 erfolgte, sind nicht korrekt. Buchsweiler, German raiony, a.a.O., S. 7.
52 Gazety SSSR 1917–1960, Bd. 2, Nr. 1.951, und Bd. 3, Nr. 8.006.
53 Administrativno-territorial'noe delenie na 1.3.1937.
54 Administrativno-territorial'noe delenie na 1.10.1938.
55 Postanovlenie CIK SSSR ob izbiratel'nych okrugach po vyboram v Sovet Sojuza.
56 Gazety SSSR 1917–1960, Bd. 4, Nr. 11853.

Wir können also annehmen, daß der Rayon Kitschkass im September 1938 liquidiert wurde.

Zum Schluß kann man wohl sagen, daß einige allgemein übliche Verallgemeinerungen nicht zutreffen, nämlich:

Erstens wurden die deutschen Rayons nicht auf einmal, sondern zu verschiedenen Zeitpunkten aufgehoben. Was die UdSSR außerhalb der Wolgadeutschen Republik und der Ukraine betrifft, kann man nicht einmal einen bestimmten Zeitpunkt feststellen, es gibt vielmehr so etwas wie eine langsame Erosion, ein Abdrosseln oder Absterben.

Zweitens trifft auch nicht zu, daß die nationalen Rayons aller Minderheiten zur gleichen Zeit aufgehoben wurden.[57] Gerade diesbezüglich kann der Vergleich zwischen verschiedenen Minderheiten interessante Erkenntnisse ergeben. Ich habe versucht, diesen Vergleich für die Minderheiten in der Ukraine in meiner oben erwähnten Arbeit „Volksdeutsche in der Ukraine ..." zu ziehen. Die Realität in der Sowjetunion war wohl vielfältiger als konventionelle Verallgemeinerungen.

57 Wie es z.B. für die Ukraine Y. Mironenko annimmt: Other national groups, in: Genocide in the USSR, New York 1955, S. 55.

Zur sowjetischen Sprachpolitik zwischen den Weltkriegen. Am Beispiel des Deutschen.[1]

Der vorliegende Aufsatz war ursprünglich Teil einer größeren Arbeit[2], die sich mit den Deutschen in der Sowjetunion beschäftigt. Um seinen Ausgangspunkt aufzuzeigen, sollen einige Vorbemerkungen gemacht werden. Meines Erachtens ist es schwierig, verschiedenartige Aspekte des Lebens von Minderheiten in der UdSSR voll zu erfassen, wenn man sich nur mit einer einzigen Minderheit abgibt. Man kann viel bessere Resultate erzielen, wenn der Sachverhalt bei einigen Minderheiten parallel untersucht und verglichen wird. Natürlich stößt man in diesem Fall sofort auf die prinzipielle Frage, in welchem Maße die Vorgänge bei den diversen Minderheiten sich nach einem einheitlichen Muster abspielten oder die verschiedenen Minderheiten nach besonderen, getrennten Maßstäben behandelt wurden. Es ist aber vorzuziehen, die Folgerungen nicht an den Anfang zu stellen und die Gegebenheiten für sich selbst sprechen zu lassen. Die Sprachpolitik ist einer der markanten Aspekte der sowjetischen Einstellung zu den Minderheiten der UdSSR. Man kann daher das Folgende als eine stichprobenartige Untersuchung betrachten, aus der sich vielleicht Ergebnisse, die das prinzipielle Problem betreffen, abzeichnen werden. Unsere Erörterung beschäftigt sich in erster Linie mit der Sprachpolitik und kaum mit philologischen Fragen. Die auf sprachlichem Gebiet geführte Auseinandersetzung und ihre politischen Konsequenzen sind eine interessante Erscheinung, besonders, wenn man sie auf dem Hintergrund der allgemeinen Entwicklungen in der Sowjetunion betrachtet. Hier kann darauf nur am Rande eingegangen werden.[3]

Wenden wir uns nun der beispielsweisen Darstellung des Problems zu (siehe auch die anschließende Dokumentation), sowohl was die Tendenzen, als auch was seine äußerliche Erscheinung betrifft.

> „Das wakstum der nationalen der form nach, inhaltlich aber proletarischen kultur, welche das ziel hat, die massen auf den hohen stand des sozialismus zu heben, ferlangt die beseitigung aller hemmnisse, die diesem im wege stehen und die die kultur, bildung, for allem aber die schreibkundigkeit zum priwilleg der auserwehlten machen.

1 →Der Aufsatz erschien erstmals in: Jahrbücher für Geschichte Osteuropas 35 (1987) H. 1, S. 59-79.

2 Meir Buchsweiler: Volksdeutsche in der Ukraine am Vorabend und Beginn des Zweiten Weltkriegs – ein Fall doppelter Loyalität? Gerlingen 1984.

3 → Vgl. dazu in diesem Buch: Das Autonomieproblem, S. 146-147. Vgl. zur vergleichsweise liberalen Politik gegenüber den Sprachen der zahlreichen Nationalitäten: B.V. Čyrko: Nacional'ni menšosti na Ukraïni v 20-30-ch rr., in: Ukraïns'kyj istoryčnyj žurnal (1990) Nr. 1, S. 51-64, hier S. 52-54.

Darin wurzeln eben die reformen auf dem gebiete des schrifttums, angefangen mit der beseitigung eines in der russischen rechtschreibung überflüssigen Hartezeichens (ъ) und bis zur einführung des lateinisierten alfabets in Adserbeidschan. (...)
Die einführung der natürlichen kleinschreibung were für uns sprachmajestetsferlezzung! Die wurzeln dieser zaghaftigkeit liegen in der kleinburschuasen tradizion, in einer zu starken orientierung auf Deutschland, das eben maskiert fon einigen immer noch für die metropole gehalten wird ..."[4]

Die Debatte um Änderungen in der deutschen Rechtschreibung begann in der Sowjetunion schon einige Jahre vor dem Erscheinen des Aufsatzes, dem die vorstehenden Zitate entnommen sind. In der Ausgabe des „Sturmschritt" (1931, H. 5/6), in dem der Aufsatz abgedruckt war, wurde auch ein Beschluß der Konferenz der deutschen Kulturarbeiter und proletarischen Kollektivistenschriftsteller der Ukraine zu demselben Thema veröffentlicht.[5] Was das Ausmaß der vorgesehenen Änderungen betrifft, so wurden diese dort unter vier Punkten zusammengefaßt:

1. Aufhebung der Großschreibung am Anfang von Substantiven (außer am Satzbeginn und bei Eigennamen).
2. Abschaffung der Buchstaben: Cc, Qq, Xx, Vv, Yy, Ää und ihre Ersetzung durch andere Buchstaben oder Buchstabengruppen: k, z, kw, ks, f, ü, e.
3. Abschaffung der Konsonantenkombinationen: chs, ph, ck, tz, ß und ihre Ersetzung durch: ks, f, kk, zz, ss.
4. Schreibweise der Fremdworte nach ihrer Aussprache im Deutschen (z.B. füsik, schowinismus).

Der oben angeführte Text kann als Beispiel für diese Beschlüsse gelten. Allerdings herrscht über den Umfang der Reform keine Einigkeit, wie ein Aufsatz von B. Bartels aus dem Jahre 1925 beweist.[6] Darin heißt es: „Das doitsche Zentralbüro am Folksbildungskommissariat

4 Alfred Ström: Die Einfachschreibung steht auf der Tagesordnung, in: Sturmschritt 2 (1931) H. 5/6, S. 28-31, hier S. 28, passim (siehe Dokumentation I). Der „Sturmschritt" (1930–1935) war die Monatsschrift der deutschen Schriftsteller der Ukraine. Der Verfasser des obigen Textes, Prof. A. Ström [Ströhm], wirkte in Odessa. Sprachwissenschaftliche Aufsätze von ihm und von Prof. Georg Dinges aus der Wolgadeutschen Republik erschienen Mitte der zwanziger Jahre auch in der Fachliteratur in Deutschland, wie z.B. Alfred Ströhm: Deutsche Mundarten an der Newa, in: Teuthonista 3 (1926/27) S. 39-62; Georg Dinges: Zur Erforschung der wolgadeutschen Mundarten (Ergebnisse und Aufgaben), in: Teuthonista 1 (1924/25) S. 299-313. Prof. Dinges weilte 1924 in Deutschland. 1930 wurde er festgenommen (O. Bederke Vorläufige Mitteilung, 7.8.1930, Politisches Archiv des Auswärtigen Amtes, Bonn, Abt. IV Rußl., Allg. 1, Deutsche Wolgarepublik, Band 1; Erinnern Sie sich an Georg Dinges?, in: Neues Leben [1964] H. 51; Reinhold Keil: Sein Name lebt in seinem Werk fort, in: Neues Leben [1965] H. 38). → Vgl. zur Rechtschreibereform in diesem Buch: Die Sowjetdeutschen, S. 36.

5 Für Einführung der Einfachschrift, in: Sturmschritt 2 (1931) H. 5/6, S. 31-32.

6 Bernhard Bartels: Die noie doitsche rechtschreibung, in: Zur neuen Schule (1925) H. 3, S. 49-53. Nach diesem Aufsatz sollte es von nun ab (wegen der Abschaffung des Konsonanten „C") „ABD" statt „ABC" heißen. Siehe dazu auch die Notiz: Die Wolgadeutschen wollen die deutsche Rechtschreibung vereinfachen, in: Deutsch-Wolgadeutscher Pressedienst (1928) H. 23.

zu Moskau trägt sich schon zwai jare mit dem gedanken der ainfürung ainer noien rechtschraibung für die gesamte doitsche literatur auf dem territorium der Sowjet-Union." Der von ihm vorgelegte Vorschlag geht viel weiter und enthält im wesentlichen (es werden hier nicht alle Einzelheiten aufgezählt) die folgenden zusätzlichen Punkte:[7]

1. Aufhebung von Dehnungs-h und Dehnungs-e. Danach würde beispielsweise „die" nun „di" geschrieben.
2. Aufhebung der Vokalverdoppelung zur Dehnung. Aus „Heer" würde z.B. „her".[8]
3. Aufhebung der Konsonantenverdoppelung im Auslaut und vor anderen Mitlauten. Aus „Herr" würde somit „her", aus „er kommt" würde „er komt", usw.
4. Aufhebung der Doppelvokale ei (wird zu ai), eu und äu (beide werden zu oi).
5. Anpassung der Eigennamen an die neue Schreibweise.

Wie gesagt, sind die Einzelheiten weniger interessant als die drei Hauptpunkte, die nicht nur sprachliche Bedeutung besitzen: Erstens waren die Reformen an sich und ihr Umfang umstritten. Zweitens muß man den Vorschlag (die Vorschläge) hier in ihrem gesamtsowjetischen Zusammenhang prüfen, da sie dadurch – wie eingangs bereits ausgeführt – stark mitbedingt waren. Drittens ist die prinzipielle Frage der kulturellen Beziehung (oder deren Abbruch) zum Deutschen Reich als Hintergrund der Reform zu untersuchen.

Betrachten wir also wieder einige einschlägige Beispiele. In einem Bericht über die Aufklärungsarbeit unter den Krimdeutschen (auf der ersten deutschen Bauernkonferenz der Krim, September 1925) wurde über die Rechtschreibänderungen gesagt, daß diese zwar annehmbar seien, aber wohl kaum losgelöst von einer parallelen Entwicklung in Deutschland durchgesetzt werden könnten. Daher müsse man sich an die zuständigen Institutionen im Reich wenden, um sie gemeinsam einzuführen.[9] Dazu erscheint am Ende der Seite der folgende Redaktionsvermerk:

„Die Krimer Konferenz scheint den orthographischen Oktober in eine allzu ferne Zukunft verschieben zu wollen; es sei denn, daß sich ihre Meinung auf einer festen Überzeugung von einer nahen, oder unmittelbar bevorstehenden sozialen Revolution in Deutschland gründet; denn wie anders als nicht bolschewistisch werden wir den gordischen Knoten unserer falschen Rechtschreibung lösen."[10]

Wie wir gesehen haben, war das Verhältnis zu Deutschland im Zusammenhang mit der Rechtschreibung nicht einheitlich, und das wirkte sich auf die Einstellung zur Reform und zu deren Zeitpunkt aus.[11] Eine weitere Haltung zu dieser Frage kam auf einem Kongreß

7 Es gibt auch leichte Abweichungen bei den Vorschlägen, auf die hier nicht eingegangen wird.
8 Die Beispiele stammen teilweise von mir, stimmen jedoch mit den von B. Bartels vorgelegten Regeln überein.
9 A. Bendlin: Aufklärungsarbeit unter den Deutschen der Krim, in: Zur neuen Schule (1926) H. 2, S. 27.
10 Anmerkung der Redaktion, in: Zur neuen Schule (1926) H. 2, S. 27. In derselben Nummer der Zeitschrift (auf S. 35) findet sich eine weitere Anmerkung der Redaktion zu einem Lehrerkongreß in Kronau über die Änderungen. Darin wird enttäuscht festgestellt, daß man sich in sowjetdeutschen Kreisen wenig mit dem Reformprojekt beschäftigt.
11 Vgl. ähnliche Äußerungen, die das Jiddische betreffen, im Zusammenhang mit dem Judentum des Auslands, so z.B. in einem Artikel über die Latinisierung: Materyaln wegn latinizacye fun

deutscher Pädagogen im Juni 1931 zum Ausdruck, wo es um folgendes ging: „... eine Vereinfachung der deutschen Rechtschreibung mit dem Ziel der Schaffung einer proletarischen deutschen Sprache."[12] Auf demselben Kongreß forderte man auch die Umstellung von gotischer auf lateinische Schrift.[13] Der Vertreter des Volkskommissariats für das Bildungswesen betonte in seiner Ansprache, daß Deutschland im Bereich des kulturellen Aufbaus nicht als Vorbild für die Sowjetdeutschen dienen könne.[14]

In Deutschland allgemein, noch stärker aber während des Dritten Reiches, wurde die Tendenz zu einer Rechtschreibänderung überwiegend als eklatanter Ausdruck der antinationalen sowjetischen Politik hingestellt, die darauf abziele, die Grundfesten des nationalen Lebens zu zerstören und die Verbindung zum Mutterland aufzuheben.[15]

Versucht man jedoch, die Auseinandersetzung um die Rechtschreibänderung gründlicher zu untersuchen, so stellt sich zweifelsfrei heraus, daß die verbreitete Behauptung, es handle sich dabei um eine der extremsten sowjetischen Erfindungen, irrig und irreführend ist. Die Bewegung für eine Rechtschreib- und Schriftänderung umfaßte viele Sprachen und trat in einer Reihe von Ländern noch vor der Oktoberrevolution und auch nach ihr in Erscheinung. Es genügt, an die Vereinfachung der englischen Rechtschreibung in den USA (entgegen dem Sprachgebrauch in England) zu erinnern sowie an die Übernahme der lateinischen Schrift in der Türkei und an ähnlichen Tendenzen in China. In Deutschland gab es schon am Ausgang des vorigen Jahrhunderts Bestrebungen zur Änderung der Rechtschreibung, und diese verstärkten sich noch zu Beginn dieses Jahrhunderts.[16] Die Diskussion in dieser Frage dauert bis heute an.[17] So wurde z.B. 1978 in einer deutschen

der yidišer šrift, in: Di yidiše šprach (1930) H. 2/3, Sp. 83-84.

12 Der national-kulturelle Aufbau der deutschen Gebiete der Sowjetunion, in: Deutsch-Wolgadeutscher Pressedienst (1931) H. 15.

13 Vgl.: Einführung der Lateinschrift bei den Wolgadeutschen, in: Deutsch-Wolgadeutscher Pressedienst (1932) H. 25.

14 Darin lag eine klare Richtungsänderung. In den ersten Jahren der Sowjetherrschaft wendete man sich an Deutschland mit der Bitte, Bücher für die Schulbüchereien der Wolgadeutschen Republik zu liefern und Besuche von Lehrern aus der Sowjetunion in Deutschland zu ermöglichen. 1926 stattete der Volksbildungskommissar der Wolgarepublik im Zusammenhang mit diesen Fragen Deutschland einen Besuch ab (Aufzeichnung, 26.3.1926, Politisches Archiv des Auswärtigen Amtes, Bonn, Abt. IV Rußl., Po Dt. Wolga, Deutsche Wolgarepublik, Band 1; A. Lütgens, Aufzeichnung 9.4.1926, ebenda).

15 H. Neusatz, D. Eerka [d.i. Adolf Ehrt]: Ein deutscher Todesweg. Authentische Dokumente der wirtschaftlichen, kulturellen und seelischen Vernichtung des Deutschtums in der Sowjetunion, Berlin 1930 = Die Notreihe H. 1/2; Adolf Ehrt: Das Mennonitentum in Rußland von seiner Einwanderung bis zur Gegenwart. Langensalza 1932; Richard Bahr: Deutsches Schicksal im Südosten. Hamburg 1936; M. Feld: Rußland, in: Der Auslanddeutsche 17 (1934) H. 11, S. 611*-614*.

16 Z.B.: O. Kosog: Unsere Rechtschreibung und die Notwendigkeit ihrer gründlichen Reform. Leipzig 1912.

17 Z.B.: Leo Weisgerber: Die Verantwortung für die Schrift. 60 Jahre Bemühungen um die Rechtschreibreform. Mannheim 1964; Inge Drewitz, Ernst Reuter (Hrsg.): Vernünftiger schreiben. Frankfurt/M. 1974; W.W. Hiestand: Rechtschreibung – Müssen wir neu schreiben lernen? Weinheim 1974.

Zeitung ein Schlagwort des „Bundes für die deutsche Schrift" zitiert, das folgendermaßen lautet:

> „Wer alles klein schreibt, glaubt, das sei bestechend. Indes: er schreibt nur seinem Geist entsprechend."[18]

Auch in Rußland gab es schon während der Zarenzeit Pläne für eine Änderung und Vereinfachung der russischen Rechtschreibung. Die Sowjetregierung führte derartige Reformen dann bald nach der Revolution durch Verordnung des Rats der Volkskommissare vom 10. Oktober 1918 ein (der sich wiederum auf eine frühere Verordnung des Volkskommissariats für das Bildungswesen stützte).[19] Aufgrund dieses Erlasses wurden mehrere Buchstaben des russischen Alphabets abgeschafft und einige Rechtschreibregeln geändert. Dies war ein wichtiger Schritt zur Vereinfachung der Orthographie. Wie gesagt, uns interessieren daran weniger die einzelnen Änderungen als die politischen Absichten, die sich mit dieser Maßnahme verbanden, sowie deren Einfluß auf andere Völker der Sowjetunion (insbesondere die Sowjetdeutschen).

Dazu nun zwei Beispiele, erstens die Einführung des lateinischen Alphabets bei verschiedenen zentralasiatischen Völkern und zweitens die Problematik der jiddischen Rechtschreibung in der UdSSR. Im Zuge der Latinisierung wurde bei mehreren Sprachen die arabische Schrift durch das lateinische Alphabet ersetzt.[20] Die sowjetische Regierung sah darin unter anderem auch ein Mittel im Kampf gegen die Traditionen dieser Völker (vor allem die religiösen Überlieferungen) und die sie verkörpernden Personen. „Eine solche Änderung in der graphischen Basis der Schrift diente dazu, die Schrift von einem Instrument religiöser Propaganda in ein Instrument des sozialen Fortschritts zu verwandeln."[21] Der besagte Vorgang erstreckte sich hauptsächlich auf die zweite Hälfte der zwanziger Jahre und die erste Hälfte der dreißiger Jahre. Der Vollständigkeit halber soll erwähnt werden, daß die Latinisierungsvorschläge sogar für das Russische selbst gemacht wurden, das heißt für die Ersetzung der kyrillischen Schrift durch die lateinische,[22] und auch für die jiddische Sprache (darauf kommen wir noch zurück).

18 H. Rutkowski von Sendrowen: „Vereinfachung" des Deutschen, in: Deutsche National-Zeitung 28 (1978) H. 47, S. 10.

19 Dekrety Sovetskoj Vlasti. Band 3. Moskva 1964, S. 403-404.

20 Zwei maßgebende Arbeiten, die im Westen über Maßnahmen auf dem Gebiet der Schrift und Rechtschreibung erschienen: Thomas G. Winner: Problems of Alphabetic Reform among the Turkic Peoples of Soviet Central Asia, 1920-41, in: Slavonic and East European Review 31 (1952/53) H. 7, S. 133-147; Uriel Weinreich: The Russification of Soviet Minority Languages, in: Problems of Communism 2 (1953) H. 6, S. 46-57. Sowjetische Stellungnahmen zu diesem Thema: Kučkar Ch. Chanazarov: Rešenie nacional'no-jazykovoj problemy v SSSR, 2., ergänzte Aufl. Moskva 1982; M.I. Isayev: National Languages in the USSR: Problems and Solutions. Moscow 1977.

21 Isayev National Languages in the USSR, S. 242.

22 Anatolij V. Lunačarskij: Latinizacija russkoj pis'mennosti, in: Kul'tura i pis'mennost' Vostoka. Band 6, Baku 1930, S. 20-26 (siehe Dokumentation III); ferner N. Jakovlev: Za latinizaciju russkogo alfavita, ebenda S. 27-43; Materialy po voprosu o latinizacii russkoj pis'mennosti, ebenda S. 208-219.

Ende der dreißiger Jahre erfuhren die Sprachen, die vorher zur lateinischen Schrift übergegangen waren, eine neue Umwälzung – die Kyrillisierung. Die lateinischen Buchstaben wurden von kyrillischen abgelöst. „Aber wieso, könnte man fragen, wurde der Übergang zum russischen Alphabet nicht sofort durchgeführt? ... In den ersten Jahren der sowjetischen Macht hätte der Übergang zur russischen Schrift leicht als Rückkehr zur Russifizierungspolitik der zaristischen Zeiten gedeutet werden können.“[23]

Eine typische Frage bei den sprachkundlichen Erwägungen der Sowjetdeutschen war und bleibt bis heute die Rolle des Dialekts in der Literatur. Die Umgangssprache in den deutschen Dörfern war die jeweils aus der alten Heimat mitgebrachte Mundart, d.h. Schwäbisch, Plattdeutsch usw. Sie ist übrigens auch der Grund für Rechtschreibfehler in den schriftlichen Äußerungen vieler Sowjetdeutscher. Auf der einen Seite wird die Auffassung vertreten, die Literatur, oder ein erheblicher Teil von ihr, müsse in der Umgangssprache geschrieben sein – also im Dialekt. Dadurch würden die geschilderten Figuren echter. Die Gegenmeinung argumentiert, daß es nicht nur einen, sondern viele Dialekte gebe, und das in einem von ihnen Verfaßte diejenigen, die eine andere Mundart redeten, nicht anspreche, wenn es von ihnen überhaupt verstanden werde. Außerdem berge die mundartliche Dichtung die Gefahr der Zersplitterung und des Provinzialismus in sich.

Dabei begriff man jedoch, vor allem in den zwanziger Jahren, daß sich gerade durch Forschungen unter den deutschen Kolonisten viel über die Entwicklung der deutschen Sprache und Folklore erfahren ließ, denn hier hatte sich manches so erhalten, wie es zur Zeit der Auswanderung aus Deutschland gewesen war.[24] Dazu bemerkte der bedeutendste sowjetische Literaturwissenschaftler, Professor Franz P. Schiller: „Dabei ist der deutschrussische Kolonist in volkskundlicher Hinsicht eine wahre Fundgrube für den Forscher. [...] Viele aus Deutschland mitgebrachte, dort aber längst ausgestorbene Sitten und Gebräuche ... haben ... sich erhalten.“[25]

Aus diesem Grund beschäftigten sich sowjetische Germanisten mit der Erforschung der Sprache und der Gebräuche unter den einheimischen deutschen Bauern. Insbesondere ist hier Professor Victor Žirmunskij von der Universität Leningrad zu nennen, der in den zwanziger Jahren eine Reihe von Arbeiten auf diesem Gebiet veröffentlichte, die sich auf Besuche und Eindrücke in den deutschen Dörfern stützten.[26]

23 Isayev: National Languages in the USSR, S. 242-243, passim.

24 Das gleiche gilt für das Jiddische. In dieser Sprache finden die Forscher Worte und Sprachwendungen, die im Deutschen bis zu dem Zeitpunkt geläufig waren, indem die Juden aus Deutschland ostwärts zu wandern begannen.

25 Franz P. Schiller: Literatur zur Geschichte und Volkskunde der deutschen Kolonien in der Sowjetunion für die Jahre 1764–1926. Pokrowsk 1927, S. 5, passim.

26 Zu V. Žirmunskij und seinem Werk siehe in erster Linie die Bibliographie in dem Buch P.N. Berkova, R.I. Kuz'menko: Viktor Maksimovič Žirmunskij. Moskva 1965, S. 26-84; Daten zu seiner Person finden sich auch in der 1. Auflage der Bol'šaja Sovetskaja Ėnciklopedija (Band 25, Moskva 1932), in dem nachstalinistischen Ergänzungsband zur 2. Auflage (Band 51) und in der 3. Auflage (Band 9, Moskva 1972). Siehe ferner: Literaturnaja Ėnciklopedija. Band 4, Moskva 1930, Sp. 176-182; Kratkaja Literaturnaja Ėnciklopedija. Band 2, Moskva 1964, Sp. 942-943; S.A. Mironov: V.M. Žirmunskij i istorija izučenija nemeckich dialektov v SSSR, in: Izvestija Akademii nauk SSSR. Serija literatury i jazyka 30 (1971) H. 4, S. 298-305; V.M. Žirmunsij: Selected Writings. Linguistics, Poetics. Moscow 1985. Aufgrund seiner Exkursion

Wenn wir uns nun den Debatten zuwenden, die um die Schreibweise und Schrift im sowjetischen Jiddisch geführt wurden, so tun wir das, um die Ähnlichkeiten und Unterschiede zwischen den einzelnen Fällen unter dem Sowjetregime und seiner Nationalitätenpolitik aufzuzeigen.[27] Dabei soll gleich zu Anfang gesagt werden, daß hier nicht der Versuch unternommen wird, die Entwicklungen bezüglich des Jiddischen zusammenfassend darzustellen; vielmehr sollen nur einige Punkte angeführt werden.[28] Zunächst muß wieder daran erinnert werden, daß das Streben nach einer Rechtschreibreform auch in diesem Fall weder mit der Sowjetherrschaft begann[29] noch auf das Territorium der UdSSR beschränkt blieb.[30] Die Auseinandersetzung um die jiddische Rechtschreibung drehte sich um mehrere Fragen, wobei die der phonetischen Schreibweise im Mittelpunkt stand. Ihrzufolge sollte sich die Rechtschreibung nach der Aussprache richten, was wiederum bedeutete, daß die

in der Ukraine veröffentlichte er das Buch: Viktor Schirmunski: Die deutschen Kolonien in der Ukraine. Moskau 1928.

Auch Hermann Bachmann (V. Žirmunskijs Assistent) schrieb ein Buch über eine seiner Reisen: Durch die deutschen Kolonien des Beresaner Gebietes. Charkow 1929 (in einem Band mit einer anderen Arbeit H. Bachmanns neu veröffentlicht, Stuttgart 1974). In derselben Richtung forschten auch die sowjetdeutschen Professoren Georg Dinges (Wolgarepublik) und Alfred Ström (Odessa), deren in Deutschland erschienene Arbeiten bereits erwähnt wurden.

Nur in einem Teil der oben genannten Titel wurden V. Žirmunskijs Forschungen über die Dialekte der Sowjetdeutschen angeführt. Über seine Ausstoßung aus der Universität Leningrad im Jahre 1950 siehe auch Efim Etkind: Unblutige Hinrichtung. München 1981, S. 40-41.

27 → Vgl. zur Rechtschreibereform des Jiddischen in diesem Buch: Bibliographical vignettes, S. 120-124.; vgl. zu den Auswirkungen der Politik der Korenizacija speziell bei den Juden in den 1920er Jahren: Das Autonomieproblem, S. 146.

28 Für einen kurzen Überblick über die Debatten und Beschlüsse zu diesem Thema siehe Ḥana Šmeruk: Yidiš sovyetit [Sowjetisches Jiddisch], in: Ḥana Šmeruk (Hrsg.): Pirsumim yehudiyim bivrit hamoacot 1917-1960 [Jüdische Veröffentlichungen in der UdSSR]. Yerušalayim 1961, S. CXXV-CXXXVI. Erhebliches Material ist in den Seiten der in Kiev erschienenen Zeitschrift „Di yidiše šprach“ (später „Afn šprachfront“), 1927-1939, enthalten. Eine Bibliographie auf diesem Sachgebiet: Bibliografye cu der ortografišer diskusye, in: Yidiše ortografye. Proyektn un materyaln. Kiev 1928, S. 65-70. Siehe ferner Rachel Erlich: Politics and Linguistics in the Standardization of Soviet Yiddish, in: Soviet Jewish Affairs 3 (1973) H. 1, S. 71-79.

Über andere jüdische Sprachen und Dialekte in der UdSSR, die der Bergjuden (im Kaukasus) und die der bucharischen Juden, vgl.: Michael Zand: Literature of the Mountain Jews, in: Soviet Jewish Affairs 15 (1985) H. 2, S. 3-22; Evrejsko-tatskij jazyk, in: Kratkaja evrejskaja Ėnciklopedija. Band 2. Ierusalim 1982, Sp. 459-463; Evrejsko-tadžikskij jazyk, ebenda, Sp. 453-455; Michael Zand: Bukharan Jewish Culture, in: Soviet Jewish Affairs 9 (1979) H. 2, S. 15-23.

Die erste Sprache wurde ursprünglich mit hebräischen Buchstaben geschrieben, „bekam“ dann 1929 das lateinische Alphabet und 1938 das kyrillische. Der zweite Dialekt wurde auch mit hebräischen Buchstaben geschrieben, 1929-1932 latinisiert und dann (nach 1940) als Schriftsprache ganz ausgelöscht.

29 Unter denen, die bereits vor dem Ersten Weltkrieg Änderungen im Jiddischen forderten, trat besonders Ber Borochov hervor. Siehe B. Borochov: Di oyfgabn fun der yidišer filologye, in: B. Borochov: Šprach-foršung un literatur-gešichte. Tel-Aviv 1966, S. 53-75.

30 Über Schritte zu Reformen außerhalb der UdSSR siehe z.B. zwei Veröffentlichungen des Yivo: Oysleyg takones fun yidiš [Rechtschreibregeln des Jiddischen]. Vilne 1935; Der eynhaytlecher yidišer oysleyg. Materialn un proyektn cu der ortografišer konferenc fun Yivo [Die einheitliche jiddische Rechtschreibung. Materialien und Projekte für die Orthographiekonferenz des Yivo]. Eršte zamlung. Vilne 1930. Yivo = Jüdisches wissenschaftliches Institut.

hebräischen Wörter im Jiddischen nicht nach den Regeln des Hebräischen, sondern nach ihrem Klang geschrieben werden mußten. Ferner beschloß man die Abschaffung der besonderen Buchstabenformen am Wortende sowie der typisch hebräischen Buchstaben *chet* und *tav*.[31] Zweifellos bewirkten diese Veränderungen einen Bruch mit den Traditionen der Vergangenheit (vor allem, was die hebräischen Wörter anbetraf) und mit dem Usus in anderen Teilen der jüdischen Diaspora. Schon oben, bei der Erörterung der deutschen Rechtschreibreform, wurde deutlich, daß diese mehr als nur eine „Begleiterscheinung" des rein sprachlichen Vorgangs war. Es gab jedoch Reformer, die nicht bei den neuen Rechtschreibregeln stehenbleiben wollten, sondern mehr anstrebten, nämlich die Latinisierung, die Ablösung des hebräischen durch das lateinische Alphabet.[32] Obwohl man auf einer Reihe von Konferenzen darüber diskutierte und verschiedene Empfehlungen ausarbeitete, wurde diese Maßnahme schließlich nicht durchgeführt. Während ihrer Behandlung bestanden Kontakte zwischen jüdischen Sprachforschern und dem Allunions-Zentralkomitee für das neue türkische Alphabet (mit Sitz in Baku) sowie dessen Nachfolger, dem Allunions-Zentralkomitee für das neue Alphabet mit Sitz in Moskau. A. Zarecki, der diesem Komitee angehörte, brachte in diesem Forum die Frage der Latinisierung der jiddischen Schrift zur Sprache und veröffentlichte auch einen Aufsatz in der Zweimonatsschrift des Komitees „Kul'tura i pis'mennost' Vostoka".[33] Das jeweilige Material zur Latinisierung der jiddischen[34] und der russischen Schrift[35] erschien tatsächlich im gleichen Jahr. In den einschlägigen Zeitschriften und Konferenzberichten der dreißiger Jahre ist davon jedoch schon nicht mehr die Rede.[36]

Obwohl die Rechtschreibänderungen im Jiddischen angenommen wurden und sich in der Sowjetunion einbürgerten (die besonderen Endbuchstaben kehrten mit dem Erscheinen der Zeitschrift „Sovetiš Heymland" im Jahre 1961 zurück), während die orthographische Reform des Deutschen nicht zur Durchführung kam, besteht, zumindest was den Zeitpunkt der verschiedenen Aktivitäten anbelangt, eine gewisse Ähnlichkeit, auch wenn die Intensität unterschiedlich war. Anfang der dreißiger Jahre wurden die Bemühungen um eine Änderung des Deutschen von der Tagesordnung abgesetzt und sogar als schädlich bezeichnet. Man darf wohl davon ausgehen, daß die radikalen Umwälzungen, die in Deutschland mit der nationalsozialistischen Machtergreifung stattfanden, auf die sowjetische Einstellung zu der deutschen Rechtschreibreform einwirkten; allerdings flauten die

31 Die offizielle Bestimmung, die auch die Regeln festlegt, für die Ukraine ist von M. Skrypnyk unterzeichnet: Baštimung fun folks-komisar far bildung ... vegn aynfiren di naye yidiše ortografye in USSR, in: Ratnbildung (1929) H. 9, S. 78-80.

32 Siehe dazu beispielsweise: Materyaln vegn latinizacye fun der yidišer šrift, in: Di yidiše šprach (1930) H. 2/3, Sp. 85-90 (siehe Dokumentation II); K. Loyzker, R. Lerner: Di alfarbandiše ortografiše beratung, in: Afn Šprachfront (1932) H. 1, Sp. 49; N. Štif, E. Spivak: Vegn latinizacye, in: Afn Šprachfront (1932) H. 2/3, Sp. 93-100; M. Kamenšteyn: Far an internacionaln alefbeys, in: Ratnbildung (1930) H. 5/6, S. 122-125.

33 Diese Informationen stammen von N. Štif und E. Spivak, ebenda.

34 Siehe Anm. 32.

35 Siehe Anm. 22.

36 Siehe z.B. den Bericht über die ukrainische Sprachberatung am 7.-11.5.1934 (Afn Šprachfront [1935] H. 3/4) und die Bibliographie der vorbereitenden Diskussionen im selben Heft.

Bestrebungen nach entsprechenden Reformen auch bei anderen Völkern der Sowjetunion in jenen Jahren ab.

In der Literarischen Enzyklopädie (die Redaktion des einschlägigen Bandes wurde 1932 abgeschlossen, er erschien 1934) heißt es:

> „... der Vorschlag von Professor A. Ström bezüglich der Schaffung einer besonderen ‚sowjetdeutschen Sprache' und der Einführung einer neuen deutschen Orthographie in der UdSSR würde in der Praxis zur weiteren Abkapselung des deutschen Dorfes, zur Einschränkung und Begrenzung des Einflusses der sowjetdeutschen Literatur, zu ihrer Loslösung vom Kampf der Kommunistischen Partei Deutschlands und zum Verlust ihres internationalen Inhalts führen."[37]

Noch prägnanter drückte dies Hugo Huppert in seiner Ansprache auf der Unionskonferenz sowjetdeutscher Schriftsteller im März 1934[38] aus, als er sagte, daß

> „... jeder ‚separatistische' Versuch, die sowjetdeutsche Literaturbewegung durch sprachliche (ja auch orthographische) Absonderung künstlich dem Verständnis deutschsprechender Millionenmassen zu entfremden (‚Odessaer Schule': Ström, Mickwitz) als kulturpolitische Schädlingsarbeit scharf zu bekämpfen ist."[39]

Während der Diskussion auf derselben Konferenz äußerte sich David Schellenberg[40] dazu in recht heftiger Weise:

> „Ein anderer Faschistenagent ist Mickwitz, der als Professor der Literatur am Institut für Volksaufklärung in Odessa tätig war. ... Dieser Mickwitz hat bewußt die Sprache,

37 Abschnitt über die deutsche Literatur: Nemcev SSSR literatura, in: Literaturnaja Ėnciklopedija. Band 7. Moskva 1934, Sp. 880-888, der offenbar von David Schellenberg und Kornelius Martens verfaßt wurde. Siehe auch Anm. 40.

38 Im Rahmen der Vorbereitungen auf den ersten Allunionskongreß der Sowjetschriftsteller, der im Sommer 1934 zusammentreten sollte, wurde eine Konferenz der sowjetdeutschen Schriftsteller einberufen. Auf dieser Konferenz fand eine umfassende Diskussion über die sowjetdeutsche Literatur statt, und es wurden Resolutionen über ihre Weiterentwicklung verabschiedet. Der wichtigste Vortrag zu diesem Thema wurde von Hugo Huppert gehalten, einem aus Österreich stammenden Schriftsteller, der seit 1928 in der Sowjetunion lebte. Er sagte, daß Maksim Gor'kij ihn als seinen Beauftragten für die sowjetdeutsche Literatur bestimmt hätte. → S. zu dieser Konferenz auch in diesem Buch: Probleme der sowjetdeutschen Literatur, S. 96-98.

39 Von der 1. Unionskonferenz sowjetdeutscher Schriftsteller, in: Sturmschritt 5 (1934) H. 5, S. 511.

40 David Schellenberg war eine der bedeutenden und bestimmenden Figuren der sowjetdeutschen Literaturszene am Anfang der dreißiger Jahre. Er gehörte zur jüngeren Gruppe der sowjetdeutschen Schriftsteller. Auf der Unionskonferenz und in der Folgezeit wurde er wegen „politischer Abstumpfung" und des Erschlaffens der revolutionären Klassenwachsamkeit angegriffen. → Vgl. zu Schellenberg in diesem Buch: Probleme der sowjetdeutschen Literatur, Anm. 27 und 31.

die rückständige Kolonistensprache, unangetastet durch die Kurse geführt, um die Hörer in der selben sprachlichen Verfassung, wie sie aus dem Dorf gekommen waren, wieder ins Dorf zu lassen. ... Mickwitz zur Seite stand der Professor A. Ström, der Autor jener Theorie einer besonderen sowjetischen Sprache, der Kulakensprache des ehemaligen Zarendorfes. Außerdem verbreitete er eine neue Rechtschreibungstheorie, die unter der Vorspiegelung: ‚Wenn wir 20 % Buchstaben aus dem Alphabet streichen, ist das Lernen um 20 % leichter', nicht wenige Anhänger fand."[41]

Nach der Lektüre dieser Zitate kann kein Zweifel mehr darüber bestehen, daß sich die Auffassung völlig gewandelt hatte.

Von heute aus gesehen erscheinen die Dinge allerdings auch in der Sowjetunion anders.

„Eine nicht zu überschätzende Bedeutung für die Entwicklung der sowjetdeutschen Literatur hatten in den zwanziger und der ersten Hälfte der dreißiger Jahre der Literaturkritiker und -historiker Reinhold Mickwitz und der Sprachwissenschaftler Alfred Ström, beide Professoren an der Pädagogischen Hochschule in Odessa. Viele Mühe und Sorgfalt legten sie in die sprachliche und künstlerische Schulung der sowjetdeutschen Literaten, insbesondere des literarischen Nachwuchses."[42]

In einem 1984 erschienenen Artikel heißt es unter anderem: „Alfred Ström kam in Workuta im Herbst 1944 beim Flößen um ... Reinhold Mickwitz fand kurz vor Kriegsbeginn seinen tragischen Tod im Norden."[43]

Es wäre sicherlich aufschlußreich, die Analyse zu erweitern und weitere Sprachen zuzuziehen.[44] In diesem Rahmen wäre die moldawische Sprache von Bedeutung. Ein Buch, das sich mit ihr und ihrem wechselreichen Schicksal beschäftigt, ist 1982 erschienen.[45] Die moldawische Sprache nimmt einen wichtigen Platz auch in einem weiteren Problemkreis, der die Sprachenpolitik betrifft, ein: Welche Sprachen gelten als „Sprachen der Völker der Sowjetunion" und welche als „Sprachen ausländischer Völker"? Allem Anschein nach änderte sich der Inhalt dieser Begriffe im Lauf der Zeit. Jiddisch wurde stets zu den Sprachen

41 Von der 1. Unionskonferenz sowjetdeutscher Schriftsteller, in: Sturmschritt 5 (1934) H. 4, S. 423, passim.

42 Anthologie der sowjetdeutschen Literatur, Band 1. Alma-Ata 1981, S. 32.

43 Woldemar Ekkert: Im Dienst der Heimat, in: Heimatliche Weiten (1984) H. 1, S. 235-236, 243, passim.

44 ▲ Versuche, die Orthographie zu reformieren, gab es auch in weiteren Sprachen, so im Ukrainischen, Polnischen und Griechischen. Über diese Bestrebungen entzündeten sich dann ebenfalls Kontroversen.
→ Vgl. zu diesem Umschwung in bezug auf die geplante Rechtschreibereform des Polnischen Kulturinstituts an der Allukrainischen Akademie der Wissenschaften: M.O. Skrypnyk: Perebudonymy šljachami. Problema kul'turnogo budivnyctva nacional'nostej Ukraïny, in: Ukraïns'kyj istoryčnyj žurnal (1989) Nr. 8, S. 118-124; Nr. 11, S. 99-108; Nr. 12, S. 129-135, hier S. 131.

45 Mikhael Brukhis: One step back, two steps forward: On the language policy of the CPSU in the national republics. New York 1982.

der Völker der Sowjetunion gerechnet, Deutsch aber anscheinend nur bis zum deutschen Angriff 1941. Nach dem Krieg wird die deutsche Sprache meistens als Sprache eines ausländischen Volkes angesehen, obwohl es von dieser Regel auch Ausnahmen gibt.[46] Unter den Sowjetdeutschen scheint Unklarheit in diesem Punkt geherrscht zu haben, wie sich aus zwei grundsätzlichen Äußerungen vor der Volkszählung von 1970 in ein und derselben Nummer einer sowjetischen Zeitung ergibt.[47] Laut der Definition dieser Zählung (die besagt, daß eine Sprache der Völker der UdSSR eine solche ist, die von Gruppen der Bevölkerung gesprochen wird, deren Mehrheit in der Sowjetunion auf die Welt kam, und nicht)die offizielle Sprache eines Fremdstaates ist) gehört das Deutsche nicht zu dieser Kategorie, während das Moldawische dazugerechnet wird (auf Grund der in der Sowjetunion behaupteten Unterschiede zwischen ihm und dem Rumänischen).[48]

Zum Abschluß dieser Erörterung soll noch einmal auf die breiten Zusammenhänge innerhalb der Sowjetunion hingewiesen werden, und zwar mittels der Betrachtung, die M. LITVAKOV, der Redakteur der jiddischen Tageszeitung „Emes“, in seiner Zeitung zu der besagten Konferenz anstellte:

> „Nun hat aber die Konferenz der sowjetdeutschen Schriftsteller in der Sowjetunion stattgefunden, und auch dort gab es Ausdrücke des Kampfes an zwei Fronten – gegen die nationalistische Besudelung der Sprache und gegen ihre Demolierung von links, die sich in groben Russizismen usw. äußert. Vielleicht bildet nur die jiddische Sprache eine Ausnahme?“[49]

Zusammenfassend kann man wohl sagen, daß trotz aller Berührungspunkte und trotz aller Ähnlichkeit die Entwicklung hier verschieden war. Während die Tendenz der Spaltung zwischen dem Sowjetjiddischen und dem Jiddischen der anderen Länder fortdauerte, wechselte die Linie gegenüber dem Deutschen zur Integration über.

46 Z. B. Ėnciklopedičeskij slovar', Band 2. Moskva 1964, Sp. 722-723.
47 Ist die deutsche Sprache eine Sprache der Völker der UdSSR?, in: Freundschaft, 14.1.1970.
48 Siehe dazu auch Bernhard Comrie: The Languages of the Soviet Union. Cambridge 1981, und das oben erwähnte Buch von M. Bruchis.
49 M. Litvakov: Far a reynem un raychn sovetišn yidiš, in: Emes, 11.4.1934.

Dokumentation

I

Sturmschritt. Litjournal. Organ der deutschen Sektion des Allukrainischen Verbandes prolet. Kollektivisten-Schriftsteller „Pflug". II. Jahrg. (Char'kow 1931) Nr. 5-6, S. 28-31

A. Ström

Die Einfachschreibung steht auf der Tagesordnung[50]

In den lezzten jahren tauchen in unseren sowjetdeutschen zeitungen artikel auf, deren ferfasser sich über die frage der fereinfachten rechtschreibung eussern. Man könnte denken, das es nicht zeitgemes were, diese frage heute, im zeitalter der likwidierung der kulaken als klasse auf grund kompakter kollektiwierung anzuschneiden. Man habe doch fiel wichtigere fragen zu lösen, die auch bessere folgen an den tag treten lassen.

Das entspricht aber nicht den anforderungen unserer zeit. Unser zeitalter erfordert eine anstrengung fon millionen.

Es were falsch, hetten wir nur diese form fon behauptungen zugelassen. Unser siegreiches jahrfünft ferlangt eine ausbildung fon millionen neuer menschen, die die sache des sozialistischen aufbaues zu ende führen können und imstande sein werden, die nötigen höhen der sozialistischen wirtschaft und kultur zu erreichen. Das wakstum der nationalen der form nach, inhaltlich aber proletarischen Kultur, welche das Ziel hat, die massen auf den hohen stand des sozialismus zu heben, ferlangt die beseitigung aller hemmnisse, die diesem im wege stehen und die die kultur, bildung, for allem aber die schreibkundigkeit zum priwilleg der auserwehlten machen.

Darin wurzeln eben die reformen auf dem gebiete des schrifttums, angefangen mit der beseitigung eines in der russischen rechtschreibung überflüssigen Hartezeichens (ъ) und bis zur einführung des lateinisierten alfabets in Adserbeidschan. Die meisten nationen der Sowjetunion haben die frage angeschnitten und betont. Nur wir, fertreter einer spracheinheit fon 1,8 millionen in der Sowjetunion, wagen es nicht mal das „f" für das „ph" in „foto" einzuführen, obwohl es sogar die „AIZ" in Hindenburgien schon lengst durchgeführt hat.

Die einführung der natürlichen kleinschreibung were für uns sprachmajestetsferlezzung! Die wurzeln dieser zaghaftigkeit liegen in der kleinburschuasen tradizion, in einer zu starken orientierung auf Deutschland, das eben maskiert fon einigen immer noch für die metropole gehalten wird, auch wenn es den erzbürgerlichen zilinder eines Teobald Maske oder einen „echtdeutschen" faschistischen polizeiknüppel in den „rassenechten" noskehenden tregt. Das alles zwingt uns zur durchsicht der deutschen rechtschreibeprinzipien und zur durchführung der einfachschreibung.

50 Anmerkung der Redaktion der Jahrbücher: Gelegentliche Inkonsequenzen im Text selbst – z.B. S. 68, 6. Zeile von unten „augenblick", S. 69, 7. Zeile von oben „blikk" – gehen auf das Original zurück. – Die Überschrift ist im Original in Majuskeln gesetzt.

Es sei aber dabei zu erwehnen, das es auch hier ferschiedene richtungen gibt, forsichtige, bedachte, reformscheue köpfe und draufgengerische zeitüberspringer, deren „linkes", und linkisches benehmen nicht minder gefehrlich ist.

Es were nicht der wahrheit entsprechend, hetten wir behauptet, das wir uns allein mit der rechtschreibung befassen. Die frage hat schon der linksdemokratische lehrerferein angeschnitten. Aber selbst im 19. jahrhundert wurden fereine gegründet, die die fereinfachte rechtschreibung pflegten. Wir müssen doch feststellen, das trozz heftiger anstrengungen, das elend unserer rechtschreibung zu beseitigen, in den lezzten 250 jahren, d.h. seit der grossen rewoluzion in England, noch keine nennenswerten erfolge gezeitigt wurden. Wir können bestimmt sagen, das wir im zeitalter der kollektiwierung, der industrialisierung der Sowjetunion arbeiten und das wir in den meisten fellen nach den prinzipien der feudalen gesellschaft, nach den grundsezzen, die for 500, 700, ja sogar 1000 jahren walteten, schreiben.

Gewis ist es nicht zeitgemes, der frage der rechtschreibung zu fiel aufmerksamkeit zu schenken, aber fielleicht tun wir es doch für einen augenblick, um auf diesem gebiet, sagen wir, bis zum zeitalter der grossen französischen rewoluzion zu kommen. Wir hoffen schon auf höhere dinge. Binnen 250 jahren drengte sich der kampf hauptsechlich um die frage, soll man so schreiben, wie man jezt spricht, oder so, wie die historische entwikklung ferlangt. Der bekannte sprachwissenschaftler Grimm unterzog alle schattenseiten der deutschen ortografie einer schroffen kritik, fertrat aber doch die historische richtung.

In den 70-ger jahren des forigen jahrhunderts trat Raumer mit seinem Grundsaz „schreibe wie du sprichst" auf. So tat auch zum ersten mal die ortografische kommission des jahres 1876. Puttkammer, der preussische minister des bildungswesens, ferbot den beamten bei gesteigerter ordnungsstrafe fon der hergebrachten rechtschreibung abzuweichen. Im jahre 1901 beseitigte man das „h" in den wörtern wie „Thal", „Thee", usw. Weiter konnte man keine erfolge zeitigen. Dieses were nun die geschichte dieser frage.

Für den ersten blikk scheint es natürlich, das die rechtschreibung wortgetreu das gesprochene wiedergeben soll. Man soll eben so schreiben, wie es die Aussprache ferlangt. Diesem widerspricht die rechtschreibung fast aller fölker. Manchmal wird ein und dasselbe geschriebene zeichen für ferschiedene laute gelten. So ist z.B. das zeichen „ch" als ein zeichen für den „k"-laut (wachsen, fuchs), bald aber auch für „ch"-laut ferschiedener art (auch und ich). Das „s"-zeichen entspricht nicht immer einem „s"-laut wie es in fast, lust, hassen, der fall ist. Sehr oft wird es für ein russisches „з" ausgesprochen (frgl. sorgen, saal, lesen), oder wie ein „sch" in sprechen, steht, stuhl.

Es wird noch ferstendlicher sein, wenn wir das gegenteil in betracht ziehen. Sehr oft wird ein und derselbe laut mit hilfe ferschiedener zeichen wiedergegeben. Es genügen zwei beispiele: der „f"-laut in „Faden", „Vater", „Affe", „Photographie" und der „t"-laut in „Tafel", „Theater", „Fett", „Wald", „Stadt". Wir können ganz ruhig behaupten, das die einführung der lautgetreuen wiedergabe auf unserem entwikklungsstadium unmöglich ist. So lange wir die sprache ferschiedener befölkerungsschichten haben, darunter auch die bauernmundarten, die ihr feudales sprachfielerlei dahinschleppen, wird man die gegenüberstellung laut – buchstabe nicht so genau nehmen können.

Die rechtschreibung bildet ein übereinkommen, dessen prinzipien nicht überall gleich einfach sind. Die grundsezze der deutschen rechtschreibung sind eusserst kompliziert. Man kann sogar sagen, das wir kein einheitliches grundprinzip haben. Gewis gibt es wörter, deren lautbestand lautgetreu wiedergegeben wird (wir, an, in, halten). Das prinzip der lautgetreuen wiedergabe heist das fonetische prinzip.

Daneben benüzt man einen etümologischen. Man schreibt darnach alle wörter ein und desselben stammes mit gleichen buchstaben, auch wenn diese nicht den lauten entsprechen. So benützt man in fellen wie „Wind", „Korb", „Berg", die zeichen d, b, g nur deswegen, weil man in ableitungen der wörter einen dieser laute hat (Winde, Körbe, Berge). Wenn man sich mit diesen prinzipien noch für einferstanden erkleren kann, so wirkt das dritte grundprinzip, das historische, geradezu störend. Man schreibt danach so, wie es die aussprache for 500, 700 und 1000 jahren ferlangte. So ist das zeichen „v" auf die besondere aussprache „f"-lautes zurückführen.

Die sogenannte grosschreibung der hauptwörter, die in keiner Sprache der welt forkommt, ist in Deutschland erst seit dem 15. jahrhundert zu tage getreten. Man schrieb damals mit grossen anfangsbuchstaben die sogenannten „Heiligenwörter", „Gott", „Herr", „Vater". In den nechsten jahrhunderten entstand eine süstemlosigkeit, die erst im 18. jahrhundert zu bestimmten regeln führte. Seitdem wird fortdauernd gegen die grosschreibung gekempft. Aber immer noch herrschen diese regeln, die durch folgende ergenzt werden: „Oft sind beide schreibungen, die mit grossen und kleinen anfangsbuchstaben, gleich zulessig." Dieses ist unsere rechtschreibung, das fortreffliche bild einer feudalen narrenkappe auf der deutschen sprache im zeitalter des sozialismus ...

Es herrscht ein durcheinander der prinzipien, eine maslose zweideutigkeit mit denen man lengst aufreumen sollte, da sie es den massen erschwert, sich die kultur anzueignen. Die rechtschreibung raubt monate und jahre des unterrichts, die man anders ferwerten könnte. Es ist kein Wunder, das selbst die progressiwsten kreise deutschlands für die fereinfachung auftreten. Den 27. – 28. januar 1920 tagte sogar in Berlin der ausschuss für die fereinfachung der rechtschreibung. Es war nehmlich die erste zeit nach der nowemberrewoluzion. Dieser regierungsausschuss entschied sich in der mehrheit seiner mitglieder für die fereinfachung. Aber da geschah etwas, was uns nur nochmals beweist, wie die kapitalistische ordnung die entwikklung hemmt. Die buchhendler sprachen sich gegen die reform aus, da sie eben befürchteten, das sie die ware nicht loswerden.

„Bei dem bekannten kosokschen diktat", teilt uns die leipziger lehrerzeitung mit, „wurden fon 30 lehrern im durchschnitt 13 fehler gemacht; fon herren mit akademischer forbildung 14 bis 30 fehler; fon 10 studierenden damen 10 bis 20 fehler, fon 10 studierenden herren 10 bis 34 fehler. Ein gümnasiallehrer schrieb 18 fehler; in einer töchterschule war die höchstfehlerzahl sogar 74!"

Und mit dieser komplizierten rechtschreiberei, die selbst „akademische herren" nicht beherrschen, wollen wir die kaderfrage lösen! Mit dieser ortografie will man nun die rükkstendige dorfbefölkerung follkommen schreib- und lesekundig machen!

Durch die beseitigung der grosschreibung allein, trozz mangelnder übung, lest sich eine leistungssteigerung beim maschinenschreiben um 30 prozent und beim sezzen in den drukkereien um 20 prozent erzielen. Wir müssen alle hindernisse aus dem wege reumen, die die beschleunigte entwikklung der massen im kampfe für den sozialismus stören. Und das können wir deutsche arbeiter, batraken, kollektiwisten, arm- und mittelbauern tun, auch wenn es der deutsche buchhandel nicht erlaubt.

Wir sind nun zu der schlussfolgerung gekommen, das wir uns entschliessen müssen, die abnormiteten der deutschen rechtschreibung zu beseitigen. Aber es were einfach, hetten wir im lande des sozialistischen aufbaues und in Deutschland die gleiche diktatur des proletariats. Dieses ist aber nicht so. Wir bauen den sozialismus forleufig in einem lande, aber nicht für ein land. Unser land soll das sprungbrett der weltrewoluzion sein; wir bilden die sturmbrigade des weltproletariats. Deswegen tragen wir aber die doppelte ferantwortung. Deswegen dürfen wir unsere entwikklung nicht fon der des proletariats der kapitalistischen lender losreissen.

Was würde die endgültige, restlose, follstendige umgestaltung unserer rechtschreibung bilden? In wirklichkeit bedeutete sie dann das losreissen unserer deutschen kollektiwistenmassen fon den proletarischen massen Deutschlands. In wirklichkeit hette sie das fersumpfen der deutschen arbeiterschaft und der kollektiwisten in der engnazionalen krehwinkelei zur folge. Daher werden wir die rechtschreibung nicht follstendig, bis zur unkenntlichkeit des schriftbildes umgestalten. Wir werden nur das fereinfachen, was unbedingt speter in Deutschland als geleistete forarbeit angenommen wird.

Die follstendige reform der rechtschreibung hette ungeheure krefte im ferantwortlichen moment fon der sozialistischen aufbauarbeit abgerissen und ein neues analfabetentum herbeigeführt.

Unsere einfachschreibung dagegen wird uns helfen, die massen aus dem stand des analfabetentums oder halbanalfabetentums zu heben. Wir haben also auch hier eine bedachte, aber nicht sinnlose rechtsopportunistische richtung und eine draufgengerische „linke“ und linkische zügellosigkeit. Alle fersuche, die einfachschreibung zu hemmen, werden scheitern, da wir auf ein sterkeres analfabetentum als zufor stossen werden. Man bedenke doch, das man nicht mehr intelligenzlerkinder zu schulen hat. Ebenso werden auch die linkischen fersuche mislingen, da die folgen dieselben sein werden. Die grundsezze der fon uns forgeschlagenen einfachschreibung lauten:

a) wir beseitigen nur das, was man speter in Sowjetdeutschland unbedingt einführen wird;
b) was den massen erleichtern wird, die schreibkundigkeit zu erlernen.

Unser alfabet soll nun aus folgenden 21 zeichen bestehen:

Aa, Bb, Dd, Ee, Ff, Gg, Hh, Ii, Jj, Kk, Ll, Mm, Nn, Oo, Pp, Rr, Ss, Tt, Uu, Ww, Zz.

Ausserdem hette man die fehlenden zeichen durch die noch jezt üblichen buchstaben ersezzen müssen: sch, ch, pf, ö, ü.

Folgende schreibarten werden beseitigt:

a) die grosschreibung der hauptwörter (mit ausnahme der felle nach dem punkt, fragezeichen, ausrufungszeichen und der eigennamen);
b) die buchstaben „c“ (ersetzt durch „k“ oder „z“); „q“ (ers. durch „kw“, fergl. kwittung, kwelen); „v“ (durch „f“; fogel, fiel, fetter); „x“ („ks“: Aleksander, Marks); „ä“ („e“: epfel, welder); „ph“ („f“: filosofie, fotograf); „th“ („t“: Teodor, tese, tema); „ck“ („kk“: nakken,

rükken); „tz“ („zz“: hizze, kazze, aber sizt); „ch“ („ks“: fuks, wikse, waksen); „y“ („ü“: psüchologie, füsik); „ß“ („ss“ in schliessen);

c) die fremdwörter werden in allen fellen nach den regeln der deutschen einfachschreibung geschrieben, also: fase, burschuasie, rewoluzion, trottuar, schowinismus.

Das weren die grundzüge unserer einfachschreibung. Unser projekt soll unserer meinung nach eine grundlage bei der einfachschreibung bilden. Wir bestehen darauf, das die fereinfachung in diesen Grenzen auch ohne Deutschland durchgeführt werden kann, das wir genügend kraft haben, sie durchzuführen, um auf diese weise die kultur der deutschen kollektiwistenmassen in schleunigem tempo zu heben.

Es lebe die weltrewoluzion!

Es lebe die Sowjetunion, die allein die möglichkeit bietet, die kultur auch wirklich zur kultur der massen auszubilden!

II

Di yidiše Šprach (Kiev 1930), H. 2/3, Sp. 85-90[51]
(Aus dem Zirkular Nr. 21 der Zentralen Orthographischen Kommission)

Materialien zu der Latinisierung der jiddischen Schrift[52]

Die Latinisierung der jiddischen Schrift soll zu der Kulturrevolution der jüdischen Umgebung beitragen (und in gewissem Maße auch zur Kulturrevolution der Union im allgemeinen).

Konkret kann man zugunsten der Latinisierung folgende Argumente vorbringen:

1) Die lateinische Schreibweise ist ein besseres System als die jiddische. Die jiddische stammt von der hebräischen Schreibweise, die für einen anderen (semitischen) Typ der Sprache geschaffen wurde, und sie ist eigentlich eine Silbenschrift gewesen. Im Gebrauch des Jiddischen hat sich die Schreibeweise bis jetzt nicht als anpassungsfähig an den indoeuropäischen Charakter der jiddischen Sprache erwiesen, während die lateinische (die ihren Ursprung, der Wahrheit entsprechend, auch in der semitischen Schrift hatte), dies schon lange erreicht hat. Es genügt, an die Tortur mit dem Buchstaben Alef (Patach, Kamac, unausgesprochenes Alef) zu erinnern. Bis jetzt haben wir keine Schreibweise für den „au“-Laut am Anfang des Wortes (auditorye). Die Überlegenheit der lateinischen Schrift wird sich in ihrer leichteren Erlernbarkeit erweisen. Leider habe ich keine Daten, inwieweit dies die jiddische Schrift verbilligen wird (das leuchtet auf jeden Fall ein, da meines Erachtens heute der jiddische Satz teurer ist als der russische).

51 Aus dem Jiddischen übersetzt, M. Buchsweiler.

52 Über das Thema der Latinisierung, ungefähr mit derselben Argumentation, hat Genosse A. Zarecki am 8. Juni d.J. einen Vortrag im Institut für jüdische Kultur (Kiev) gehalten. Danach fand eine rege Diskussion statt. Das Wichtigste aus dieser Diskussion hoffen wir in der nächsten Nummer zu bringen. [Anmerkung des Übersetzers: Die Diskussion ist nicht in der Zeitschrift erschienen.]

2) Die lateinische Schrift wird von links nach rechts geschrieben. Dies läßt unschwer zu, einen jiddischen Text (in lateinischer Schrift) mit einem fremdsprachigen Zitat, mit mathematischen Formeln oder mit musikalischen Noten zu verbinden. Die Schwierigkeiten, die dabei in der jetzigen jiddischen Schrift bestehen (z.B. beim Mathematik-Unterricht in der Schule), sind allgemein bekannt.

2 a) Eine weitere Annehmlichkeit entsteht aus der lateinischen Schriftweise von links nach rechts. Die Pulte werden in den Schulen meist so aufgestellt, daß sich die Schüler, wenn sie von links nach rechts schreiben, nicht das Licht verdecken. Das Resultat ist natürlich, daß beim Jiddisch-Schreiben sich die Schüler das Licht verdecken.

3) Die lateinischen Buchstaben sind besser gebaut, sie unterscheiden sich schärfer voneinander in der oberen Hälfte als die jiddischen; sie bestehen aus Strichen einheitlicher Breite ohne den übrigen Zierat.

3 a) In der Handschrift lassen sich die lateinischen Buchstaben leichter verbinden (d.h. sie werden geschrieben, ohne die Feder vom Papier zu heben) als die jiddischen.

4) Das Heften der jiddischen Bücher von rechts nach links läßt nicht zu, für jiddische Bücher dieselben Illustrationen zu benutzen wie für die mit lateinischer Schrift gedruckten. Im Centrizdat druckt man z.B. Kinderbücher in verschiedenen Sprachen und benutzt dabei dieselben Illustrationen (für einen ganzen Druckbogen auf einmal lithographiert) für alle Bücher außer für die jiddischen. Das verteuert die jiddischen Bücher und wird nach Annahme der lateinischen Schrift wegfallen.

5) Die lateinischen Schriftzeichen sind in jeder Druckerei vorhanden (besonders nach der Latinisierung der Ost-Schriften), d.h. es wird leichter werden, jiddische Bücher zu drucken.

6) Die lateinische Schrift wird die jiddische Sprache zugänglicher für Nicht-Juden machen. Dies ist heutzutage von Bedeutung im Zusammenhang mit unserer ganzen Einstellung zur „jüdischen Wissenschaft". Wenn es für uns keine besondere „jüdische Weisheit" gibt, heißt es, daß der Sachverhalt, nach dem sich mit der Jiddisch-Forschung fast ausschließlich Juden beschäftigen, anormal ist. Das erschwert die Befreiung der Jiddisch-Forschung von nationalistischen Tendenzen. Mit der Latinisierung der Schrift (zusammen mit weiteren Maßnahmen, wie z.B. die Herausgabe von Broschüren in der russischen Sprache, die sich mit Jiddisch befassen) werden wir nichtjüdische Wissenschaftler zum Studium von Jiddisch hinzuziehen können.

7) Ideologische Argumente, die sich „weder wiegen noch messen" lassen: Mit der Latinisierung werden wir uns erstens endgültig von der hebräischen Sprache als Prätendent auf eine Stellung im jüdischen Kulturleben trennen, zweitens werden wir uns an die große Kulturrevolution in der Sowjetunion anschließen, die augenblicklich unter einer Vielzahl von nationalen Minderheiten und in der nächsten Zukunft vielleicht auch unter den kulturell vorherrschenden Völkern vor sich geht und die unter der Losung der Internationalisierung der Schrift geführt wird.

Verständlicherweise hat das wichtigste, wenn nicht das einzige, Motiv der bürgerlichen Latinisatoren vor 10-20 Jahren, die assimilierte jüdische Intelligenz zum Jiddischen hinzuziehen oder sie von weiterer Assimilation abzuhalten, für uns keine Geltung.

Welche Gründe werden gegen die Latinisierung angeführt?

1) Alle Schreibkundigen der alten Schrift müssen umlernen.
2) Die ganze frühere Literatur muß neu gedruckt werden.
3) Die heutigen Schriftzeichen (der Druckereien) müssen durch neue ersetzt werden.
4) Der kulturelle Zwiespalt mit dem ausländischen Judentum wird vertieft.
5) Keine einheitliche und rationelle Orthographie kann ausgearbeitet werden.

Andere Gründe (man wird sich vom Hebräischen entfernen und Ähnliches) sind nicht der Rede wert.

Meines Erachtens werden die Gefahren, die in diesen Argumenten angeführt sind, übertrieben.

Das Umlernen wird einige Jahre dauern. Deswegen wird man es nicht sehr spüren, sowohl was Geldmittel, als auch was die Anstrengung und Unbequemlichkeit des „Umlernens" betrifft.

Die Literatur wird sowieso immer neu gedruckt, und die typographischen Lettern erneuert man sowieso jedes Jahr, so daß dies keine überflüssigen Ausgaben erfordern wird.

Wir sind vor dem Zweispalt mit dem Ausland nicht zurückgeschreckt, als wir die Reform der Hebraismen durchführten – so soll man sich jetzt sicher keine Furcht einjagen lassen, da unsere kulturelle Wirkung im Ausland (unter den proletarischen und sogar den links-bürgerlichen Schichten) gewachsen ist. Unsere Latinisierung wird die analoge Tendenz, die in Amerika und in anderen Ländern vorhanden ist, stärken (vgl. die Wirkung der Latinisierung bei den türkischen Völkern der Sowjetunion).

Ob man sich mit der einheitlichen lateinischen Schreibweise und Orthographie anfreunden kann, wird die Zukunft zeigen; aber prinzipiell sind hier keine größeren Schwierigkeiten vorhanden als bei der jetzigen jiddischen Schrift.

Meines Erachtens soll die Frage der Ersetzung der heutigen jiddischen Schrift durch die lateinische als konkrete Aufgabe für die nächsten Jahre gestellt werden. Man kann einen ungefähren Zeitplan aufstellen:

1) Öffentliche Diskussion der Frage im allgemeinen (dabei sollen Fachleute über besondere Fragen, wie die Verbilligung des jiddischen Satzes und dergleichen, berichten) – ein halbes Jahr.
2) Öffentliche Diskussion über besondere Projekte latinisierter Schrift (die Projekte selbst können schon früher veröffentlicht werden) – ein halbes Jahr.
3) Offizieller Beschluß.
4) Einführung von Textteilen in lateinischer Schrift in wissenschaftlichen Veröffentlichungen, Herausgabe besonderer Broschüren in lateinischer Schrift und über sie, Einführung von parallelen Textteilen in beiden Schriften in Zeitschriften und Zeitungen, Unterricht der lateinischen Schrift in der Schule (von der zweiten Stufe aufwärts), usw.

III

Kul'tura i pis'mennost' Vostoka, Kniga VI. Baku 1930 (Izdanie V.C.K.N.T.A.), S. 20-26[53]

A. Lunačarskij

Die Latinisierung der russischen Schrift[54]

Die muslimischen Völkerschaften des Ostens, die sich historisch die arabische Schrift zu eigen machten, haben durch diesen Umstand nicht wenig gelitten. Die Schrift der altarabischen Literatur war den entsprechenden Kulturbedingungen angepaßt, und da sie nur mit Mühe die neue, sehr schwer anzueignende und die Völker des Ostens von der europäischen Kultur trennende Kultur wiedergeben konnte, war sie ein Hilfsmittel für die Verhinderung jeden Fortschritts und wurde bei dieser Verhinderung durch alle reaktionären Klassen, besonders die Geistlichkeit, ausgenutzt.

Der Volkskommissar für Aufklärung der RSFSR, mit dem Problem der Latinisierung der Schrift aller dieser Völker konfrontiert, ging mit äußerster Umsicht vor. Er verstand sehr gut, wie leicht diese Neuerungen gegen die Sowjetmacht ausgenutzt werden konnten, denen man unterstellte, die Massen von ihrer eigenen Kultur und von ihrem Glauben abzuziehen. Die Parteigänger des Alten flößten den Massen in jeder Weise ein, daß in der Latinisierung die anmaßende Beziehung der westlichen Menschen zum Osten mit seiner eigenartigen und „unschätzbaren", für Giauren unverständlichen, Kultur zum Ausdruck komme.

Eine bedeutende Erleichterung in dieser Sache war, daß sich die türkische Regierung dieser Reform anschloß und mit großer Energie bei sich eine parallele Latinisierung durchzuführen begann. Dies beseitigte sofort für alle Panturkisten die Möglichkeit, ihr politisches Spiel gleichsam auf dem Hintergrund der Treue zur alten, rein muslimischen und türkischen Kultur zu spielen und die Latinisierung der Schriften als „Jagd" auf diese alte Kultur seitens der Bol'ševiki zu erklären.

Aber auch abgesehen von der Hilfe, die uns auf diese Weise durch die türkische Regierung erwiesen wurde, schritt die Latinisierung rasch voran, da die Bevölkerung selbst die gewaltigen Vorteile, die sich aus ihr ergaben, leicht begriff. Die Schrift wurde sehr stark vereinfacht, und indem er sie für seine Muttersprache verwendete, schlug jeder Bürger aus den östlichen Republiken und Nationen schon allein dadurch eine ziemlich feste Brücke

53 Aus dem Russischen übersetzt von Günther Stökl, Köln.

54 Indem sie aus den Nummern 5 und 6 der „Krasnaja Gazeta" vom 6. und 7. Januar d.J. [1930] den Artikel A.V. Lunačarskijs abdruckt, hält es die Redaktion (der Zeitschrift KiPV) für notwendig anzumerken, daß bis zum Zeitpunkt der Einführung des neuen Alphabets in der Türkei die Sache der Latinisierung aller Alphabete der Völker der Sowjetunion, die sich der arabischen Schrift bedienten, schon endgültig abgeschlossen war und in Schulen, Verlagen und bei der Produktion eingeführt war. Auf diese Weise war schon im Jahr 1927 der Widerstand der Geistlichkeit, der Arabisten-Panturkisten gebrochen, die bis dahin die arabische Schrift verteidigten. So hat dem Erfolg der Latinisierung bei uns nicht die Annahme des neuen Alphabets in der Türkei geholfen, sondern es half unser Sieg über die „Arabisten" und ihre Parteigänger.

zur Aneignung des allgemeinen Alphabets, mit dem die gewaltige Mehrheit der Kulturbevölkerung schreibt und druckt.

Bei meinen Gesprächen mit dem Vertreter Japans über den Stand dieser Reform bei ihnen habe ich mich überzeugt, daß es dort keine bedeutende Zahl von Anhängern der Latinisierung gibt. Das schwierige Alphabet der Japaner mit seiner Basis in der noch schwierigeren chinesischen Schrift bleibt für sie Kennzeichen ihrer Originalität, und außerdem gibt es in ihm eine gewaltige Menge schon edierter Bücher und Bibliotheken – deshalb würde ein massenhafter Übergang zur lateinischen Schrift nach Meinung des gebildeten Japaners, mit dem ich sprach, einen großen ökonomischen Bruch bedeuten. „Manche – so sagt er – müßten ihre Kinder in beiden Alphabeten unterrichten, um sie nicht auf die Verwendung nur der neuen Bücher zu beschränken, deren es notwendigerweise in den ersten Jahren nicht genug geben würde."

In Bezug auf unsere östlichen Völker war das nicht so. Es gab bei ihnen keinerlei große Bibliotheken und, schlicht gesagt, die Literatur, die es in arabischer Schrift gibt, stellt bei all ihrem historischen Wert keine großen praktischen Wert dar, und diese Völker müssen ein neues Verlagswesen nicht nur deshalb entwickeln, weil man viele Bücher im neuen Alphabet schaffen muß, sondern auch deshalb, weil mehr Bücher neuen Inhalts zu schaffen sind.

Vor kurzem hat eine Ausstellung des lateinischen Alphabets der östlichen Völker in den Sälen der Kommunistischen Akademie gezeigt, welche großen Erfolge in dieser Beziehung erreicht worden sind.

Auch für uns, „Fremde" gegenüber den muslimischen Völkern, ergab sich eine große Erleichterung beim Erlernen ihrer Sprachen. Lermontov hat einmal gesagt, daß die türkische Sprache den Schlüssel für den ganzen Nahen Osten bildet. Diese Feststellung trifft auch heute zu. Das Erlernen der türkischen Sprache über die arabische Schrift war übermäßig schwer, sie nach der jetzigen Schrift zu erlernen, ist überhaupt nicht schwer. Indessen muß jeder Bürger der UdSSR, der wirklich gebildet zu sein wünscht, nach meiner Meinung die türkische Sprache lernen, da in ihr Dutzende von Millionen unserer Bürger sprechen, Dutzende von Millionen Menschen, die sich jenseits der Grenzen unserer Union befinden, wenn man in Betracht zieht, daß die einzelnen Sprachen – Tatarisch, Türkisch, Uzbekisch usw. – nur nicht sehr verschiedene Varianten einer gemeinsamen Sprache darstellen.

Im Zusammenhang mit all dem ergibt sich die Frage der Latinisierung auch unserer russischen Schrift. Erinnern wir uns zunächst, wie die ziemlich durchgreifende Reform der Schrift entstand, die unmittelbar nach der Oktoberrevolution durchgeführt wurde und die bis heute bei den Emigranten Zähneknirschen hervorruft.

Die Notwendigkeit oder das Bewußtsein der Notwendigkeit, das unpraktische, durch historische Überreste aller Art belastete vorrevolutionäre Alphabet zu entlasten, entstand bei allen ein wenig kultivierten Menschen. In der Akademie der Wissenschaften gab es vorbereitende Arbeiten. Der Kadetten-Minister Manujlov, gestützt auf die Arbeit der Kommission des Akademiemitglieds Šachmatov, bereitete schon die Einführung eines neuen Alphabets vor, und zwar eben des Typs, der dann in der Tat von der Sowjetunion eingeführt wurde.

Die Sowjetregierung war sich sehr wohl im klaren darüber, daß bei aller Durchdachtheit dieser Reform in ihr, eben ihrer Halbheit wegen, etwas sozusagen „Februarisches", aber nicht „Oktobrisches" war. Ich habe mich schließlich in sehr intensiver Weise mit Vladimir Ilič beraten, bevor dieses Alphabet und diese Rechtschreibung eingeführt wurden. Hier ist, was mir Lenin bei diesem Anlaß gesagt hat. Ich bemühe mich, seine Worte so genau wie möglich wiederzugeben.

„Wenn wir jetzt die unumgängliche Reform nicht einführen, wird das sehr schlecht sein, denn darin, wie auch z.B. in der Einführung des metrischen Systems und des gregorianischen Kalenders, müssen wir eben jetzt die Abschaffung verschiedener Überreste des Alten sehen. Wenn wir in aller Eile beginnen, ein neues Alphabet zu entwickeln oder in aller Eile das lateinische einzuführen, das man doch auf jeden Fall unserem anpassen muß, dann können wir Fehler machen und einen freien Raum schaffen, in den sich die Kritik drängen wird, indem sie über unser Barbarentum spricht usw. Ich zweifle nicht, daß die Zeit für die Latinisierung der russischen Schrift kommen wird, aber jetzt in aller Eile zu handeln, wäre unvorsichtig. Gegen die Akademie-Orthographie, vorgeschlagen von einer Kommission gelehrter Autoritäten, wird niemand ein Wort zu sagen wagen, wie auch niemand wagt, der Einführung des Kalenders zu widersprechen. Deshalb führen Sie sie (die neue Orthographie) ganz schnell ein. In der Zukunft kann man sich dann, indem man dazu kompetente Kräfte versammelt, auch mit der Ausarbeitung der Fragen der Latinisierung befassen. In ruhigerer Zeit, wenn wir stark geworden sind, wird das alles nur unbedeutende Schwierigkeiten machen."

Solchermaßen war die Instruktion, die uns vom Führer gegeben worden ist. Danach führten wir unverzüglich auf gesetzlichem Weg das neue Alphabet ein.

Aber o weh, es erwies sich als gar nicht so einfach, es zu realisieren. Auf das Dekret, so könnte man sagen, gab es nur taube Ohren, und sogar unsere eigenen Zeitungen wurden nach dem alten Alphabet ediert.

Ich erinnere mich, wie nach Erscheinen der ersten nach der neuen Orthographie gedruckten Nummer der „Pravda" ein Doktor zu mir gelaufen kam und mir erklärte: „Die Arbeiter wollen die ‚Pravda' nicht in dieser Form lesen, alle lachen und regen sich auf." Die Revolution liebt jedoch nicht zu scherzen und verfügt immer über die notwendige eiserne Hand, die geeignet ist, die Schwankenden zu zwingen, sich den Entscheidungen zu fügen, die das Zentrum getroffen hat. Als solche eiserne Hand erwies sich Volodarskij: Er war es, der im damaligen Petersburg das Dekret für die Zeitungsverlage herausgab, er versammelte die Mehrheit der für die Druckereien verantwortlichen Menschen, und mit sehr ruhigem Gesicht und mit seiner entschiedenen Stimme erklärte er ihnen:

> „Das Erscheinen von irgendwelchen nach der alten Orthographie gedruckten Texten wird als konterrevolutionäres Verbrechen gewertet werden, und daraus wird man entsprechende Konsequenzen ziehen."

Man kannte Volodarskij. Er war genau einer von jenen Vertretern der Revolution, die nicht zu scherzen liebten, und deshalb – zu meiner und vieler anderer Verwunderung – erschien von diesen Tagen an – wenigstens in Petersburg – nichts mehr in der alten Orthographie.

Alle wissen, welche große Erleichterung diese Reform mit sich brachte, wieviel einfacher die neue Orthographie war und klarer in den Schriftzeichen, wieviel überflüssige Kindertränen wegen der lästigen Schwierigkeiten vergossen wurden, die nun über Bord geworfen waren.

Bei allen fortschrittlichen Bürgern, d.i. bei der Mehrheit der Kommuisten (denn auch unter den Kommunisten gibt es Leute, die den Ernst dieser, wie sie meinen, „Kleinigkeiten" nicht verstehen) und einem Teil der Parteilosen, die sich eben für solche Fragen interessieren, hinterließ die Halbheit der Reform ein Gefühl tiefer Unzufriedenheit.

Im Verlauf der ganzen Zeit, in der ich das Volkskommissariat für Aufklärung leitete, erhielten wir eine Menge von Vorschlägen für eine weitere Erleichterung der Rechtschreibung, nicht wenige Vorschläge sogar über die Einführung des lateinischen Alphabets.

Einen gewaltigen Anstoß erhielt die Idee der Latinisierung des russischen Alphabets (natürlich auch der Ukraine und Weißrußlands) gerade von den Erfolgen der Latinisierung der Schrift der Völker, die sich der arabischen Schrift bedient hatten.[55] Von nun an entfernte uns unser russisches Alphabet nicht nur vom Westen, sondern auch vom Osten, der in bedeutendem Grad durch uns erweckt worden ist.

Gegenwärtig arbeitet in der Hauptverwaltung Wissenschaft eine große Kommission, die sich mit der Frage vorbereitender Vereinfachung und Ordnung der Orthographie beschäftigt, mit der genauen Regelung der Interpunktion, und darüber hinaus existiert eine besondere Kommission mit Teilnahme der Professoren Žirkov, Korinskij, Šelkunov und Jakovlev, die beauftragt ist, die Prinzipien zu formulieren, die bei der Aufstellung des neuen Alphabets beachtet werden müssen. Diese Kommission bestimmte diese Bedingungen in folgender Weise:

1) Eine möglichst große Zahl von Buchstaben des lateinischen Alphabets ohne Veränderungen zu verwenden, sie den internationalen graphischen Elementen des Ostens und Westens anzugleichen.
2) Keine Doppelbuchstaben einzuführen.
3) Nicht Buchstaben einzuführen, die aus dem russischen Alphabet entfernt wurden.
4) Nicht Buchstaben mit diakritischen Zeichen einzuführen, die vom eigentlichen Buchstaben abgesetzt sind.
5) Zur Vervollständigung des Alphabets Buchstaben zu schaffen mit solchen Zeichen, die ohne Absetzen der Hand geschrieben werden.
6) Die Zahl der Buchstaben im Alphabet muß kleiner sein als im gegenwärtigen russischen.
7) Die Bezeichnung der Weichheit des Konsonanten vor einem Vokal auf den Vokal-Buchstaben zu übertragen.
8) Jeder Buchstabe darf nur eine lautliche Bedeutung haben.
9) Jede Verbindung von Lauten darf nur auf eine Weise geschrieben werden.

55 Sperrung durch die Redaktion der KiPV.

Ergänzung

– Es wird keine besonderen weichen Konsonanten geben.
– Es wird Buchstaben geben, die dem russischen: я, ё, ю, ь entsprechen.
– Die Lautverbindung „ш" wird mit zwei Buchstaben geschrieben werden.

Auf dieser Grundlage entstanden bis jetzt drei Projekte des lateinisch-russischen Alphabets. Wir werden hier nicht alle anführen, sondern auf einige Besonderheiten des Projektes eingehen, das die erwähnten Professoren bevorzugten.

In diesem Alphabet wird die Mehrzahl der Buchstaben einfach durch lateinische ersetzt. Die Buchstaben Ж und З werden durch „Z" ersetzt, aber im ersten Fall erhält „Z"[56] unten ein Zeichen. Der Buchstabe X wird durch X (iks) wiedergegeben. Das lateinische C (Ц) wird italienisch ausgesprochen, d.i. wie Ч. Zu seiner Aussprache als Ц wird unten ein Zeichen hinzugefügt.[57] Der Buchstabe Ш wird dargestellt als „Ş", der Buchstabe Ы als „Y" (igrek)[58], ь durch Apostroph[59], Ю durch „Y" mit einem Zeichen[60], Я durch A mit einem Zeichen[61], Ë als Ö oder E.[62]

Nach meiner Meinung ist ein gewisser Mangel dieses Projekts, daß in ihm E und Э mit Hilfe des einfachen E dargestellt werden. Indessen ist der Unterschied in der Aussprache von E und Э so groß, daß er, koste es, was es wolle, durch irgendetwas gekennzeichnet werden muß.[63] Im übrigen scheint mir das Projekt sehr zufriedenstellend.

Es versteht sich von selbst, daß die Einführung des lateinischen Alphabets eine sehr umfangreiche Maßnahme ist. Der japanische Einwand ist hier am Platz. Um die Riesenmenge der in vorrevolutionärer Orthographie geschriebenen Bücher benutzen zu können, ist ein besonderes Erlernen überhaupt nicht nötig. Jeder Schüler kann sich buchstäblich in einem Tag alle Besonderheiten des alten Alphabets aneignen und ganz ruhig Bücher lesen, die noch nicht nach der neuen Orthographie neu ediert sind. Beim Übergang zur lateinischen Schrift wird es keineswegs so sein. Sie unterscheidet sich so stark von der jetzigen und von der vorrevolutionären Schrift, daß wenn die Kinder in den Schulen oder die Analphabeten in den Kursen zur Liquidierung des Analphabetentums in der lateinischen Schrift unterrichtet werden, sich ihnen fürs erste nur die kleine Zahl von Büchern

56 Oder durch „z" wiedergegeben (Anm. d. Red. [KiPV]),
57 d.i.c (Anm. d. Red. [KiPV]),
58 oder „ь",
59 in der Folge: j-jot ohne Punkt [Anm. d. Red. (KiPV)),
60 ü oder y,
61 ä oder э
62 Ö oder θ: Die Angaben des Gen. Lunačarskij sind allgemein etwas veraltet; die Projekte wurden einer weiteren Umarbeitung unterzogen.
63 Die Bemerkung des Gen. Lunačarskij beruht auf einer Unklarheit. Nach dem Projekt der Kommission wird dort, wo das „jotierte" e hörbar ist – am Silbenanfang – immer „je" (Иэ) geschrieben. In allen übrigen Fällen, wo wir das in der russischen Sprache übliche „nichtjotierte" e finden – am Anfang einiger Wörter und nach Konsonanten –, wird „e" geschrieben: etot, mel, te usw. Auf diese Weise sind nach dem Kommissionsprojekt zwei Zeichen belassen: „e" = „э" und „je" = „e", was völlig dem Unterschied in der Aussprache zwischen jetzigen „э" und „e" entspricht, nur ist aus dem Alphabet der Buchstabe „э" entfernt, der in dem neuen Schriftsystem überflüssig geworden ist (Anm. d. Red. (KiPV]).

erschließen wird, die von dem Jahr an erschienen sein werden, in dem die lateinische Schrift dekretiert werden wird. Alles übrige wird für sie hinter sieben Schlössern liegen. Das wird offensichtlich zu der Notwendigkeit führen, beide Schriften parallel zu erlernen, und zwar für eine ziemlich lange Zeit.

Allmählich werden die im russischen Alphabet geschriebenen Bücher ein Gegenstand der Geschichte werden. Freilich wird es immer nützlich sein, die russische Schrift zu erlernen, um zu ihnen Zugang zu haben. Das wird ein fühlbarer Nutzen für jene sein, die sich mit der Geschichte der Literatur befassen werden, aber für die neue Generation wird das in jedem Fall immer weniger notwendig sein.

Der Prozeß der Ersetzung des alten Massivs unserer Bücher durch die neu edierten Bücher wird zweifellos ziemlich langsam sein. Ich teile jedoch nicht die Befürchtungen der Japaner in dieser Hinsicht. Deutschland kann als Beispiel dienen. Dort existieren die gotische Schrift und die lateinische parallel. Niemand hält den Umstand für eine besondere Schwierigkeit, daß der Schüler in natürlichster Weise beide Schriften erlernt. Ist es denkbar, sich einen Deutschen vorzustellen, der Schiller zu lesen versteht, wenn er in lateinischer Schrift geschrieben ist, aber nicht, wenn in gotischer.

Indessen ist der Unterschied zwischen gotischem und lateinischem Alphabet keineswegs kleiner als zwischen dem jetzigen russischen Alphabet und dem vorgeschlagenen russisch-lateinischen.[64] Dafür sind die Vorteile, die durch die Einführung der lateinischen Schrift geboten werden, gewaltig. Sie gibt uns maximale Internationalität, uns dadurch nicht nur mit dem Westen verbindend, sondern auch mit dem erneuerten Osten; sie erleichtert besonders stark das Lernen des Schreibens, indem sie die Zahl der Buchstaben verringert, sie führt zu einer großen Gedrängtheit typographischer Zeichen, man sagt, es würde fast 20 % weniger Platz benötigt, was eine beträchtliche Ersparnis bedeutet.

Man muß auch einige Worte über die wirtschaftlichen Bedingungen der Einführung der lateinischen Schrift sagen. Bis jetzt hat die Kommission des Volkskommissariats für Aufklärung dieses ziemlich komplizierte Problem nicht ausgearbeitet, aber interessant ist schon der erste Entwurf einer solchen Ausarbeitung. In der Tat setzt die Einführung der neuen Schrift eine Umrüstung der polygraphischen Industrie voraus. Schon das bedeutet eine bedeutende Ausgabe. Dazu muß man die Kosten für die Umschulung der Bevölkerung einschließlich der Vorbereitung entsprechender Kader hinzufügen. Danach wird sogleich die Neuedition von Büchern in lateinischer Schrift in großer Zahl unumgänglich, besonders der am meisten lebensnotwendigen. Auf der anderen Seite wird sich die Ersparnis an Papier und Druckmaterial auszuwirken beginnen.

So sehen die Perspektiven der Reform vom wirtschaftlichen Standpunkt aus. Bei der großen Zahl der Bevölkerung, die sich der russischen Schrift bedient, und der äußerst ähnlichen ukrainischen, weißrussischen und einiger anderer Schriften, muß man damit rechnen, daß diese Reform grandios ist, und man muß deshalb mit großer Umsicht an sie herangehen. Man kann jedoch unmöglich daran zweifeln, daß am Ende diese Idee siegen und realisiert werden wird. Dem Volkskommissariat für Aufklärung der RSFSR und

64 Die gotische Schrift der heutigen Deutschen ist nur eine besondere Stilisierung derselben lateinischen Schrift (Anm. d. Red. [KiPV]).

besonders der Hauptverwaltung Wissenschaft müssen wir dankbar sein für die von ihnen geleistete Arbeit. Es wird jedoch wahrscheinlich bald die Zeit kommen, in der es notwendig sein wird, diese Arbeit auf irgendeine Allunions-Institution zu übertragen, damit die Reform nicht als eine republikanische, sondern als eine allgemeine durchgeführt wird.

Probleme der sowjetdeutschen Literatur zwischen den Weltkriegen[1]

Jede umfassende Forschung über die Sowjetdeutschen ist ohne einen Überblick über die unter sowjetischer Herrschaft entstandene Literatur lückenhaft.[2] Zweifellos kommt der Literatur besonderes Gewicht unter den Faktoren zu, die das nationale Leben prägen; darüber hinaus spiegelt ihre Entwicklung in der Sowjetunion das sich wandelnde Verhältnis des Regimes zu ihr wider. Dies muß man im Auge behalten angesichts der häufig vorgebrachten Behauptung, die sowjetdeutsche Literatur sei für die deutsche Bauernbevölkerung in der Sowjetunion nicht repräsentativ gewesen.

Über die sowjetdeutsche Literaturgeschichte der Zwischenkriegszeit existieren kaum ausführliche Darstellungen. Zwar plante man schon Ende der zwanziger Jahre, ein Buch darüber zu veröffentlichen[3], aber das Projekt wurde nie verwirklicht. Seither ist bei verschiedenen Anlässen immer wieder auf diesen Mangel hingewiesen worden. Ein Sammelband aus den siebziger Jahren nennt die sowjetdeutsche Vorkriegsliteratur *„ein Buch mit sieben Siegeln“*[4] und bedauert, daß man bisher – von einzelnen Arbeiten abgesehen – noch zu keiner eingehenden Beschäftigung mit diesem Thema gelangt ist.

1 Diese Abhandlung ist die erweiterte und ergänzte Überarbeitung eines Kapitels aus meiner Dissertation, die 1981 von Prof. Jehuda L. Wallach, dem Stellvertretenden Leiter des Instituts für Deutsche Geschichte an der Univ. Tel-Aviv, angenommen wurde und als hebräisches Buch erschien. Unter dem Titel *Volksdeutsche in der Ukraine am Vorabend und Beginn des Zweiten Weltkrieges. Ein Fall doppelter Loyalität?* wird diese Arbeit in deutscher Übersetzung herauskommen. Auch in der vorliegenden Abhandlung befindet sich die Ukraine im Zentrum des Interesses und die Deutsche Wolgarepublik wird zum Vergleich und der Erweiterung herangezogen.
→ Die deutsche Übersetzung ist inzwischen erschienen: Bleicher, Gerlingen 1984. 499 S. (Schriftenreihe des Instituts für Deutsche Geschichte, Universität Tel-Aviv, Bd. 7).
Der Aufsatz erschien erstmals in: Jahrbuch des Instituts für Deutsche Geschichte Jg. 12, 1983, S. 285-316.

2 ▲ Parallel zu diesem Artikel erschien die bemerkenswerte Arbeit von Frau Prof. Dr. Annelore Engel-Braunschmidt, „Sowjetdeutsche Literatur im Aufbruch: Die Zeitschrift *Der Sturmschritt* zwischen kultureller Autonomie und dem Würgegriff Stalins“, *Germano-Slavica* Jg. 4, 1983, H. 4, S. 169-190. Ich kannte damals weder die Autorin, noch diese Arbeit. Und so geschah es, daß in entfernten Gegenden der Welt zwei Wissenschaftler gleichzeitig dasselbe Thema behandelten, ohne voneinander zu wissen und am Ende zu ähnlichen Schlußfolgerungen gelangten. Der Reiz des Themas *Sturmschritt* lag in der Tatsache, daß sich hier ein Korpus der Zeitschrift in Reichweite befand (was damals ein besonderer Fall war), daß man damit die Dokumentation für eine Untersuchung in den Händen hielt und daß die Zeitschrift typisch für die Entwicklung der sowjetdeutschen Literatur in der UdSSR war.
→ Im folgenden wird auf relevante Passagen des Aufsatzes von A. Engel-Braunschmidt verwiesen.

3 Vgl. E. Kontschak, *Unvergeßliche Begegnungen*, Alma-Ata 1975, S. 52.

4 *Zweig eines großen Baumes*, Alma-Ata 1974, S. 9.

Dieser Sammelband tendiert dazu, die Kontinuität der Vor- und Nachkriegsliteratur zu betonen, und spricht von einer *„Zeit des Schweigens zwischen den zwei Perioden unserer Literatur"*.[5] Die sowjetdeutsche Literatur wird als *„ein Zweig am mächtigen Baum der Dichtung des Sowjetlandes"* angesehen, wie sich Prof. Alexander Dymschitz, damals Vorsitzender der Kommission für sowjetdeutsche Literatur beim Vorstand des Schriftstellerverbandes der UdSSR, im Vorwort zum Buch *Zweig eines großen Baumes* ausdrückte (S. 8).[6] Dort finden sich Aufsätze über sowjetdeutsche Schriftsteller der zwanziger und dreißiger Jahre.

Das Bändchen von Ernst Kontschak, *Unvergeßliche Begegnungen*, berichtet aus persönlicher Sicht über Schriftsteller in der Ukraine in jenen Jahren. Der Verfasser[7] weckt in den einzelnen Beiträgen, die zuerst in der Presse erschienen, Erinerungen an seine Gefährten. Der Grundton ist ausgesprochen nostalgisch und vielerorts beschönigend. Alles in allem enthält es viel Wissenswertes über die aufgeführten Personen und ihre Zeit.

Ein Lehrbuch über Poesie und Prosa der deutschsprachigen Schriftsteller in der UdSSR,[8] das sich zum Teil mit der Vorkriegsliteratur beschäftigt, ist nicht fehlerfrei und stellt die Dinge ziemlich schematisch dar.

5 *Ebd.*

6 Der Literaturprofessor Dymschitz war im Krieg in der Politischen Hauptabteilung der Roten Armee tätig, deren Aufgabe die Propaganda im Heer und in der Zivilbevölkerung des Feindes war. Nach dem Krieg übernahm er kulturelle Funktionen in der sowjetischen Militärverwaltung Deutschlands. Er starb 1975. Vgl. den Gedenkband: H. Ziermann (Hrsg.), *Alexander Dymschitz: Wissenschaftler, Soldat, Internationalist*, Berlin/DDR 1977. Zu seinem Nachfolger im Vorsitz der Kommission wurde Robert Weber ernannt. Es lohnt, dem Sinnbild vom Baum und dem Zweig nachzugehen. 1972 spricht A. Dymschitz von einem *kleinen* Zweig am großen Baum (A. Dymschitz, „Kleiner Zweig eines großen Baumes", *Sowjetliteratur*, 1972, H. 3, S. 94), während er im Sammelband von 1974 wie gesagt schon von einem „Zweig" (ohne Zusatz) schreibt. Auch andere verwenden das Beispiel vom Baum und seinem Zweig, wie etwa K. Ehrlich, „Zweig eines großen Baumes; Seiten aus der Geschichte der Literatur der Rußlanddeutschen, bzw. Sowjetdeutschen", *Freundschaft* (künftig *F*), H. 169, 29. 8.; H. 174, 5.9.; H. 179, 12.9.; H. 184, 19.9.81. Eine Variante ist H. Belger, „Zweig des multinationalen literarischen Baumes", *Sowjetliteratur*, 1980, H. 8, S. 139. In dem 1939 in Deutschland erschienenen Buch – K.K. Klein, *Literaturgeschichte des Deutschtums im Ausland*, Leipzig 1939, S. 6 wird die volksdeutsche Literatur als *„ein organischer Trieb am Stamm der gesamtdeutschen Literatur"* bezeichnet.

7 Zum 75. Geburtstag Kontschaks im Jahre 1975 wurden in der sowjetdeutschen Presse einige Artikel mit biographischen Angaben veröffentlicht, wie H. Henke, Den Jahren zu Trotz. Zum 75. Geburtstag E. Kontschaks, *Neues Leben* (künftig *NL*), H. 40, 27.5.78, und H. Hummels, Sich treu geblieben das Leben lang, *F*, H. 195, 30.9.78. Nach Kontschaks Tod im Oktober 1979 erschienen Gedenkaufsätze, die ebenfalls informative Details enthalten: Die Kommission für sowjetdeutsche Literatur. Die Redaktion der Wochenschrift *Neues Leben* „Zum Gedenken an E. Kontschak", *NL*, H. 42, 17.10.79; Redaktion der Zeitung *Freundschaft* und Rat für die sowjetdeutsche Literatur beim Schriftstellerverband Kasachstans, „E. Kontschak", *F*, H. 199, 16.9.79.
→ Vgl. zu den Arbeiten Kontschaks in diesem Buch: Bibliographical vignettes, S. 111. Engel-Braunschmidt weist in ihrem Artikel: Sowjetdeutsche Literatur, S. 170, darauf hin, daß die Materiallage von *Unvergeßliche Begegnungen* lückenhaft ist. Nachlässe, die sich möglicherweise in russischen Archiven befinden, waren für Kontschak unzugänglich.

8 V. Klein u. J. Warkentin (Hrsg.), *Poesie und Prosa der deutschsprachigen Schriftsteller der UdSSR; Lehr- und Lesebuch*, Moskau 1977.

In den letzten Jahren erschienen in der sowjetdeutschen Presse einige Beiträge mit Auszügen aus literarischen Werken, literaturgeschichtliche Betrachtungen und relativ häufig Jubiläums- und Gedenkartikel für einzelne Schriftsteller.[9]

Die derzeitige sowjetische Tendenz, eine Verbindung zwischen dem herzustellen, was während oder bereits vor dem Krieg völlig aufhörte, und jenem, was nachher kam, wird auch durch den Erscheinungsvermerk der zentralen sowjetdeutschen Wochenschrift *Neues Leben* Anfang 1978 angedeutet. Auf der letzten Ausgabe von 1977 stand *„Nr. 52 (1603), gegründet am 1.5.1957"*, während es auf der nächsten Nummer, der ersten des Jahres 1978, hieß: *„Nr. 1 (4764), gegründet am 16.5.1926"*. Im Inneren der Zeitschrift fand ich keinerlei Erklärung für die geänderte Numerierung. Eine Nachprüfung ergab, daß in den zwanziger Jahren keine Zeitung dieses Namens in der Sowjetunion existierte, sondern die Absicht dahin ging, *Neues Leben* als Nachfolgerin der bedeutenden Moskauer sowjetdeutschen Vorkriegszeitung *Deutsche Zentral-Zeitung* hinzustellen. Dieses Presseorgan begann sein Erscheinen tatsächlich am 16.5.1926 (unter einem früheren Namen), und seine letzte Ausgabe trug die Nummer 3160 (Газеты СССР 1917–1960, Т.1. Москва, 1970, стр. 44.), was zu den angegebenen Daten paßt: 4764 – (1603 + 1) = 3160.[10]

Ende 1981 erschien in Kasachstan eine Anthologie der sowjetdeutschen Literatur, deren erster Band der Vorkriegsperiode gewidmet ist. In der Einleitung zu dieser Auswahl beschreibt Woldemar Ekkert ihre Entwicklung.[11] Die Periodisierung der *Anthologie* setzt den ersten Zeitraum (identisch mit dem ersten Band) mit 1917–1957 („nach dem 20. Parteitag") fest. Diese Jahre werden in eine Zeit der Aktivität und eine Zeit des Schweigens eingeteilt. Fraglich ist der Verlauf der Grenzen zwischen diesen beiden Abschnitten.

Die beiden jetzt erschienenen Bände (ein dritter soll folgen) bedeuten zweifellos ein wichtiges Ereignis für die sowjetdeutsche Literatur. Die Auswahl, die Einführung und die Kurzangaben über die Schriftsteller sind somit der letzte Ausdruck der heutigen sowjetischen Einstellung zur sowjetdeutschen Literatur überhaupt und zu den Jahren zwischen den Kriegen im besonderen.[12] Man muß die *Anthologie* noch gründlicher Prüfung unterziehen. Im Brennpunkt steht offensichtlich die Frage, ob die vorliegende Anthologie bahnbrechend ist und inwieweit sie (und besonders die Einführung) die erwartete erschöpfende Abhandlung über die sowjetdeutsche Literatur der Zwischenkriegsjahre darstellt. Meines Erachtens ist die Einführung (wie die Kurzangaben) trotz der vielversprechenden Ankündigungen, mehr eine Chronik, die kaum unbekannte Einzelheiten enthält, als eine

9 Sporadisch finden sich auch Artikelserien wie „Vergilbte Seiten", (*NL*, H. 44, 28.10.66); „Aus unserem Erbe", (*NL*, H. 13, 22.3.72). Vgl. ferner A. Friesen, „Unverdient Vergessene", *NL*, H. 4, 19.11.66, und E. Kontschak, „Nochmals zu den unverdient Vergessenen", *NL*, H. 2, 10.1.68.

10 → Vgl. zu dieser scheinbaren Kontinuität in diesem Buch: Die Vergangenheit, S. 129.

11 Anthologie der sowjetdeutschen Literatur, Bde. 1-2, Alma-Ata 1981.
→ Der 3. Band der Anthologie erschien 1982. Woldemar Ekkert, Verfasser der Einleitung, war zeitweise Leiter des Lehrstuhls für Deutsche Sprache an der Lehrerhochschule in Krasnojarsk. Engel-Braunschmidt, Sowjetdeutsche Literatur, S. 169. Vgl. zu Ekkert: Герольд Бельгер: Российские немецкие писатели, *Deutsche Allgemeine* (künftig *DA*), Nr. 1, 1.1.1994, S. 6.

12 → Die Bedeutung der Anthologie bestand wesentlich auch darin, daß die literaturhistorische Darstellung „zum Teil Ersatzfunktion für vorenthaltene Geschichte" hatte. Engel-Braunschmidt, Sowjetdeutsche Literatur, S. 169-170.

tiefgehende Analyse der wichtigen Schritte der Literaturpolitik. Ein quantitativer (und begrenzter) Vergleich ergibt sogar, daß die sowjetdeutsche Literatur dieser Periode bei E. Kontschak im doppelten und im *Zweig eines grünen Baumes* in fast anderthalb mal so großem Umfang behandelt ist. Allerdings werden hier ausgewählte Werke gebracht, die heute schwer aufzuspüren sind, da die meisten in verschiedenen Zeitungen und Zeitschriften erschienen. Aber ihre Relevanz wird dadurch geschmälert, daß bei den meisten das Datum und bei fast allen die Angabe der Originalveröffentlichung fehlt. Ein wichtiges Charakteristikum der Einführung und der Kurzangaben besteht darin, daß Verhaftungen usw. der verschiedenen Schriftsteller weder ausdrücklich noch andeutungsweise angegeben werden. Die einschneidende Bedeutung der „Säuberung" für die sowjetdeutsche Literatur wird im weiteren behandelt.

Im Westen beschäftigte man sich nur wenig mit der Literatur dieser Periode. Es gibt dazu einen Abschnitt in einem Werk über Literaturgeschichte des Deutschtums im Ausland, das Ende der dreißiger Jahre erschien,[13] aber man gewinnt den Eindruck, daß der Verfasser nur einen sehr geringen Teil der von ihm behandelten Literatur wirklich vor sich hatte. Letzthin erschienen einige Arbeiten von Alexander Ritter über jene Jahre[14], doch auch sie schöpfen ihre Informationen überwiegend aus Sekundärquellen.

Überraschenderweise stammt der treffendste und umfassendste Aufsatz zu diesem Thema von einer SS-Einheit aus der Kriegszeit.[15] Natürlich sind viele seiner Angaben und sicherlich seine Grundauffassungen inakzeptabel. Der (gedruckte) Aufsatz befindet sich in dem Schriftgut des Persönlichen Stabes Reichsführer SS (heute im Bundesarchiv, Koblenz) und enthält keine Verfasserangabe.[16] Versuche, den Autor entweder auf direktem Wege oder durch Nachforschungen über den „Wissenschaftlichen Arbeitsstab" dieses Bataillons zu ermitteln, blieben vergeblich.[17] Möglicherweise war Karl Götz an der Abfassung

13 K.K. Klein, *Literaturgeschichte des Deutschtums im Ausland*, Anm. 4.

14 A. Ritter beschäftigt sich mit der heutigen deutschen Literatur im Ausland und gibt eine Buchreihe über dieses Thema heraus – *Auslandsdeutsche Literatur der Gegenwart*, von der ein Band der Sowjetunion gewidmet ist – *Nachrichten aus Kasachstan; deutsche Dichtung in der Sowjetunion*, Hildesheim 1974. Über die dreißiger Jahre vgl. A. Ritter, „Patriotische Akklamation und nationale Existenzbeschreibung", *Akzente*, Jg. 22, 1975, S. 46-74; ders., „Reichsdeutsche Emigranten und sowjetdeutsche Minderheit", *Europäische Ideen*, 1976, H. 14/15, S. 124-127.

15 *Die Rußlanddeutschen im Spiegel des Sowjetschrifttums* [o.O., o.J., 1943].

16 Der Aufsatz befindet sich in mehreren Bibliotheken. In einer in der DDR veröffentlichten Aufstellung ist als Impressum angegeben – Berlin: Bataillon der Waffen SS zbV, wissenschaftlicher Arbeitsstab, 1943 (*Liste der auszusondernden Literatur*, Dritter Nachtrag, nach dem Stand vom 1. April 1952, Berlin/DDR 1953, S. 165). Es ist ein Sonderdruck aus „Meldungen vom Einsatz in der Ukraine und Krim, 1942" (Bundesarchiv-Militärarchiv RS 4/55), einer Broschüre („Nur für den Dienstgebrauch!") mit lose zusammenhängenden Berichten verschiedener Sachgebiete dieser Einheit.

17 Ich stellte Nachforschungen in Bibliotheken, Archiven, Nachweisstellen für Soldaten und bei Privatleuten an. Auch Dr. Karl Stumpp teilte am 30.7.78 auf Anfrage mit, daß der Verfasser ihm nicht bekannt sei. Stumpp (1896-1982), geb. in Alexanderhilf bei Odessa, lebte zwischen den Weltkriegen in Rumänien und Deutschland. Er war Leiter der 1938 gegründeten Forschungsstelle des Rußlanddeutschtums, nach dem Angriff auf die Sowjetunion Führer des Sonderkommandos Dr. Stumpp (Reichsministerium für die besetzten Ostgebiete), das sich mit deutschen Dörfern in der Ukraine befaßte. Nach dem Krieg war Stumpp mit verantwortlichen publizisti-

beteiligt, da er 1942 schrieb:

„Da sich die Schriften volksdeutscher Verfasser in den Bibliotheken nur sehr lückenhaft fanden (es handelt sich nur um eine verhältnismäßig kleine Zahl bolschewistisch schreibender, vor allem einiger Wolgadeutscher, wie Sawatzky, Schellenberg, Saks usw.), die volksdeutsch-sowjetische Literatur jedoch von besonderem Interesse ist, wird über sie in einer besonderen Arbeit berichtet, die nachfolgt.“[18]

Außerdem beschäftigte sich K. Götz mit sowjetdeutschen Veröffentlichungen in Aufsätzen, die er während des Krieges schrieb.[19] Der hier zur Sprache stehende Aufsatz stützte sich auf Material, das in Bibliotheken und Instituten vorgefunden und „sichergestellt“ wurde (dies bildete nämlich auch die Grundlage für K. Götz' Aufzeichnungen):

„In den vom SS-Bataillon zbV sichergestellten Instituten und Bibliotheken der Ukraine wie auch der Krim fanden sich zahlreiche Bücher und Zeitschriften über das Deutschtum in der Sowjetunion, von denen ein Teil im Reiche unbekannt war. Charakteristisch ist, daß die Mehrheit dieses Schrifttums in den sogenannten ‚Sekreträumen' der Bibliotheken gefunden wurde, mithin zu der verbotenen Literatur zählte.“[20]

Die Nachforschungen ergaben, daß die in dem Aufsatz angeführten Fakten meist richtig, die Interpretationen jedoch, wie gesagt, öfters inakzeptabel sind. Zu den auffälligsten Mängeln dieser Schrift zählt meines Erachtens die Außerachtlassung anderer Literaturen, die neben der sowjetdeutschen bestanden. So entsteht z.B. bei der Erörterung der verschärften Zensur der Eindruck, als habe diese nur für die deutsche Literatur gegolten. Ähnliches trifft für die Flüchtlinge zu, die in dem Aufsatz häufig als *„Emigranten, vorwiegend Juden“* bezeichnet und den in der Sowjetunion geborenen deutschen Schriftstellern gegenübergestellt werden: Die letzteren sind Säuberungsaktionen und Verfolgungen ausgesetzt, während die ersteren – die der Verfasser als Vertreter des herrschenden Regimes betrachtet – gegen all dies gefeit waren. Dies entsprach keineswegs den Tatsachen; vielmehr forderten die Säuberungen unter den Emigrantenschriftstellern vergleichsweise besonders viele Opfer.[21]

schen und organisatorischen Aufgaben in der Landsmannschaft der Deutschen aus Rußland in der Bundesrepublik tätig.

18 Karl Götz, „Sowjetliteratur in Deutscher Sprache und aus sowjetischen Meisterwerken“, *Nationalarchiv der Vereinigten Staaten*, Mikrofilmpublikation T 175, Rolle 54, Bild 2568198. Ich fragte bei Götz in dieser Sache nach, aber in seiner Antwort vom 13.4.77 ging er nicht auf diese Frage ein. – Karl Götz, geb. 1903, Lehrer und Schriftsteller, war zwischen den Weltkriegen in auslanddeutscher Arbeit aktiv, u.a. auch als Lehrer im deutschen Dorf Bethlehem (Galiläa). Später war er Ratsherr in Stuttgart, wo sich das Deutsche Ausland-Institut befand, und ab Oktober 1941 in der SS, verantwortlich für kulturelle und erzieherische Fragen der einheimischen Deutschen in Transnistrien und der Ukraine.

19 K. Götz, „Deutsche Dörfer im Spiegel einer roten Zeitung“, *Der Deutsche in Transnistrien* (Odessa), Jg. 2, H. 10, 9.5.43; ders., „Güldendorf, eine bolschewistische Schrift über ein deutsches Dorf“, *Der Deutsche in Transnistrien*, Jg. 2, H. 17, 2.5.43; „Rußlanddeutsche Schulblätter“, *Mitteilungen der Lehrerbildungsanstalt Selz*, H. 4, Februar 1943. Der letztgenannte Aufsatz trägt zwar keine Verfasserangabe, stammt aber m.E. von K. Götz.

20 *Die Rußlanddeutschen im Spiegel des Sowjetschrifttums*, Anm. 15, S. 1.

21 Einen Versuch, ein Fazit zu ziehen, unternahm David Pike, *Deutsche Schriftsteller im sowjetischen Exil 1933-1945*, Frankfurt/M. 1981, S. 417-483. Im Aufsatz wurde behauptet, G. Sa-

In den Anfangsjahren der sowjetischen Herrschaft konnte Literatur noch regelmäßig aus Deutschland beschafft werden. So hieß es beispielsweise in dem Bericht über eine Tagung deutscher Kulturschaffender in der Ukraine vom Jahre 1925, man verwende große Sorgfalt auf die Versorgung der Dörfer mit Literatur, und zwar durch Bestellungen aus Deutschland.[22] Auch der Staatsverlag der Wolgadeutschen Sowjetrepublik teilte in Presseanzeigen mit, daß man über ihn Bücher, Zeitschriften und Zeitungen aus Deutschland bestellen könne.[23] Diese Möglichkeiten waren später nicht mehr gegeben; abgesehen vom Nachdruck der Schriften revolutionärer Schriftsteller in der UdSSR hören die Verbindungen dieser Art auf.

Bei der Erörterung sowjetdeutscher Literatur ist zu bedenken, daß es eine vorrevolutionäre Literatur deutscher Sprache im Zarenreich kaum gab. Erst in den zwanziger Jahren setzte die literarische Aktivität ein, und gegen Ende dieses Jahrzehnts fanden sich mancherorts einige Gruppierungen von Schriftstellern zusammen. Organisationen und Zusammenschlüsse ähnlicher Art bildeten sich auch in den literarischen Kreisen anderer Volksgruppen innerhalb der Sowjetunion, nur fällt hier die Tatsache auf, daß die Zahl der Schriftsteller und Werke recht gering war.[24] Dies verhinderte jedoch nicht den Ausbruch heftiger Rivalitäten zwischen Gruppen und Einzelpersonen, eine Erscheinung, die uns aus jener Periode auch von anderen Volksgruppen überliefert ist. So wird z.B. berichtet, daß die deutsche Sektion des „Allukrainischen Verbandes der proletarischen Bauernschriftsteller ‚Pflug'" im Jahre 1930 dreizehn Mitglieder zählte.[25] Und dies sind eigentlich die Schrift-

watzky sei Jude gewesen, während er in Wirklichkeit aus einer „arbeitsamen Bauernfamilie" in der Ukraine stammte. Siehe z.B. *Zweig eines großen Baumes*, S. 107, und *Anthologie der sowjetdeutschen Literatur*, Bd. 1, S. 227.

22 A. Patak, „Die 2te allukrainische Beratung der deutschen Kulturarbeiter", *Zur neuen Schule* (Moskau), 1925, H. 6/7, S. 7.
→ Vgl. zur Kulturpolitik gegenüber den Minderheiten in den 20er Jahren: Б.В. Чирко: Національні меншості на Україні в 20-30-х рр., in **Український історичний журнал**, 1990, Nr. 1, S. 51-64, hier S. 60-61.

23 Eine solche Anzeige bezüglich Buchbestellungen findet sich z.B. in der Monatsschrift *Der praktische Landwirt* (Nr. 2, Februar 1926).

24 Mit „Werken" sind nicht unbedingt Einzelveröffentlichungen gemeint; viele erschienen in der Presse oder in Sammelbänden.

25 Der *Sturmschritt* wurde als Organ dieser Sektion gegründet (zu Anfang hieß die Zeitschrift *Tempo*). In bezug auf ihre Mitglieder vgl. G. Flichtner, „Entwicklung und Stand der sowjetdeutschen Literatur und Aufgaben der deutschen Sektionen des Verbandes proletarischer Bauernschriftsteller ‚Pflug'", *Sturmschritt*, Jg. 1, 1930, H. 2/3, S. 11. Die besagte Ansprache enthält auch einen Angriff gegen die westlich orientierten Schriftsteller.
▲ Laut Kontschak, *Unvergeßliche Begegnungen*, S. 56-57, erschienen die ersten Hefte des *Sturmschritts* unter dem Titel *Tempo*. Meine Untersuchungen ergaben folgendes: „Mitteilung der Redaktion: Wir machten seiner Zeit bekannt, daß das Litjournal am 20. Januar l.J. erscheinen wird. Leider konnte diese Frist nicht eingehalten werden, weil die Typographie bisher mit dem Druck von Massenliteratur zur Frühjahrssaatkampagne überlastet war. Die Redaktion wird alle Maßnahmen ergreifen, damit das Journal von nun an in der zweiten Hälfte eines jeden Monats regelmäßig erscheint. Alle eingelaufenen Bestellungen werden erledigt. In Jungsturm wurde das Litjournal unter dem Namen *Tempo* reklamiert, doch wurde von den entsprechenden Organen der Name *Sturmschritt* bestätigt..." *Sturmschritt* Jg. 1, 1930, H. 1.
→ Nach Angaben Kontschaks zählte die deutsche Sektion des *Pflug* im Jahre 1930 12 Personen.

steller, von denen E. Kontschak spricht. Der Kampf geht um die „proletarische" Ausrichtung der Literatur, und es geraten diejenigen ins Kreuzfeuer, die so schreiben wie ehedem. Dabei ist von *„altdörfisch-kulakischen"* Schriftstellern die Rede, die versuchen, in diesem Geist gefärbte Werke unter die Leute zu bringen. Als führender Vertreter der ersten Generation revolutionärer Schriftsteller gilt in der Ukraine vor allem Georg Luft und in der Wolgadeutschen Republik Franz Bach (1885–1942).[26] Die maßgebenden Schriftsteller der zweiten Generation waren David Schellenberg in der Ukraine und Gerhard Sawatzky in der Wolgadeutschen Republik.[27] Die erste Generation bemühte sich offenbar, jüngere Kollegen zu fördern, doch als diese dann Schlüsselstellungen erreichten, begannen sie, die Älteren zur Seite zu drängen. Die Auseinandersetzungen wurden mit großer Härte im Namen der ideologischen Reinheit geführt.[28] Die Diskussionen unter den Literaten sollen in folgendem anhand einiger Dokumente veranschaulicht werden. Dazu wurden ausgewählt: Der Beschuß des Zentralkomitees der Kommunistischen Partei der Sowjetunion (ZK) vom 23. April 1932 „Über Neuordnung der literarisch-künstlerischen Organisationen";[29] ein wichtiger Beitrag in der Zeitschrift *Sturmschritt*[30]; ein Abschnitt der 1934 erschienenen *Literarischen Enzyklopädie*; und ein Bericht über die Unionskonferenz der sowjetdeutschen Schriftsteller.

Die hier angewandte Methode, die Literaturgeschichte auf dem Wege über die Geschichte der betreffenden Schriftsteller, Strömungen und Dichterverbände zu beleuchten

Vgl. Engel-Braunschmidt, Sowjetdeutsche Literatur, S. 175.

26 Luft wurde 1882 geboren. Über sein Sterbejahr gibt es zwei verschiedene Versionen. H. Belger setzt es in seinem Vorwort zu **Далекие журавли,** Москва 1980, стр. 6, mit 1934 an. Ebenso auch V. Klein u. J. Warkentin, *Poesie und Prosa der deutschsprachigen Schriftsteller der UdSSR*, S. 24. Demgegenüber wird in der *Anthologie der sowjetdeutschen Literatur*, Bd. 1, S. 22 das Jahr 1937 angegeben. Das gleiche gilt für das Vorwort zu seiner Erzählung „Oktoberfunken" (NL, H. 45, 4.11.81) sowie für K. Ehrlich, „Zweig eines großen Baumes, Seiten aus der Geschichte der Literatur der Rußlanddeutschen, bzw. Sowjetdeutschen", *F*, H. 179, 12.9.81. K. Ehrlich sagt über G. Luft: *„Seine letzten Lebensjahre verbringt er in Sibirien."* Und den Worten H. Anzengrubers zufolge zog er mit seiner Familie dorthin (H. Anzengruber, „Eine wichtige Publikation", *F*, H. 197, 10.10.81). Andere führen überhaupt kein Datum an, wie etwa E. Kontschak und der Aufsatz über die deutsche Literatur in **Краткая литертурная энциклопедия**, Т.9, Москва 1978, столбцы 555-557.
→ Vgl. zu Luft und Bach: Engel-Braunschmidt, Sowjetdeutsche Literatur, S. 169-170. Vgl. speziell zu Franz Bach in diesem Buch: Die Vergangenheit, S. 134 sowie: Герольд Бельгер: Российские немецкие писатели, *DA*, 8.1.1994, Nr. 2, S. 6.

27 D. Schellenberg: 1903-1954, G. Sawatzky: 1901-1944.
→ Vgl. zu Schellenberg: Герольд Бельгер: Российские немецке писатели, *DA*, Nr. 15, 9.4.1994, S. 5; Nr. 16, 16.4.1994, S. 5.

28 E. Kontschak stellt die Dinge in einem etwas beschönigenden Lichte dar: *„So manch einen Streit hatten wir. [...] Wie junge Hähne hacken wir aufeinander ein. Aber lieb hatten wir uns doch."* (E. Kontschak, *Unvergeßliche Begegnungen*, S. 7, passim).

29 »Постановление ЦК ВКП о перестройке лптературно-художественных организаций, 23.4.32«, **КПСС в резолюциях и решениях съездов, конференций и пленумов ЦК,** Т. 5, Москва 1970, стр. 44-45.

30 → Der *Sturmschritt* (1930 bis 1935) war die Literaturzeitschrift sowjetdeutscher Schriftsteller, die sich in Charkow organisiert hatten. Vgl. Gründung, Zielsetzung und Entwicklung von Auflagenhöhe und Preis des Blattes bei: Engel-Braunschmidt, Sowjetdeutsche Literatur, S. 171-177, 179.

und damit den ideologischen und politischen Ansatzpunkten nachzugehen, ist notwendig, weil sich nur wenige der eigentlichen Werke in unserer Hand befinden und uns die Literatur in diesem Zusammenhang weniger vom künstlerischen Aspekt her interessiert als vielmehr in ihrer Funktion innerhalb des Gesamtkomplexes sowjetdeutscher nationaler Eigenständigkeit.

Die erwähnten Auseinandersetzungen sowie das Ringen darum, wer der wahre Bannerträger des Sozialismus auf literarischem Gebiet sei, wurden (zumindest nach außen hin) durch den Parteibeschluß vom April 1932 beendet. Dieser hob die verschiedenen Einzelorganisationen auf und entschied, daß man auf die Errichtung eines einheitlichen allsowjetischen Schriftstellerverbandes hinarbeiten müsse. Das betraf natürlich auch die deutschen Schriftsteller; trotzdem blieben die Gegensätze hier ebenfalls bestehen, wenn sie sich nun auch weniger offen zeigten.

In der deutschsprachigen Literatur traten, wie gesagt, neue Namen in den Vordergrund: D. Schellenberg (Ukraine)[31], G. Sawatzky (Wolgadeutsche Republik) und Hugo Huppert (Moskau). Letzterer war ursprünglich Österreicher, lebte seit 1926 in der Sowjetunion und behauptete, Gorki habe ihn *„zum Beauftragten für sowjetdeutsche Literatur"* bestimmt.[32]

In seinen Grußworten anläßlich des 50. Geburtstages von G. Luft (und seines 25. Jubiläums als Schriftsteller) würdigt D. Schellenberg dessen Beitrag zur sowjetdeutschen Literatur im allgemeinen und zu seiner eigenen schriftstellerischen Entwicklung im besonderen. Zwar läßt er es auch nicht an Kritik fehlen, aber seine Beziehung zu G. Luft umreißt er in der Überschrift des Artikels „Mein erster Kommissar".[33] Das war Anfang 1932, doch die Dinge sollten sich noch im gleichen Jahre ändern. Ob dies nun ideologische Gründe hatte oder ob G. Lufts Kritik an dem zweiten Band der Trilogie Schellenbergs über das Leben der Sowjetdeutschen, *Pundmenniste*[34], mit dazu beigesteuert hat[35], jedenfalls äußerte D. Schellenberg ein Vierteljahr später heftigste, teilweise geradezu vernichtende Kritik an G. Luft, wobei er ihm allerdings seine Verdienste in der Vergangenheit nicht absprach.[36]

Offenbar errang inzwischen Schellenberg eine Vorrangstellung, und zwar nicht nur als Schriftsteller, sondern auch als Redakteur, Kritiker und maßgebende Autorität.[37] Dabei ist

31 → Schellenberg zog nach 1935 nach Moskau zurück und wurde später nach Magadan verbannt. Engel-Braunschmidt, Sowjetdeutsche Literatur, S. 182.

32 H. Huppert, *Wanduhr mit Vordergrund*, Halle 1977, S. 467. – Ein Artikel von R. Wedding (d.i. R. Knorre) und H. Schelda „Tatsachen, Jahre, Namen", behauptete, daß Huppert *„in der sowjetdeutschen Literatur führende Geltung"* habe. *Sturmschritt*, Jg. 3, 1932, H. 11, S. 64.
→ Huppert war mitverantwortlich für Säuberungen unter den sowjetdeutschen Schritstellern. Engel-Braunschmidt, Sowjetdeutsche Literatur, S. 183.

33 D. Schellenberg, „Mein erster Kommissar", *Sturmschritt*, Jg. 3, 1932, H. 2/3, S. 40-44.

34 D. Schellenberg, *Pundmenniste*, Charkow 1932.
→ Vgl. zeitgenössische Kritik zu diesem Werk: Engel-Braunschmidt, Sowjetdeutsche Literatur, S. 182.

35 [R. Knorre] R. Wedding, „Aus der Arbeit der deutschen ‚Pflug'-Sektion", *Sturmschritt*, Jg. 2, 1931, H. 11, S. 21-22; [G. Fichtner] M. Stürmer, „In ‚Pundmenniste' müssen die Fehler rechtzeitig ausgemerzt werden", *Sturmschritt*, Jg. 3, 1932, H. 2/3, S. 44.

36 D. Schellenberg, „Zur literarischen Tätigkeit G. Lufts (G. Flut)", *Sturmschritt*, Jg. 3, 1932, H. 6/7, S. 37-43.

37 G. Fichtner, „An die Redaktion ‚Sturmschritt'", *Sturmschritt*, Jg. 3, 1932, H. 6/7, S. 34, schreibt

aufschlußreich, was E. Kontschak über einen Aufsatz Schellenbergs aus dessen Anfangszeit als Kritiker (1927) schreibt. Zu diesem Artikel „Einiges über unsere Schönliteratur" bemerkt Kontschak: *„Der Autor operierte mit einem Dutzend weltbekannter Namen und versuchte einen fetten Strich zwischen sowjetdeutschen proletarischen Dichtern, dann den sogenannten Mitläufern und den fremdideologischen Schriftstellern zu ziehen".*[38] Dies sind vertraute Töne; es zeigt sich deutlich, wie sehr sich die Abläufe in den verschiedenen Literaturräumen der Sowjetunion ähnelten.

Hermann Bachmann (1888–1951)[39] war jünger als G. Luft und älter als D. Schellenberg. Wie viele andere sowjetdeutsche Schriftsteller war er Lehrer von Beruf. Seine literarische Tätigkeit erstreckte sich auf recht vielseitige Gebiete, von Sprach- und Literaturwissenschaft über Schauspiele bis zu humoristischen Darstellungen aus dem Leben im deutschen Dorf.[40] Einen Teil seiner Werke schrieb er im ortsüblichen Dialekt. Man beschuldigte ihn, daß er den Klassenkampf im sowjetdeutschen Dorf ungenügend betont habe. 1933 nahm man ihn fest. Bachmann ist wahrscheinlich der einzige aus der erwähnten Gruppe von Schriftstellern, von dem man weiß, daß er sich im Krieg in dem von den Deutschen besetzten Gebiet aufhielt. Gegen Kriegsende gelangte er mit der zurückgehenden Wehrmacht nach Deutschland und lebte dann bis zu seinem Tode in der Bundesrepublik.[41]

Der Kampf war also eine Auseinandersetzung zwischen Generationen, um den Inhalt der Literatur und um die Führungspositionen der sowjetdeutschen Literatur in der Ukraine, ein Ringen, in das außenstehende, nicht-literarische Kärfte eingriffen. Dies wird z.B. aus dem „Kleingedruckten" des *Sturmschritts* ersichtlich. Eine Überprüfung der Nummern vom Frühjahr 1931 bis zum Sommer 1934 ergibt folgendes Bild: Im Frühjahr und Sommer 1931 lag die Redaktion in den Händen eines „Redkollegiums"; vom Herbst 1931 bis Mai 1932 war G. Luft verantwortlicher Redakteur, wobei ihm ein Redaktions-

über ihn: *„Das ist doch alles Wurst, wenn unser eingebildeter literarischer Papst in Moskau es für notwendig findet, seine Existenz auf Besudlung anderer zu bauen."*
→ Fichtner konnte sich gegen Schellenberg, der zum verantwortlichen Redakteur des Sturmschritts aufstieg, nicht behaupten. Vgl. zu Fichtner: Engel-Braunschmidt, Sowjetdeutsche Literatur, S. 180-181.

38 E. Kontschak, *Unvergeßliche Begegnungen*, S. 34. Die Mitläufer waren eine allgemeine Erscheinung in der sowjetischen Literatur. Es handelte sich dabei um Schriftsteller, die sich nicht vollständig mit der Kommunistischen Parei identifizierten, aber bereit waren, im Rahmen des Sowjetregimes zu wirken.

39 → Vgl. zu Bachmann: Герольд Бельгер, Российские немецкие писатели, *DA*, Nr. 2, 8.1.1994, S. 6.

40 Zwei der Bücher H. Bachmanns wurden kürzlich in Deutschland neu herausgebracht (in einem gemeinsamen Band): H. Bachmann, *Durch die deutschen Kolonien des Beresaner Gebiets. Kolonischtegeschichtla*, Stuttgart 1974. In diesen Band wurde auch ein biographischer Abriß von J. Schnurr aufgenommen. Siehe ferner: *Volk auf dem Weg*, 1971, H. 5, 6, 11.
→ Bereits 1932 sah Bachmann sich Angriffen ausgesetzt: Engel-Braunschmidt, Sowjetdeutsche Literatur, S. 180.

41 Es ist erstaunlich, daß E. Kontschak ihn in seinem Buch (und vorher bereits in Zeitungsartikeln) erwähnen durfte. Im allgemeinen spricht man nicht über jene, die die Sowjetunion verlassen haben. E. Kontschak schreibt auch nichts von seinem Weggang und das gleiche gilt für die *Anthologie der sowjetdeutschen Literatur*, Bd. 1, S. 29, 65.

kollegium zur Seite stand (dem auch D. Schellenberg angehörte). In Nr. 6/7 von 1932 ist es wieder ein Redaktionskollegium; in Heft 8 ist D. Schellenberg zeitweilig verantwortlich, und ab der nächsten Nummer ist er verantwortlicher Redakteur neben einem Redaktionskollegium, offenbar bis Heft 3 von 1934. Daraus ergibt sich, daß er weniger als zwei Jahre die Redaktion innehatte.[42]

In der Novembernummer des *Sturmschritt* von 1932 erschien ein kurzer Artikel von insgesamt fünf Seiten mit dem Titel „Tatsachen, Jahre, Namen", gezeichnet von R. Wedding und H. Schelda.[43] Dieses Datum ist nicht zufällig gewählt; offenbar erschien den Verfassern ein Zeitraum von fünfzehn Jahren nach der Oktoberrevolution passend für eine Bestandsaufnahme. Der Aufsatz wurde übrigens bereits vorher angekündigt, wobei man noch etwas Anspruchsvolleres als das schließlich Gedruckte versprochen hatte, nämlich „*15 Jahre sowjetdeutsche Dichtung*".[44] Trotz seiner Kürze enthielt der Artikel in seiner tatsächlich veröffentlichten Form Grundideen für eine Zusammenfassung der Vergangenheit und – was wichtiger ist – Ausblicke auf die Zukunft. Es erhebt sich also die Frage, wem die Abfassung dieses programmatisch bedeutsamen Aufsatzes anvertraut wurde. Wer waren Heinrich Schelda und Richard Wedding? Schon eine kurze Prüfung ergibt, daß diese Namen nicht unter den Mitgliedern der verschiedenen Literaturgruppen auftauchten und daß sich in der Zeitschrift nur vereinzelte Aufsätze dieser Verfasser finden. Ich bin der Meinung, daß Schelda ein Pseudonym von *Schel*lenberg, *Da*vid ist und sich hinter dem Namen Richard Wedding Richard Knorre verbirgt, der Redakteur der Zeitungen des Komsomol und der sowjetdeutschen Pioniere in der Ukraine. Knorre stammte aus einer deutschen Arbeiterfamilie, und so lag es nahe, daß er sich des Namens des bekannten Berliner Proletarierviertels als Pseudonym bediente, zumal der Vorname der gleiche war. Später fanden sich weitere Anhaltspunkte für die Richtigkeit meiner Annahme.[45]

Bezüglich Schelda läßt sich diese Vermutung durch zwei weitere Argumente untermauern. Als der genannte Artikel erschien, war Schellenberg Redakteur der Zeitschrift; in der gleichen Nummer war, unter voller Namensnennung, ein Kapitel aus seinem Buch *Pundmenniste* abgedruckt. Zeitschriftenredakteure vermieden es meistens, zuviele Beiträge mit ihrem Namen in ein und derselben Nummer zu bringen, und sind daher in einem solchen Fall auf Pseudonyme angewiesen. Hinzu kommt, daß eine derartige Verbindung

42 Daher beschönigt E. Kontschak wieder, wenn er schreibt: „*Jeden Monat, für jede Nummer wurde der Stuhl hinter dem Redaktionstisch verschoben.*" (E. Kontschak, *Unvergeßliche Begegnungen*, S. 62).
→ Vgl. eine detaillierte Darstellung der wechselnden Zusammensetzung des Redaktionskollegiums: Engel-Braunschmidt, Sowjetdeutsche Literatur, S. 176-177. Zum Aufstieg Schellenbergs als verantwortlicher Redakteur: Ebd., 181-182.

43 → Tatsachen, Jahre, Namen, *Sturmschritt*, Jg. 3, 1932, H. 11, S. 60-64.

44 „Neues mit nächstem", *Sturmschritt*, Jg. 2, 1931, H. 10, Einbandseite.

45 Vgl. E. Kontschak, „Nochmals zu den unverdient Vergessenen", *NL*, H. 2, 10.1.68; ders., *Unvergeßliche Begegnungen*, S. 68, passim – berichtet über R. Knorre: „Gerade zu dieser Zeit [...] versetzte ihn das Schicksal in den Fernen Osten." In einem Euphemismus gleicher Art wird von E. Kontschak selbst gesagt: „*Von 1937 bis 1958 arbeitete E. Kontschak in Norilsk.*" (Schlußwort von H. Belger zu dem besagten Buch von E. Kontschak, S. 110-111).

der Anfangsbuchstaben von Vor- und Familienname in der UdSSR nicht ungewöhnlich war. Es sei dazu nuir auf die Affäre um „Stinkvogel Maili“ hingewiesen.[46]

Für unser Thema enthält der Artikel einige wichtige Punkte: Kritik an der Vergangenheit, an einzelnen Schriftstellern, am Verhältnis zur Literatur und an den Verbänden. Über die deutschen Schriftsteller der Ukraine heißt es z.B.: *„Man produzierte, besonders in letzter Zeit vor dem 23. April und besonders in Charkow, mehr Resolutionen als Werke.“* Hinsichtlich der Zukunft beschäftigt man sich damit, den Arbeitern aus dem Ausland einen Platz in der sowjetdeutschen Literatur zu sichern, und bemüht sich um die Abgrenzung dieses Begriffs selbst. Dazu wird erklärt, daß das Wort „Sowjetdeutsch“ anfangs territoriale Bedeutung besaß, dann jedoch einen anderen Sinn erhielt:

> *„Aber hier wurde es ideologischer Begriff: zur sowjetdeutschen Literatur zählte man schon nicht die kulakische (obwohl sie auf dem Territorium der Sowjetunion entstand). [...] Die Sowjetdeutsche Literatur bilden in der Sowjetunion deutsch verfaßte Werke, deren Autoren ‚auf dem Boden der Sowjetmacht stehen‘ (wie es im ZK-Beschluß vom 23. April d.J. heißt). Und diese Literatur ist da. Sie ist ein Stück Leninscher Nationalitätenpolitik der Partei, sie ist ein Stück Sozialismus.“*

Dies bedeutet, daß einerseits Schriften im kulakischen Geist auch dann nicht als sowjetdeutsche Literatur gelten, wenn der Verfasser Einwohner der Sowjetunion ist, während andererseits ein Werk, dessen Verfasser aus dem Ausland stammt, dieser Gattung angehört, wenn es die Ideologie der Sowjetmacht zur Grundlage nimmt. Dies drückte ein Jahr später Hugo Huppert aus, als er sagte, die Aufgabe *„eines jeden sowjetdeutschen Schriftstellers, mag seine Wiege hüben oder drüben gestanden haben“*, sei gleich.[47]

Karl Kurt Klein spricht hingegen von *„sowjetdeutschen Schriftstellern, soweit sich nicht Juden als solche tarnen“*.[48] In der Zusammenfassung des Aufsatzes von R. Wedding und H. Schelda heißt es auch: *Die Zusammenarbeit der ausländischen mit den einheimischen Deutschen ist eine gegenseitige Befruchtung.“*.[49] Dies bedeutete in der Praxis, daß den Werken ausländischer Arbeiter im *Sturmschritt* zunehmend mehr Raum zugebilligt wurde, während die einheimische Literatur in den Hintergrund trat. Diese Entwicklung zeichnete sich bereits vor der erwähnten Nummer ab und setzte sich dann parallel zu ähnlichen Abläufen im Verlagswesen fort.[50]

46 **ל. קוויטקא, געראנגל 1917-1929. כארקאוו: צענטרפארלאג, 1929, ע"ע 290-291** (L. Kwitko, *Ringen 1917-1929*, Charkow 1929, S. 290f.). (obwohl hier der Vorname dem Familiennamen vorangestellt ist), dem Gedicht von L. Kwitko, das gegen *Moi* sche *Lit* wakow, den Redakteur der jiddischen Zeitung *Emes* gerichtet war. Wenn die angeführte Hypothese richtig ist, dann läßt sich sagen, daß der betreffende Aufsatz nicht nur wegen seines Inhalts und Erscheinungsdatums wichtig ist (letzteres lag auch einige Monate nach dem weiter oben erwähnten ZK-Beschluß), sondern auch wegen seines Verfassers.

47 „Von der 1. Unionskonferenz sowjetdeutscher Schriftsteller“, *Sturmschritt*, Jg. 5, 1934, H. 5, S. 516.
→ Vgl. dazu auch Engel-Braunschmidt, Sowjetdeutsche Literatur, S. 184-185.

48 K.K. Klein, *Literaturgeschichte des Deutschtums im Ausland*, S. 349.

49 [R. Knorre] R. Wedding & H. Schelda, „Tatsachen, Jahre, Namen“, *Sturmschritt*, Jg. 3, 1932, H. 11, S. 64.

50 Hier sei vermerkt, daß die Sekretärin des *Sturmschritt*, Hilde Anzengruber, Anfang der dreißiger Jahre aus Österreich nach Charkow kam. Über ihren Lebensweg in der Sowjetunion vgl. H.

Damit wurde die Zukunft in gewisser Weise bereits vorausgenommen. Bei Erscheinen des Aufsatzes (Ende 1932) war die Anzahl der Arbeiter und Flüchtlinge aus Deutschland und Österreich, die in der UdSSR lebten, äußerst gering im Vergleich zu dem, was nach 1933 kommen sollte.[51] Nach dem Machtantritt der Nazis trafen zahlreiche Emigranten aus Deutschland in der Sowjetunion ein, und nach dem Wiener Aufstand im Februar 1934 wuchs auch die österreichische „Kolonie". Unter den Flüchtlingen befanden sich nicht wenige Schriftsteller.[52] Viele ließen sich in Moskau nieder, und nach den Memoiren zu urteilen, war die Atmosphäre dort recht schwül, vor allem in der zweiten Hälfte der dreißiger Jahre. Dieses Thema wird nur insoweit behandelt werden, wie es hier zur Sache gehört. Überraschenderweise wurde deutlich, soweit man verallgemeinern darf, daß die Mehrzahl der Flüchtlinge (es gab einige Ausnahmen) mit der sowjetdeutschen Bevölkerung nur wenig und oberflächlich in Berührung kam. H. Huppert betont zwar *„die Rolle der sowjetdeutschen Literatur* [an der, wie gesagt, Einheimische und Flüchtlinge beteiligt sind] *als einen wichtigen Kampfabschnitt in der gemeinsamen internationalen antifaschistischen Kulturfront"*, wirft den *„eingewanderten Kräften"* jedoch vor, *„nicht genügende Fühlung mit den sowjetdeutschen Gebieten und ihren literarischen Kadern"* zu besitzen.[53]

Die emigrierten deutschen Schriftsteller lebten, wie gesagt, nicht in den Zentren der sowjetdeutschen Bevölkerung. Es gab hier allerdings eine auffallende Ausnahme, und zwar den Bauernschriftsteller Adam Scharrer, der bis 1937 in Kolchosen in der Nähe von Dnjepropetrowsk und Odessa lebte und auch eine Zeitlang Material anläßlich des zehnjährigen Bestehens des nach dem deutschen Kommunisten Fritz Heckert benannten deutschen Rayons vorbereitete.[54]

Die Emigrantenschriftsteller, die sich in den Großstädten niederließen, kamen mit der sowjetdeutschen Dorfbevölkerung hauptsächlich bei Besuchen und verschiedenen Zusammenkünften in Berührung. Dies gilt teilweise auch für die Städte der Wolgadeutschen Republik. Die Tatsache, daß man einige dieser Treffen bemerkenswert fand, zeugt davon,

Anzengruber, „Eine wichtige Publikation", *F*, H. 97, 10.10.81; W. Ekkert, „Recht auf Glück", *F*, H. 15, 20.1.78.

51 Laut Bericht der deutschen Botschaft lebten 1930 rund 11.500 deutsche Staatsbürger in der Sowjetunion: R. Pfeifer und H. Bergmann. „Die Reichsdeutschen in der UdSSR", *Politisches Archiv des Auswärtigen Amtes*, Abt. IV Rußl., Po. 25, Deutschtum im Ausland, Bd. 6. Im November 1935 war die Zahl der Reichsdeutschen in der UdSSR um die Hälfte geschrumpft. Vgl. R. von Heynitz, „die Reichsdeutschen in der UdSSR", *ebd.* Man weiß, daß ein Teil der Flüchtlinge staatenlos war, anderen die deutsche Staatsangehörigkeit abgesprochen worden war und wieder andere die sowjetische angenommen hatten.

52 In den Erinnerungen, die einige von ihnen nach dem Zweiten Weltkrieg veröffentlichten, ist auch von ihrem Exil in der Sowjetunion die Rede. Vgl. D. Pike, *Deutsche Schriftsteller im sowjetischen Exil 1933-1945*, (oben, Anm. 21).

53 H. Huppert, Nach der ersten Unionskonferenz der sowjetdeutschen Schriftsteller, *Internationale Literatur*, 1934, H. 3, S. 139f.
→ Vgl. zum nicht immer spannungsfreien Verhältnis zwischen den zugewanderten reichsdeutschen Autoren und dem *Sturmschritt:* Engel-Braunschmidt, Sowjetdeutsche Literatur, S. 184-186.

54 *Die Rußlanddeutschen im Spiegel des Sowjetschrifttums*, S. 23; *Exil in der UdSSR*, Leipzig 1979, S. 392.

daß sie keineswegs alltäglich waren. So wurde etwa der Besuch Erich Weinerts und Ernst Buschs in der Wolgadeutschen Republik in einem Büchlein verewigt, das 1936 im Staatsverlag in Engels erschien: *Weinert-Busch-Abend.* Dieses Ereignis fand noch in späteren Jahren Beachtung.[55] Weinert hielt sich auch etwa drei Wochen in der Ukraine auf.

Ende April 1937 wurden die Emigrantenschriftsteller Fritz Brügel, Willi Bredel, Albert Hottop und Hugo Huppert zum 10. Außerordentlichen Sowjetkongreß der Wolgadeutschen Republik eingeladen, auf dem auch die Verfassung der Republik verabschiedet wurde.[56] Zu den Beiträgen der Emigranten gehörte auch ein Aufsatz von Johannes R. Becher: „Wachstum und Reife. Bemerkungen zur Literatur der deutschen Wolgarepublik".[57]

Trotz dieser Kontakte zwischen Emigrantenschriftstellern und sowjetdeutscher Bevölkerung kann man sich des Eindrucks nicht erwehren, daß die Sowjetbehörden in der zweiten Hälfte der dreißiger Jahre an der Förderung derartiger Beziehungen nicht übermäßig interessiert waren.[58] Zweifellos gab es unter den Schriftstellern aus Deutschland solche, die die *„Hege und Pflege"* einer kämpferischen sowjetdeutschen Kultur als Sendung und Aufgabe empfanden; unter ihnen befand sich Erwin Piscator, der weitreichende Pläne für die Errichtung eines *„Kulturkombinats"* in der Wolgadeutschen Republik entwickelte.[59]

55 Vgl. L. Zitzer, „Berühmte Gäste", *NL*, H. 9, 24.2.65; V. Klein, „Begegnung mit Erich Weinert und Ernst Busch", *NL*, H. 31, 29.8.70; K. Scheuermann, „Unsere besten Wünsche zum Jubiläum", *NL*, H. 33, 13.8.80; H. Herdt, „Erich Weinert und die sowjetdeutsche Kultur", *NL*, H. 31, 38.7.80.

56 Vgl. den Bericht „Die freien Deutschen an der Wolga", *Das Wort*, (Moskau), 1937, H. 7, S. 98-102. Der Besuch der Emigrantenschriftsteller wird auch erwähnt bei H. Huppert, *Wanduhr mit Vordergrund*, S. 493. Dort wird auf die Maifeier 1937 Bezug genommen.

57 Dieser Aufsatz findet sich in voller Länge in der Gesamtausgabe der Werke J.R. Bechers (1977). In der im gleichen Verlag erschienenen Volksausgabe (6. veränderte Aufl., 1976) erscheint der Aufsatz gekürzt. Diese Kürzung bedeutet gleichzeitig auch eine „Säuberung". Jedes Wort, das darauf hinweisen könnte, daß es hier um die Literatur von Sowjetdeutschen geht, ist sorgfältig aus dieser Version herausgenommen worden, vom Untertitel angefangen. Allerdings konnte man nicht vertuschen, daß von deutscher Literatur in der Sowjetunion die Rede ist; wer nun weiß, daß J.R. Becher dort lebte, aber die Zusammenhänge nicht kennt, wird aus der gekürzten Fassung den Eindruck gewinnen, daß die Literatur der Flüchtlinge gemeint ist, die in der Sowjetunion Unterschlupf fanden. Der vollständige Aufsatz findet sich in: J.R. Becher, *Publizistik*, Bd. 1, Berlin/DDR 1977, S. 497-513; die Version der Volksausgabe in: *J.R. Becher, ein Lesebuch für unsere Zeit*, Berlin/DDR 1976, S. 415-422. – Eine Photographie vom Besuch Willi Bredels 1935 in der deutschen Pädagogischen Hochschule in Odessa erschien in *NL*, H. 17, 21.4.71.

58 Zwei Neuerscheinungen der DDR aus den letzten Jahren erwähnen von einheimischen sowjetdeutschen Schriftstellern nur Franz Schiller und (oberflächlich) A. Saks, diesen im Zusammenhang mit einigen Schauspielen, an denen er beteiligt war. Die Unterstützung „der sozialistischen Kulturrevolution" unter den Deutschen der Sowjetunion und die antifaschistische Tätigkeit dort sind als Schutzmaßnahmen gegenüber Versuchen seitens Hitlerdeutschlands dargestellt, mit ihnen in Verbindung zu treten, sie zu beeinflussen und für die eigenen Zwecke auszunutzen. Vgl. *Exil in der UdSSR*, S. 45, 54, 238, und P. Diezel, *Exiltheater in der Sowjetunion 1932-1937*, S. 10, 95, 98.
▲ Im Jahre 1989 ist *Exil in der Sowjetunion* in einer zweiten, völlig neu bearbeiteten und erweiterten Auflage in zwei Bänden erschienen.

59 Vgl. P. Diezel, *Exiltheater in der Sowjetunion 1932-1937*, S. 171-191. Bezüglich des Sendungs-

Wichtige Anstrengungen wurden insbesondere im Bereich des Theaters und des Films unternommen. Es gab drei deutsche Theater, an denen (neben einheimischen Kräften) Emigranten wirkten: in Engels, in Dnjepropetrowsk und in Odessa.[60] Natürlich lag das Niveau der Emigranten im allgemeinen ganz erheblich über dem der einheimischen Schauspieler, die meist Laien waren. In diesem Bereich erlangte auch die Ukraine beträchtliche Bedeutung, denn hier fand eine Verbindung zwischen den Theatern (einschließlich der in ihnen wirkenden Emigranten) und den einheimischen deutschen Bauern durch Gastspiele auf den Dörfern unter sehr primitiven Bedingungen statt. So trat die Wanderbühne von Dnepropetrowsk innerhalb eines Jahres rund hundertsechzigmal in hundert Ortschaften auf,[61] unter anderem auch in jüdischen und gemischten Kolchosen. Mischket Liebermann, die Verfasserin des Buchs *Aus dem Ghetto in die Welt*, eine in Galizien geborene Jüdin, war Schauspielerin und Leiterin dieses Theaters und berichtet von den Erlebnissen der Truppe. In Deutschland aufgewachsen, wirkte sie einige Zeit als Schauspielerin am jiddischen Staatstheater von Minsk mit.[62]

Die Mitwirkung von Emigranten in den Theatern und örtlichen Laiengruppen dauerte nur ein Jahr, 1937/38. Man muß dies als interessanten, umfangmäßig jedoch beschränkten *Versuch* werten. Um der Nazipropaganda entgegenzuwirken, die sich ebenfalls mit den Deutschen in der Sowjetunion beschäftigte und dabei literarische und filmische Mittel einsetzte[63], entstand der Plan, einen Film über das Leben in der Wolgadeutschen Republik zu drehen. Auch bei diesem Vorhaben stützte man sich auf die Emigranten.

Die menschliche und kulturelle Seite der Begegnung zwischen den Emigranten und den einheimischen Deutschen ist ein interessantes Thema, das noch nicht untersucht worden ist. Die Emigranten waren in gewisser Hinsicht entwurzelte Menschen, die die eine Welt verlassen hatten, ohne daß es ihnen sofort gelang, sich in eine neue einzuleben. Hier gab

bewußtseins siehe auch – J. Hay, *Geboren 1900*, Reinbek 1971, S. 221-222.

60 Eine Fülle wichtigen Materials findet sich bei P. Diezel, der auch das Kapitel über das Theater im Sammelband *Exil in der UdSSR* schrieb. Zur Bühnentätigkeit vgl. auch: H. Haarmann u.a., *Das „Engels"-Projekt: ein antifaschistisches Theater deutscher Emigranten in der UdSSR (1936-1941)*, Worms 1975, S. 20-21; M. Liebermann, *Aus dem Ghetto in die Welt*, Berlin/DDR 1977; V. Herdt, „Friedrich Wolf in der Sowjetunion", *NL*, H. 38, 19.9.79; K. Götz, „Bericht über das 1941 aufgelöste Wandertheater Odessa", *Nationalarchiv der Vereinigten Staaten*, Mikrofilmpublikation T81: Rolle 560, Bilder 5337050-052; kl, „Das deutsche Theater in Odessa", *Heimatbuch der Deutschen aus Rußland*, 1965, S. 155-167. (Der Autor des letztgenannten Artikels ist möglicherweise ein früheres Mitglied dieser Schauspieltruppe namens Karl Lehr aus dem Dorf Alexanderhilf bei Odessa).

61 *Exil in der UdSSR*, S. 303.

62 Ihre Erinnerungen erschienen 1977 in der DDR, zwei Jahre später in russischer Sprache in Moskau. Erst 1980 wurden die Abschnitte, die das deutsche Theater betrafen, in *NL* abgedruckt.

63 H. Huppert, „Nach der ersten Unionskonferenz der sowjetdeutschen Schriftsteller", *Internationale Literatur*, 1934, H. 3, S. 136-137. Über einen nationalsozialistischen Film mit dem Titel „Friesennot (Dorf im Sturm)" und über sowjetische Pläne für einen Gegenfilm vgl.: J. Wulf, *Theater und Film im Dritten Reich*, Reinbek 1966, S. 375f.; H. Haarmann u.a., *Das „Engels"-Projekt*, S. 65-68; D.G. Lichdi, *Die Mennoniten im Dritten Reich*, Weierhof 1977, S. 65f.; E. Piscator, „Zeigen wir die Sowjetunion im Buch, im Film, auf der Bühne", *Deutsche Zentral-Zeitung*, Moskau, 16.9.1934; P. Dietzel, *Exiltheater in der Sowjetunion 1932-1937*, S. 193-201; J. Hay, *Geboren 1900*, S. 194-201.

es große Möglichkeiten und schwere Spannungen. Trotz der begrenzten Gelegenheiten entstanden doch Wechselbeziehungen zwischen ihnen – sei es als gemeinsam Ausführende (Theater), sei es als Schauspieler und Zuschauer, als Schriftsteller und Leser oder als Schriftsteller untereinander. Ein Teil der Flüchtlinge war von Tätigkeitsdrang erfüllt und sah hier ein Feld, das auf ihren Einsatz wartete, mit all dem sozialistischen und antifaschistischen Pathos, das für ihre Anfangszeit in der Sowjetunion typisch war. Soweit es ihnen nicht gelang, die UdSSR wieder rechtzeitig zu verlassen, erwartete die meisten dieser begeisterten Menschen ein schlimmes Schicksal. Die menschliche Begegnung, die hätte stattfinden können, wurde aus politischen Erwägungen der sowjetischen Stellen nicht gefördert und konnte sich nicht frei entwickeln. Trotzdem lassen sich Ansätze der Problematik spüren, die in diesem Zusammentreffen verborgen lag. Fachleute (in diesem Fall aus dem Bereich der Literatur und des Theaters) aus dem Westen stießen hier auf Söhne und Töchter sowjetdeutscher Bauern, die – unter anderem – Zeit brauchten, um den Anschluß an eine Welt zu finden, die ihnen fremd war. Es entstanden ein gewisses Gefühl der Minderwertigkeit auf der einen und Anzeichen für geringschätziges Verhalten auf der anderen Seite. Wo die Emigranten den Einheimischen Hilfestellung leisteten (gemeint ist hier die Förderung örtlicher Aktivitäten), führte dies gelegentlich dazu, daß letztere an die Seite gedrängt und in ihrer Initiative erstickt wurden. Ähnliche Erscheinungen sind im inhaltlichen Bereich festzustellen. Peter Diezel verwendet in diesem Zusammenhang den Ausdruck einer *„Transplantation der antifaschistischen reichsdeutschen Kultur"*.[64]

Wie gesagt, wurde ein nicht geringer Prozentsatz unter den Emigranten in der Zeit der Säuberungen festgenommen, ein Teil von ihnen wurde hingerichtet, und es kam auch zu Auslieferungen an Nazi-Deutschland. Herbert Wehner, der selbst bis 1941 als Flüchtling in der UdSSR lebte, schrieb: *„Im Wolgagebiet mußte man damit rechnen, daß nahezu alle dort ansässig gewordenen deutschen Emigranten verhaftet worden waren"*.[65]

Schon im Sommer 1937 waren die Verträge mit den Emigrantenschauspielern in Engels nicht mehr erneuert worden. Später beschuldigte man die eingewanderten Schauspieler und sonstigen Theatermitarbeiter von Engels der faschistischen Spionagetätigkeit als Volksfeinde. Die Verdächtigungen gingen von einheimischen deutschen Schauspielern aus, die sich diskriminiert fühlten.[66] Viele in Moskau gebliebene deutsche Emigranten wurden nach Kriegsbeginn, im September 1941, nach dem Osten der Sowjetunion evakuiert.[67]

Der siebte Band (erschienen 1934) der *Literarischen Enzyklopädie* [68] enthält einen Abschnitt über deutsche Literatur einschließlich eines Unterabschnitts von sieben Spalten über die „Literatur der Sowjetdeutschen" (Литература СССР немцев). Der Beitrag wurde (den Redaktions- und Druckangaben zufolge) im Jahre 1932 geschrieben. Gezeich-

64 P. Diezel, *Exiltheater in der Sowjetunion, 1932-1937*, S. 179.
65 H. Wehner, *Untergrundnotizen 1933-45*, o.O. [1969], S. 64. Der jüdische Direktor des wolgadeutschen Staatschors, H. David, wurde an die Nazis ausgeliefert. Über Auslieferungen siehe auch M. Buber-Neumann, *Als Gefangene bei Hitler und Stalin*, München 1962, S. 126-160.
66 H. Haarmann u.a., *Das „Engels"-Projekt*, S. 115; Exil in der UdSSR, S. 318.
67 W. Leonhard, *Die Revolution entläßt ihre Kinder*, Frankfurt/M. 1961, S. 107-133.
68 **Литературная энциклопедия**, Т.7, Москва 1934, столбцы 880-888.

net ist dieser Aufsatz von *„D.Sch.“* und *„K.M.“*. Zu Anfang dieses Bandes der Enzyklopädie ist eine *„Liste der wichtigsten Beiträge des siebten Bandes“* abgedruckt, die die meisten Verfasser mit vollem Namen anführt, während die beiden genannten Initialen auch hier wieder ohne Erklärung erscheinen. Man darf wohl annehmen, daß „D.Sch.“ kein anderer als David Schellenberg ist. Bei „K.M.“ handelt es sich vermutlich um *K*ornelius *M*artens (1908–1974), einen sowjetdeutschen Schriftsteller und Kritiker, der an verschiedenen Stellen erwähnt wird, gelegentlich auch in einem Atemzug mit David Schellenberg.[69] In dem Beitrag der *Literarischen Enzyklopädie* selbst wird er ebenfalls genannt, dort allerdings unter seinem Künstlernamen Nasimandius Paschandarius.[70] Der Aufsatz behandelt die sowjetdeutsche Literatur ziemlich schematisch. Er gibt einen Überblick über das in der Vergangenheit Erreichte, rechnet mit den meisten Schriftstellern wegen ihrer diversen Fehler und Abweichungen ab, betont den wichtigen Beitrag der Schriftsteller aus dem Ausland und erwähnt den segensreichen Einfluß des ZK-Beschlusses vom 23.4.1932 auf die sowjetdeutsche Literatur.

Dieser Beschluß hob, wie gesagt, die verschiedenen Schriftstellervereinigungen in der Sowjetunion auf und bestimmte, daß man die Errichtung eines einheitlichen Schriftstellerverbands der UdSSR in die Wege leiten müsse. Zu diesem Zweck fanden vor dem ersten Kongreß dieses Verbandes (1934) verschiedene Vorbereitungstagungen statt. Dazu gehörte auch eine Konferenz sowjetdeutscher Schriftsteller im März 1934 in Moskau.[71] Das Programm dieser Zusammenkunft enthielt eine Eröffnungsansprache von Fritz Heckert, ein Referat des ungarischen Emigrantenschriftstellers Alexander Barta, des „Führers des Unions-Orgkomitees für die sowjetdeutsche Literatur“, einen Vortrag von Hugo Huppert, der damals Kulturredakteur der *Deutschen Zentral-Zeitung* und stellvertretender Redakteur der *Internationalen Literatur – Deutsche Blätter* war[72], sowie ein Vortrag des Mitarbeiters am Moskauer Marx-Engels-Institut und der *Internationalen Literatur* Karl Schmückle über „Die faschistische und antifaschistische Literatur“.[73] Barta sprach bei der Konferenz das Schlußwort. Von den 35 Teilnehmern, darunter sieben aus der Ukraine, beteiligten sich 31 an der Diskussion. Der wichtigste Vortrag zum Thema sowjetdeutsches Schrifttum war der von H. Huppert „Über die sowjetdeutsche Literatur“. Er wird noch heute als eine

69 Vgl. z.B.: G. Fichtner, „An die Redaktion ‚Sturmschritt‘“, *Sturmschritt*, Jg. 3, 1932, H. 6/7, S. 34, auch S. Gorelik, „Kornelius Martens“, *NL*, H. 32, 3.8.73. – Eine Bestätigung für diese Vermutung findet sich in „Von der 1. Unionskonferenz sowjetdeutscher Schriftsteller“,, H. 230, 28.11.81.

70 Für das Pseudonym vgl. E. Kontschak, *Unvergeßliche Begegnungen*, S. 39f.

71 → Vgl. zu dieser Konferenz in diesem Buch: Zur sowjetischen Sprachpolitik, S. 66. Die Konferenz schloß in die UdSSR emigrierte deutsche und sowjetdeutsche Autoren organisatorisch zusammen. Vgl. Angaben zu Konferenzteilnehmern und Redeinhalten bei: Engel-Braunschmidt, Sowjetdeutsche Literatur, S. 185-186.

72 Huppert wurde im März 1938 verhaftet und nach 14 Monaten freigelassen. 1945 gelangte er mit der sowjetischen Armee nach Österreich.

73 Schmückle, ein deutscher Emigrant, wurde während der „Säuberungen“ festgenommen und kehrte nicht mehr zurück. – Der Inhalt und alle anderen Angaben der Vorträge sind enthalten im 70-Seiten-Bericht „Von der 1. Unionskonferenz sowjetischer Schriftsteller“, *Sturmschritt*, 1934, H. 4, H. 5, und in der Zusammenfassung von H. Huppert, „Nach der ersten Unionskonferenz der sowjetdeutschen Schriftsteller“, *Internationale Literatur*, 1934, H. 3, S. 134-141.

interessante Zusammenfassung und Wertung der Literatur im allgemeinen und der Schriftsteller im einzelnen erwähnt.[74] Hugo Huppert wirft ihnen mangelnde organisatorische Anstrengung nach dem ZK-Beschluß vor. Die sowjetdeutsche Literatur muß sich, seinen Worten zufolge, die reiche Erfahrung der gesamtsowjetischen Literatur zunutze machen. Sie muß *„um die künstlerische Qualität der literarischen Produktion"* ringen. Die aus dem Ausland stammenden Kräfte müssen eine regere Tätigkeit bei der Darstellung des sowjetischen Empfindens und der Verarbeitung sowjetischer Themen entfalten. *„Die gegenseitige Schulung der einheimischen und der aus dem Ausland zugereisten Schriftsteller durch Austausch der Kampf- und Schaffenserfahrungen beider Teile muß und wird eine gefestigte, einige, wohlgerüstete Kulturarmee der sowjetdeutschen Literatur heranerziehen."* Huppert forderte eine kritische Auseinandersetzung mit dem progressiven deutschen Kulturerbe, ging auch auf Probleme der Theorie und Kritik ein und nannte unter den in diesem Bereich tätigen Persönlichkeiten K. Martens und Prof. Franz Schiller. Wörtlich sagte er:

> *„Von einheimischen kritischen Kadern möchte ich nennen: [...] in erster Linie Franz Petrowitsch Schiller, den Wolgadeutschen, der sich im Laufe der letzten Jahre zum gründlichsten Kenner der deutschen Literaturgeschichte des XIX. Jahrhunderts, ja zu einem der bedeutendsten marxistischen Literaturhistoriker überhaupt entwickelt hat."*

Franz Schiller beteiligte sich ausgiebig an der Diskussion dieser Konferenz.[75] In ihrem Hintergrund fehlte auch nicht ein bedrohlicher politisch-aktueller Aspekt. Während des der Konferenz vorausgegangenen Jahres hatte die gesamtsowjetische KP in der Ukraine Tendenzen bekämpft, die mit einer zunehmenden Ukrainisierung zusammenhing, und einer der Höhepunkte dieser Druckanwendung war der Selbstmord von Mikola Skrypnik (Juli 1933) gewesen. Stalin ging darauf in seinem Bericht auf dem 17. Parteitag der KP der Sowjetunion (Januar 1934) ein. Seinen Ausführungen zufolge war die *„nationale Abweichung"* von Skrypnik kein Einzelfall, sondern eine allgemeine Gefahr: Man müsse an zwei Fronten kämpfen, nämlich gegen den großrussischen Nationalismus einerseits und gegen die nationalen Abweichungen der in der Sowjetunion zusammengeschlossenen Völker andererseits.[76] Huppert stützte sich bei seiner Konferenzansprache auf diese Rede Stalins:

> *„Und niemanden hat die Enthüllung überrascht, daß in der Ukraine neben dem polnischen auch der deutsche Faschismus seine Hand im Spiele hatte; eine Tatsache, deren*

74 Vgl. E. Kontschak, *Unvergeßliche Begegnungen*, S. 63; *Zweig eines großen Baumes*, S. 9; D. Wagner, „Die 1. Unionskonferenz sowjetdeutscher Schriftsteller in Moskau", *NL*, H. 12, 20.3.74.

75 Franz Schiller, der auch eine Bibliographie über die Sowjetdeutschen verfaßte, wurde 1898 geboren. Ihm ist ein Abschnitt in der 1. Aufl. der Großen Sowjetischen Enzyklopädie gewidmet: **Большая советская энциклопедия**, Т.62, Москва 1933, столбцы 399-400. Er wurde 1938 verhaftet und starb 1955 *„an den Folgen einer Krankheit, die er sich in den Jahren zuzog, als er Opfer des Personenkults war"*. (G. Janzen, „Dem Andenken Franz Schillers", *NL*, H. 26, 29.11.62). Ein weiterer Abschnitt über F. Schiller (1975) findet sich in: **Краткая литературная энциклопедия,** Т.8, столбец 718.
→ Vgl. zu Schiller auch: Герольд Бельгер, Российскке немецкие писатели, *DA*, Nr. 16, 16.4.1994, S. 5.

76 J.V. Stalin, *Works*, vol. 13, Moscow 1955, pp. 368-370.

Folgeerscheinungen sich bis in den Bereich der sowjetdeutschen Presse und schönen Literatur ausgewirkt hat.“

Die deutsch-ukrainischen Schriftsteller und vor allem ihre Zeitschrift *Der Sturmschritt* (bzw. ihr Redakteur D. Schellenberg) wurden auf der Konferenz der *„politischen Abstumpfung“* beschuldigt sowie der Tendenz, *„l'art pour l'art“* zu betreiben (u.a. gegenüber der Kampagne „Brüder in Not“). Während der Diskussion übte Schellenberg „Selbstkritik“, bei der er ein Erschlaffen der Klassenwachsamkeit und Passivität in politischer Hinsicht eingestand. Dabei griff er aber auch verschiedene Mängel in den Vorträgen von Barta und Huppert an.

Die Resolution der Konferenz sah eine Reihe weitreichender organisatorischer Schritte vor, um die Entwicklung der sowjetdeutschen Literatur zu sichern; dazu gehörten die Einrichtung eines Zentrums mit Archiv in Moskau, die Herausgabe eines monatlich erscheinenden Mitteilungsblatts, die Abhaltung von Seminaren und die Entsendung von Abordnungen, um die Schriftsteller an ihren jeweiligen Wohnorten anzuleiten.

Am Ende der Nummer 4 des *Sturmschritts* von 1934, d.h. jenes Heftes, in dem der Anfang des Konferenzberichts abgedruckt ist, erscheint jedoch die folgende Notiz:

„Mitteilungen des Allukrainischen Orgkomitees der Sowjetschriftsteller

Laut Beschluß des Allukrainischen Orgkomitees der Sowjetschriftsteller wurde der Redakteur der Monatsschrift ‚Der Sturmschritt‘, Gen. D. Schellenberg, wegen Abschwächung der Klassenwachsamkeit seines Postens enthoben. Als zeitweiliger Redakteur wird Gen. E.J. Kassianenko eingesetzt.“[77]

Diese Affäre fand 43 Jahre später ihre Fortsetzung in der 1977 erschienenen Autobiographie Hugo Hupperts. Wegen ihres enthüllenden Charakters verdient die Stelle ausführlich zitiert zu werden:

„Als die Deutsche Zentral-Zeitung [...] die nur zwei- oder dreimal wöchentlich erschien, einem gewissen David Schellenberg die Zubereitung des Literaturteils anvertraute, da hatte ich nichts dagegen, dem Blatt zuweilen ein Manuskript zu liefern: Einen Artikel, ein Gedicht, eine Reportage. Besagter Schellenberg und sein Adlatus Gustav Brand fanden meine Sachen annehmbar, sogar gut, ja vortrefflich und druckten sie ab. [...] Schellenberg stammte aus Sektiererkreisen, aus deutsch- mennonitischen Kolonien um Halbstadt in der Ukraine; Brand kam aus Nordböhmen, [...] war ein typisch ‚sudetendeutscher‘ Streber, Ränkeschmied und Brunnenvergifter. Beide strotzten von literarischem Ehrgeiz und unangemessener Ruhmbegierde; unangemessen, weil ihre Halbbildung, ihr pfuscherhafter Schnörkelstil die Hoffnungslosigkeit ihrer Schreiberei offen zutage förderten. Sie hatten weder zu der modernen schriftstellerischen Intelligenz eine Beziehung noch zur neuen, echten Einfachheit des zeitgenössischen Arbeiter-Autors, Arbeiterkorrespondenten oder Betriebs-Reporters. Was sie beherrschten, war die Kunst herumzuhorchen, die politische Konjunktur zu erschnüffeln, hinterlistige Machenschaf-

77 Neben dem Redakteur ist sowohl ein Redaktionskollegium (dem auch Dr. Schellenberg angehört) wie ein Redaktions-Beirat aufgeführt. Vielleicht ist es bezeichnend, daß nun ein Mann zum Redakteur ernannt wurde, der – seinem Namen nach zu urteilen – nicht deutscher Abstammung war – eine Erscheinung, die auch heute anzutreffen ist.

ten anzuzetteln und katzbuckelnd ihre letztlich bescheidene Karriere bewerkstelligen. Ich setze hier die Akzente darum so entschieden und scharf, weil – wie sich die Zusammenhänge viel später herausstellten – ich diesen fragwürdigen Zeitgenossen das furchtbare Abenteuer meiner 14-monatigen Untersuchungshaft 1938/39 zu verdanken hatte. Was jener Schicksals-Tücke zugrunde lag, war eindeutig eine gehässige politische Denunziation von seiten Schellenbergs und Brands, zweier Kleinbürger, die mich physisch zu vernichten trachteten: aus p o l i t i s c h e r Feindseligkeit in erster Linie, in zweiter aus Mißgunst und Brotneid".[78]

Im August des gleichen Jahres trat der erste Allunionskongreß sowjetischer Schriftsteller in Moskau zusammen. Von den rund 600 Abgeordneten waren acht deutscher Nationalität[79], davon fünf aus der Wolgadeutschen Republik und drei aus Moskau. Weniger als die Hälfte von ihnen waren Einheimische. Unter den Vertretern der Wolgadeutschen befanden sich ein Ungar (A. Barta), ein Deutscher (Johannes R. Becher), ein ehemaliger österreichischer Kriegsgefangener (Rudolf Rabitsch)[80] und drei Einheimische, F. Bach, G. Sawatzky und Andreas Saks. In die ukrainische Abordnung wurde kein einziger Sowjetdeutscher aufgenommen; noch aus weiteren Gründen ist es aufschlußreich, sich die Liste der Abgeordneten aus der Ukraine anzuschauen (aus dem Protokollband des Kongresses).[81]

	Anzahl der Vertreter der jeweiligen Volksgruppe			Anzahl der Vertreter, die in der Sprache dieser Volksgruppe schreiben		
	mit Stimmrecht	mit Berater-status	insgesamt	mit Stimmrecht	mit Berater-status	insgesamt
Russen	1	–	1	5	3	8
Juden	9	8	17	3	3	6
Ukrainer	20	2	22	25	4	29
Moldauer	1	–	1	1	1	2
Weißrussen	1	–	1	1	–	1
Esperanto Schreibende	–	–	–	1	–	–
Insgesamt	32	10	42	35	11	46

78 H. Huppert, *Wanduhr mit Vordergrund*, S. 472f. (Hervorhebung im Original). Es ist möglich, daß die von Huppert erwähnte Aussage Schellenbergs mit der Untersuchung der Vorwürfe zusammenhing, die man wegen mangelnder Klassenwachsamkeit gegen Schellenberg vorbrachte.

79 Kongreßprotokoll: **Первый всесоюзный съезд советских писателей** 1934; **стенографический отчет**, Москва: Гослитиздат 1934. (Statistische Anhänge über die Abgeorneten). Über Eindrücke von dem Kongreß berichtet A. Saks, „Vor 30 Jahren; Erinnerungen eines Delegierten des 1. Schriftstellerkongresses", *NL*, H.

80 → Vgl. zu Rabitsch: Герольд Бельгер, Российскке немецкие писатели, *DA*, Nr. 13, 26.3.1994, S. 6.

81 Kongreßprotokoll (wie oben), S. 708. Manche Schriftsteller schrieben in mehr als einer Sprache. Die *Anthologie* (Bd. 1, S. 39) gibt an, G. Fichtner sei Delegierter bei diesem Kongreß gewesen. Sein Name findet sich aber nicht in der dem Protokollband beigegebenen Delegiertenliste.

Die Konferenz stand unter dem ideologischen Zeichen des „sozialistischen Realismus" und der faktisch bestehenden Einheitlichkeit der sowjetischen Literaturen. Nach Stalins Worten waren diese *„ihrer Form nach nationale und ihrem Inhalt nach sozialistische Kulturen"*.[82] Eine auf dem Kongreß geläufige Version umschrieb sie als *„mannigfaltig in ihren Sprachen, aber einheitlich in ihren Ideen"*.[83] F. Bach, Vertreter der „ersten Generation" sowjetdeutscher Schriftsteller, der ebenso wie G. Luft von den Jüngeren angegriffen wurde, sprach im Namen der Wolgadeutschen Republik[84] und würdigte ihre kulturellen Leistungen. Am Schluß der Tagung wurde er in den Vorstand des Schriftstellerverbands gewählt. G. Sawatzky, der, wie bereits erwähnt, ebenfalls Delegierter auf dem Kongreß war, gehörte zur „zweiten Generation" und nahm die Vorrangstellung in der Literaturszene der Wolgadeutschen Republik ein. Er schrieb einen Roman mit dem Titel *Wir selbst,* der niemals in Buchform erschien. *„Sawatzky fiel dem Personenkult zum Opfer. Nach dem 20. Parteitag wurde er posthum rehabilitiert"*.[85] 1978 fand eine Gedenkfeier zu seinem 75. Geburtstag statt (der bereits zwei Jahre früher gewesen war).[86]

Doch zurück zum Sommer 1934. Für die deutsche Literatur in der Ukraine scheinen die Tagungen jenes Jahres eher ein Schlußakt als ein Wegweiser für die Zukunft gewesen zu sein, obwohl in der Presse und auf den Tagungen des öfteren von den zu erwartenden Entwicklungen gesprochen wurde und man außerdem Resolutionen verabschiedete wie die oben erwähnte vom März 1934. Die Anthologie (Bd. 1, S. 38) behauptet zwar: *„Nach dem Kongreß setzte ein neues Aufblühen der Sowjetliteraturen, somit auch der sowjetdeutschen Literatur, ein"*, aber sie widerspricht sich selbst ein paar Seiten später, wo es heißt: *„Im Ergebnis der Verletzungen der sozialistischen Gesetzlichkeit in der Zeit des Personenkults wurde die Entwicklung der sowjetdeutschen Literatur in der Ukraine nach 1935 und an der Wolga 1941 unterbrochen."* (Bd. 1, S. 53). Der Satz über die wolgadeutsche Literatur ist als Einschränkung dieses Eingeständnisses gedacht. Er ist aber nur teilweise zutreffend, da, wie

82 J.V. Stalin, *Politischer Bericht des ZK an den XVI. Parteitag der KPdSU (B),* Berlin/DDR 1952, S. 126.

83 Problems of Soviet literature; reports and speeches at the first Soviet Writers' Congress, Moscow 1935, p. 9; Eine „deutsche Übertragung" dieser Begriffe, angewandt auf die damalige sowjetdeutsche Literatur, siehe in der Überschrift eines Aufsatzes, der sich mit jener Zeit beschäftigt: E. Repina, „Im Gleichschritt", *NL,* H. 11, 13.3.74.

84 **Первый всесоюзный съезд советских писателей,** стр. 657-658. Auch F. Bach war ein „Opfer des Personenkults".

85 *Hand in Hand,* Bd. 2, Moskau 1965, S. 265. Das Buch von G. Sawatzky war bereits fertig gedruckt, als er im November 1938 verhaftet wurde. Abschnitte daraus erschienen nach seiner Rehabilitation an verschiedenen Stellen, so z.B. *Wir selbst; Sammelband sowjetischer Prosa,* Moskau 1968, S. 5-41; *Anthologie sowjetdeutscher Literatur,* Bd. 1, S. 229-244. Aus der *Anthologie* (Bd. 1, S. 45, 228) ist nicht zu ersehen, daß der Roman nicht erschienen ist. In *Zweig eines großen Baumes,* S. 12, ist von Manuskripten anderer Schriftsteller die Rede, die nie gedruckt wurden und letzten Endes verloren gingen.
→ Vgl. zu Sawatzky und seinem Roman *Wir selbst* in diesem Buch: Die Vergangenheit, S. 134-135 sowie: Die Sowjetdeutschen, S. 33-34.

86 E. Kontschak, „Bei des Dichters Landsleuten", *F,* H. 155, 5.8.78; D. Hollmann, „Gedenkfeier in Protassowo", *NL,* H. 33, 9.8.78. Ähnliche Zusammenkünfte finden jetzt jedes Jahr statt.

in folgendem erwähnt, diese Literatur zwischen 1935 und 1941 lediglich höchst dürftig fortbestand.

Nicht nur der *Sturmschritt* stellte 1935 sein Erscheinen ein, sondern auch von allen sowjetdeutschen Werken, die Kontschak aufführt, scheint keines nach diesem Jahr gedruckt worden zu sein. Zum gleichen Resultat führen die Publikationsangaben in der *Anthologie*; dieses Ergebnis wird auch durch das Verzeichnis des „Verlags der nationalen Minderheiten in der Ukraine“ abgesichert.[87] Nicht über alle Schriftsteller liegen Einzelheiten vor, doch ist von den meisten bekannt, daß sie in jenen Jahren festgenommen wurden. In bezug auf einige von ihnen sind die Vorgänge bereits erwähnt worden. Die sowjetischen Quellen sind teilweise widersprüchlich, weil die Presseberichte über Schriftsteller (und auch über andere Personengruppen), die zu den Opfern der stalinistischen Säuberungen gehörten, Schwankungen unterliegen. Am offensten scheint man in den Jahren 1965/66 gewesen zu sein. Dies wird besonders deutlich, wenn man einen Aufsatz eines und desselben Verfassers in verschiedenen Publikationen und zu verschiedenen Zeitpunkten vergleicht oder wenn ein Artikel eines anderen über dasselbe Thema veröffentlicht wird.[88] In einem Aufsatz, der 1978 im Ergänzungsband der *Kurzen literarischen Enzyklopädie* erschien, wurden die Todesdaten der meisten sowjetdeutschen Schriftsteller angegeben, nicht jedoch diejenigen von Franz Schiller und Georg Luft.[89] Über David Schellenberg berichtet Ernst Kontschak, ohne Daten anzugeben, *„daß ihn das Schicksal nach Magadan verschlagen hatte“*, während Abram Friesen schreibt: *„Schwindsucht und Verleumdung brachten ihn in der Blütezeit seines Talents ins Grab“*.[90]

Aus dem Gesagten ergibt sich, daß eine sowjetdeutsche Literatur in der Ukraine – soweit es sich um veröffentlichtes allgemeines Kulturgut handelt – nach dem Jahre 1935 nicht mehr existierte. Als Ursache dieser Situation ist festzustellen, daß diese Literatur – von Ausnahmen abgesehen – zum Stillstand kam, weil die Schriftsteller „verschwanden“. Vielleicht war aber die Entwicklung umgekehrt, d.h. die Schriftsteller verstummten, weil nach Ansicht derer, die zu bestimmen hatten, die Literatur der Sowjetdeutschen in der Ukraine überflüssig geworden war.

In der Wolgadeutschen Republik ging die literarische Aktivität langsamer zu Ende. Bis 1936 erschien noch die Literaturzeitschrift *Der Kämpfer*, und es kamen auch eine Reihe von kleinen Bändchen heraus. Einige der Schriftsteller, die damals wirkten und am Leben blieben, schreiben noch in der heutigen sowjetdeutschen Presse und veröffentlichen etwas aus ihren Werken; zu Geburtstagen oder Jubiläen erscheinen Würdigungen. Aus diesen

87 **Каталог изданий на еврейском, польском, болгарском и немецком языках** 1937-1939 гг., Киев, 1940.

88 Über Schriftstellerschicksale siehe z.B. A. Saks, „Vor 30 Jahren; Erinnerungen eines Delegierten des 1. Schriftstellerkongresses“, *NL*, H. 34, 19.8.64; ders., „Nach 40 Jahren ...“, *NL*, H. 37, 11.9.74.

89 **Краткая литературная энциклопедия**, Т.9, столбец 556.

90 E. Kontschak, *Unvergeßliche Begegnungen*, S. 45; A. Friesen, „Unverdient Vergessene“, in: *NL*, H. 4, 19.1.1966.
→ Vgl. zu Friesen: Герольд Бельгер, Российские немецкие писатели, *DA*, Nr. 15, 9.4.1994, S. 5.

Publikationen läßt sich manches (es ist im allgemeinen nicht viel, da man mit Einzelheiten geizt) über die Vorkriegsjahre entnehmen. Dies gilt beispielsweise für A. Saks,[91] der am ersten Schriftstellerkongreß als Delegierter teilnahm und 1938–1941 den Schriftstellerverband der Wolgadeutschen Republik leitete. So kann man auch Einzelheiten über H. Henke erfahren, der kurz vor Kriegsbeginn ein Gedichtbändchen *Freie Wolga* in der Wolgadeutschen Republik erscheinen ließ. Zu Henkes 65. Geburtstag erschien 1978 ein Jubiläumsaufsatz, der für viele Artikel dieser Art typisch ist. Die biographischen Angaben beschränken sich auf die Feststellungen, daß Henke 1913 in der Ukraine geboren wurde, seinen ersten Gedichtband 1937 in Engels veröffentlichte und 1970 eine Gedichtsammlung in Alma-Ata publizierte.[92]

Zu den Schriftstellern, die während der Säuberungen als „Volksfeinde" festgenommen wurden und bis in die letzte Zeit tätig sind, gehört auch Sepp Österreicher (eigentlich Boris Brainin). Er benutzt auch folgende Pseudonyme: Berthold Brandt, Klara Peters, Natalia Sinner, Paula Abramowitsch. Dieser Schriftsteller wurde 1905 in Nikolajew geboren. Es heißt, daß sein Vater ein talmudistisch gebildeter Mann war. Vor dem Ersten Weltkrieg zog dieser nach Wien, und er wurde nach der Niederschlagung des Schutzbundaufstandes 1934 nach Engels in der Wolgadeutschen Republik berufen, um an der dortigen Deutschen Pädagogischen Hochschule zu lehren.[93]

Die Bemerkung des Buchs *Zweig eines großen Baumes: „Nach dem Überfall Hitlerdeutschlands auf die Sowjetunion kam das rund fünfzehn Jahre währende ‚große Schweigen'"* (S. 35), ist ungenau, weil das „Schweigen" praktisch schon vor 1941 begann. Die Schriftsteller, die bis dahin in ihren Wohnorten blieben, wurden im September 1941 mit den übrigen deutschen Einwohnern der Wolgadeutschen Republik nach Osten verschickt.

Viele sowjetdeutsche Schriftsteller fielen also noch vor dem nationalsozialistischen Angriffskrieg den Säuberungen zum Opfer, obwohl sie teilweise der Kommunistischen Partei angehörten und die Oktoberrevolution unterstützten.

In letzter Zeit nähern sich manche sowjetische Darstellungen den tatsächlichen Vorgängen an. In dem bereits erwähnten 1978 erschienenen Ergänzungsband der *Kurzen Literarischen Enzyklopädie* heißt es im Abschnitt „Sowjetdeutsche Literatur": *„Infolge der Verletzung der sozialistischen Rechtmäßigkeit wurde die Entwicklung der sowjetdeutschen Literatur Ende der dreißiger Jahre unterbrochen."*[94]

91 Saks wurde 1903 geboren. Vgl. den Jubiläumsartikel „Wir beglückwünschen A. Saks zu seinem 75-sten, *NL*, H. 19, 4.5.78, und die Literaturseite in *F*, H. 86, 29.4.78.

92 Vgl. H. Zinner, „Freie Wolga", *Internationale Literatur*, 1939, H. 3, S. 144-145. Anläßlich seines 65. Geburtstages: A. Herdt, „Vielfach ist das Timbre der Klänge; Glückwünsche zum Geburtstag für H. Henke", *F*, H. 228, 18.9.78.
→ Vgl. zu Herbert Henke: Геролъд Бельгер, Российские немецкие писатели, *DA*, Nr. 6, 5.2.1994, S. 6.

93 A. Hennig, „Spaßvogel (mit Bissigkeit), Nachdichter und Pädagoge", *NL*, H. 32, 4.8.65; R. Weber, „Sein Rat gibt uns Schwung, sein Lachen hält uns jung", *NL*, H. 32, 6.8.80; K. Scheuermann, „Unsere besten Wünsche zum Jubiläum," *NL*, H. 33, 13.8.80; und ablehnend R. Keil, „‚Neues Leben' ist keine deutsche Zeitung", *Volk auf dem Weg*, 1982, H. 3, S. 11-13.

94 **Краткая** ..., Anm. 89, 556. (Hervorhebungen d.V.).

Diese Betrachtungsweise ist jedoch nicht überall anerkannt. H. Belger[95] (Mitglied der sowjetdeutschen Literaturkommission beim sowjetischen Schriftstellerverband) sieht die Entwicklung der sowjetdeutschen Literatur in einem Mitte 1979 veröffentlichten Aufsatz folgendermaßen: *„Eine wichtige Entwicklungsstufe im Werdegang der sowjetischen Literatur fällt in die dreißiger Jahre. [...] Der Überfall Hitlerdeutschlands auf die Sowjetunion hatte für die Sowjetdeutschen außer dem allgemeinen Volksleid noch einen besonderen tragischen Sinn.“* An späterer Stelle erklärt er: *„Erst in der zweiten Hälfte der fünfziger Jahre kam es wieder allmählich zur Wiederherstellung der schöpferischen Kräfte“*.[96] Aus seinen Worten geht also hervor, daß die literarische Tätigkeit erst nach dem Überfall aufhörte.

Fügten sich die deutschsprachigen Schriftsteller unter Zwang, und leisteten sie, soweit sie sich positiv über das sowjetische System äußerten, reinen Lippendienst? Ein Teil der Schriftsteller war bereit, das sowjetische Regime als vollendete Tatsache hinzunehmen, und ein bestimmter Prozentsatz unter ihnen glaubte sogar daran, zumindest bis Anfang oder Mitte der dreißiger Jahre. Die wirkliche Tragik ihrer Lage bestand darin, daß *das Regime sie trotz ihres Glaubens an die Sache hart bedrängte und grausam behandelte.* Viele (deren Zahl sich jedoch nicht nachprüfen läßt) waren zu dem einen oder anderen Zeitpunkt der Meinung, daß sich das Wesen der deutschen Nationalität auch unter den sowjetischen Bedingungen oder gerade wegen ihnen aufrechterhalten lasse.

95 → Vgl. zu Belger: Герольд Бельгер, Российские немецкие писатели, *DA*, Nr. 2, 8.1.1994, S. 6.

96 Г. Бельгер, »Горизонты Надежд«, **Дружба народов**, 1979, Nr. 5, стр. 277-278. Die deutsche Fassung: H. Belger, „Horizonte der Hoffnung“, *F*, H. 159, 18.8.79.

Bibliographical Vignettes – Instances of Parallelism in Soviet Publishing

First of all I should like to define my term of parallelism. It is publishing side by side in one language under the same title different versions of a publication.

The first instance to be described here is that of *Neuland*, an antireligious periodical in the German language, appearing from 1926 to 1934, part of the time as a monthly and part of the time as a biweekly publication. It came out in Kharkov.[1] The number of copies printed (the „tirazh") varied. In 1926 (till no. 10) it was 2000–3000, from 1926, no. 11 it was 1000–1200, then from the end of 1929 it was around 2000. In 1930 it was 2500–3000. At the beginning of 1931 it was 5000, in October 7000 and at the end of the same year it climbed to almost 12.000. In January 1932 it was 10.000, in October 9000 and toward the end of 1932 it dwindled to 5500. It rose again to 6600 in July and to 9400 in December 1933. In April it was 6300 and the last issues were printed in 2800 copies. Apparently the data of the tirazh as printed in the issues of *Neuland* comprise both editions *together*, the Soviet-German and that for Germany.

As a matter of fact, I „stumbled" on the two-fold publication of *Neuland* by chance and the story involving the uncovering of facts may be more interesting than the facts themselves. After I had tried to get issues of *Neuland* from *different* libraries in the Federal Republic of Germany, in order to build up a collection of articles needed for my research, I suddenly noticed that pages with a divergent text bore the same pagination and afterwards that pages with one and the same text bore a different pagination. Later I looked for differences in annual tables of contents and found for 1932 two dissimilar versions.

1 About Soviet publishing in German during the inter-war years, see: Meir Buchsweiler, *Volksdeutsche in der Ukraine am Vorabend und Beginn des Zweiten Weltkriegs – ein Fall doppelter Loyalität?* (Gerlingen: Bleicher, 1984), pp. 168-184, 256-268, 393-397.

KAMPF GEGEN RELIGION — KAMPF FÜR DEN SOZIALISMUS

„NEULAND“

WISSENSCHAFTLICH-ANTIRELIGIÖSE
ZWEIWOCHENSCHRIFT DER
DEUTSCHEN WERKTÄTIGEN

Jahrgang 1932

CHARKOW (Ukrainische sozialistische Sowjetrepublik)

KAMPF GEGEN RELIGION — KAMPF FÜR DEN SOZIALISMUS

„NEULAND“

WISSENSCHAFTLICH-ANTIRELIGIÖSE ZWEI-WOCHENSCHRIFT DER SOWJETDEUTSCHEN. ORGAN DES ZENTRALRATES DES VERBANDES DER KÄMPFENDEN GOTTLOSEN DER UdSSR UND DES ZENTRALRATES DES VERBANDES DER KÄMPFENDEN GOTTLOSEN DER UKRAINE.

Jahrgang 1932

CHARKOW (Ukrainische sozialistische Sowjetrepublik)

Finally, I discovered title pages carrying different inscriptions.

NEULAND

ORGAN DES ZR. VKG d. UdSSR UND DES ZR VKG d. UKRAINE. — ANTI-RELIGIÖSE ZWEIWOCHENSCHRIFT DER SOWJETDEUTSCHEN.

INHALT:

Zentralverlag Charkow.

№ 21-22 November 1931

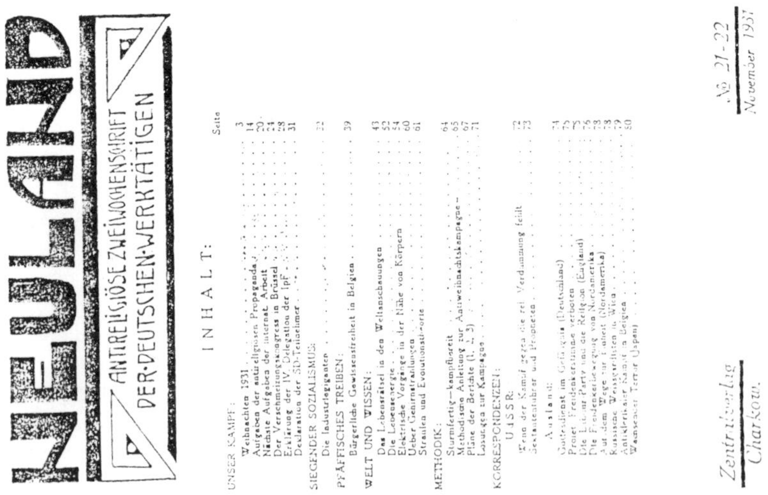

NEULAND

ANTIRELIGIÖSE ZWEIWOCHENSCHRIFT DER·DEUTSCHEN·WERKTÄTIGEN

INHALT:

Zentralverlag Charkow.

№ 21-22 November 1931

Taking stock of the deviating material I have in front of me: Some „parallel issues" and one annual table of contents. That is really not much and therefore I tried to enrich the findings by circumstantial evidence. Comparing these items showed that there were differences in content but proportionally not very broad ones and I shall return to that below.

As one may learn from Ernst Kontschaks list of publications (page 111) one version, the *Antireligiöse Zweiwochenschrift der deutschen Werktätigen* was an edition for Germany, while the other one (*Antireligiöse Zweiwochenschrift der Sowjetdeutschen*) was published for the German minority in the Soviet Union.

In many libraries and institutions, the holdings of which I had the opportunity to examine (from the Hoover Institution in the USA, through the two states of Germany, Zürich and the Soviet Union itself) the collection is „speckled", viz. there are issues (*never* the same issue side by side) of the two kinds.

According to the Soviet census of 1926 the German minority in the USSR numbered 1.238.549 people, whereas the census of January 1939 gave the figure of 1.423.934. About a third of these Germans lived (till 1941) in the „Autonomous Soviet Socialist Republic of the Volga Germans". In the Ukraine lived, roughly, another third, dispersed in different regions, many of them concentrated in separate „colonies". These villages were collectivised in the course of time. In such villages national (German) Soviets were organized and where there were enough such national Soviets also national (German) rayons. Before the revolution the Germans held considerable landed property. Many were classified in the years of collectivisation as „Kulaks". There were relatively few German members in the Communist Party of the Soviet Union.

There were three main religious groups: Lutherans, Catholics and Mennonites, the last being the most closely knitted. Generally speaking religion had a prestigious status among the Germans. Most of them made their living from agriculture. Their main language was German and therefore that was also the language used by Soviet authorities when communicating with them or when allowing them their cultural and educational activities. There were different periods in this sphere. From the twenties till the first years of the thirties these activities were allowed to expand, whereas in the later years they dwindled. The centers of German culture in the Soviet Union were naturally the main concentrations of German population. Most newspapers and periodicals (and at the beginning of the thirties there were tens of them) appeared either in the Volga Republic or the Ukraine and most book publishing was done there. In these regions there also existed theatre groups which presented plays in German and there was an orchestra in the Volga Republic. In the thirties German cultural activities profited by the immigration of refugees who had fled from Nazi Germany.[2]

The Soviet regime regarded religion as a danger, as „opium for the people" being opposed to its ideology. Besides restrictions and confiscations one of the main ways to fight religion was by propaganda – both by word of mouth and in print. There was a special instrument

2 → Vgl. zum Einfluß emigrierter reichsdeutscher Schriftsteller auf die sowjetdeutsche Kultur in diesem Buch: Probleme der sowjetdeutschen Literatur, S. 92ff.

for that, the „Association of the Godless", which had national sections. One of these was the German section with its organ *Neuland.* It was considered that anti-religious activities could be used as a bridge to „free-thinkers" abroad and taking into account the language of *Neuland,* especially in Germany.

We should remember that the significance of our case exceeds „bibliographical treasure hunting" because these differences are due to political causes. There are many other examples of bibliographical indications for political occurrences: in the Soviet Union in particular,[3] as seen in the founding or dissolution of a [national] administrative unit with the concurrent appearance or disappearance of a local newspaper in the corresponding language.

The next step I took was to scan the Soviet (and other) bibliographies in order to explain what had been observed. First of all – *Gazety i zhurnaly SSSR; spravochnik na 1929 g. o vsekh periodicheskikh izdaniakh vykhodiashchikh v SSSR*[4] and there I didn't find any subtitle of *Neuland.* Even if there had been one I suppose that in 1929, *Neuland* hadn't yet split in two.

Next came *Spisok periodicheskikh izdanij RSFSR 1933 g.*[5] This is the first of the regular annual Soviet bibliographies of periodicals, but this specific volume comprises the Russian Republic only, while *Neuland* belonged to the Ukraine. In the second volume of this series (that for 1934[6]), there is an entry of *Neuland* and the subtitle indicated is „Antireligiöse Zweiwochenschrift der Sowjetdeutschen".

Now I tried the reference work *Periodicheskaja pechat SSSR 1917–1949.*[7] There I found the title and *one* subtitle „Antireligious biweekly of the Soviet Germans".

1030. Новь. Neuland. Антирелиг. двухнедельник советских немцев. Орган ЦССВБ СССР и ЦССВБ Украины. Харьков. 1926—1934. — На нем. яз.
1926/1927—11 №№; 1928—1929 по 12 №№ в год; 1930—1933 по 24 №№ в год (в 1931 г. № 24 вышел дважды: № 24 и № 23/24); 1934—12 №№

If the information had been more complete, it should have disclosed something about „Antireligious biweekly of German working people". The particulars of 1931, no. 24, shall be discussed later.

3 See for example: Meir Buchsweiler, *German raiony and their newspapers 1927–1941* (Jerusalem: The Hebrew University, the Soviet and East European Research Centre, 1984).
4 (Moskva: NKPT, 1929), p. 73.
5 (Moskva: Gosudarstvennaia tsentral'naia knizhnaia palata, 1933).
6 *Letopis'* periodicheskikh izdanii SSSR v 1934 g (Moskva: Gosudarstvennaia tsentral'naia knizhnaia palata, 1934, p. 439.
7 Vol. 1. (Moskva: Vsesoiuznaia knizhnaia palata, 1958), p. 87.

In *Periodychni vydannia URSR 1918–1950; zhurnaly* again only one subtitle is given for 1930 and onward, and again „Anti-religious biweekly of Soviet Germans".[8]

1725. **Нова країна** (Нейланд). Антирелігійний двотиж. рад. німців. Х., «Рад. село». 1926—1934. — Нім. мовою.

1926 № 1. З № 1 попул.-наук. щоміс. журн.
1927 № 2—11. З № 10 Центрвидав
1928—1929 по 12 №№ на рік.
З № 2 1928 р. Щоміс. журн. для культури, науки і літератури. Вид. Центр. бюро нім. секції при ЦК КП(б)У в Харкові. З № 10 1928 р. Щоміс. журн. для культури і нового життя
З № 5 1929 р. Орган Центр. бюро нім. секції при ЦК КП(б)У і Центр. ради Спілки безбожників України
1930—1933 по 24 №№ на рік. З № 3 Антирелігійний двотиж. рад. німців
1934 № 1—12

I didn't succeed in locating the Ukrainian current bibliography for 1931 and 1932. Apparently these years were listed in *Litopys druku Ukraïnskoi SRR* from 1936 onward. In earlier years of this bibliography, *Neuland* was mentioned twice, but this happened before the „critical" moment.[9]

Now I tried bibliographies compiled outside the Soviet Union and began with Peter Bruhn, *Gesamtverzeichnis russischer und sowjetischer Periodika und Serienwerke.*[10] We discover here two parallel subtitles.

8 (Kharkov: Knyzhkova palata USRR, 1956), p. 123.
According to issues of *Neuland* I have seen and to this bibliography the subtitle before 1930, no. 3 had been „Monatsschrift für Kultur und neue Lebensführung". The elicit mentioning of the change of subtitle in this case only emphasizes not mentioning the later split of subtitles. In 1934 12 numbers were published. No. 12 appeared in December 1934 (or later) as it included an obituary for Sergei Kirov (murdered on December 1). Nevertheless, the subtitle in 1934 did not change and remained till the last number „Zweiwochenschrift".

9 *Lytopis Ukrainskogo druku* 1926 no. 24, p. 58 and 1928, no. 13, p. 283 (Kharkov: Knyzhkova palata).

10 (Wiesbaden: Otto Harrassowitz, 1962), vol. 1, p. 644.

NEULAND. (Antireligiöse Zweiwochenschrift der Sovjetdeutschen.) (Antireligiöse Wochenschrift der deutschen Werktätigen.) Deutsche Sektion beim Allukrainischen Zentralrat des Verbandes der Kämpfenden Gottlosen.
Charkov. ||1926/27—1934.||
1930: *(12)*$^{12\text{-}13.15\text{-}16.}$ 1931: *(12)*$^{21\text{-}24.}$ 1932: *(12)*$^{1\text{-}5.7.21\text{-}24.}$

When I asked the author about this, his answer was: „The fact [of parallelism] was unknown to me up to now".[11] Therefore, I suppose that Mr. Bruhn wrote down the subtitles as they appeared on the issues of the periodical extant in the Bayerische Staatsbibliothek, München (which figures as 12 in his inventory).

In the bibliography of Alfred Eberlein *Die Presse der Arbeiterklasse und der sozialen Bewegungen*[12] there is also no more than one subtitle for 1930 and onward: „*Das Neuland* ... seit 1930: Antireligiöse Zweiwochenschrift der Sowjetdeutschen".

Rudolf Smits (comp.), *Half a century of Soviet Serials*,[13] also yielded no further results. The same happened with the British and French registers of periodicals.

In the *Union list of serials in libraries of the United States and Canada*, 3rd edition[14] the subtitle cited is: „Antireligiöse Zweiwochenschrift der Sowjetdeutschen".

If one tries to learn if and how a reader outside the Soviet Union could in those years order one of those editions (or both) – there are the *Periodica USSR* catalogues for the years 1932 and 1933.[15] In both of them – one subtitle (or description) is recorded – „Antireligious review".

While searching for answers to the problems described above, the Soviet-German weekly *Neues Leben* published reminiscences of the deceased Soviet-German author, Ernst Kontschak. He listed his published works and wrote:

11 Letter of December 12, 1988.
12 (Frankfurt/M.: Sauer und Auvermann, 1969), vol. 4, pp. 2041-2042.
13 (Washington: The Library of Congress, 1968), vol. 1, p. 883.
14 (New York: Wilson, 1965), vol. 4, p. 2978.
15 (Moskva: Mezhdunarodnaia kniga [1932 and 1933], p. 90 and p. 88.

Proletarier aller Länder, vereinigt euch!

Neues Leben

Gegründet am 16. Mai 1926

ZENTRALZEITUNG
DER SOWJETDEUTSCHEN BEVÖLKERUNG
HERAUSGEGEBEN VON DER „PRAWDA"

Nr. 40 (5323) 28. September 1988

Preis 8 Kopeken

Ernst KONTSCHAK

EINIGES AUS MEINEM LEBEN

Im Jahr 1925 schrieb ich auch mein erstes Bühnenstück (Sketsch), das aber nie zur Aufführung kam, weil es die Scheinheiligen allzu stark angriff und verspottete. Als Folge stellten einige Männer die Frage, mich zu zwingen, das Dorf Annette zu verlassen. Ich kapitulierte.

Gedichte schrieb ich auch im Gefängnis und im Lager. Aber bei jedem „Schmon" wurden sie zerrissen und beiseite geworfen. Es war kein schwerer Verlust. Denn weder damals noch heute hätte sie jemand gedruckt.

Mein erstes Prosawerk (Erzählung) erschien 1926 in der allukrainischen Komsomolzeitung „Die Saat".

Seit dieser Zeit beginnt mein reges Schaffen schon für die breite Öffentlichkeit. Soweit mir das Gedächtnis vorsagt, erschienen in der Vorkriegszeit:

„Der letzte Glockenklang" (längere Erzählung, „Jungsturm", 1929), „Zu 100 Prozent" (Theaterstück in „Sturmschritt", 1930), „Der Streit im Himmel" (Humoreske, „Die Saat", 1928), „Sie suchte Frieden" (längere Erzählung in Fortsetzungen, „Sturmschritt", 1931), „Die Beharrlichen" (Kindererzählung, „Die Trompete", 1931), „Die Masse setzt es durch" („Jungsturm", 1931, wurde von R. Mickwitz ins Lehrbuch „Dem Morgenrot entgegen" für die fünfte Klasse aufgenommen), „Das Gewehr nehme ich nicht" (Erz., „Deutscher Kollektivist", auch in der Monatsschrift „Neuland", 1932, in der Ausgabe für Deutschland), „Die Zielscheibe lacht" (Erz., „Jungsturm", 1931), „Waßja" (Erz., „Jungsturm", 1931), „Der Flüchtling" (Erz., „Jungsturm", 1932), „Der Sturmsonntag" (Fünfakter, Einzelausgabe, Auszüge auch in „Sturmschritt", 1932), „Um 200 000 000" („Jungsturm", 1933), „1905" (Oratorium von der Revolution 1905, „Jungsturm", 1933), „Frau Schlorke" (Sketsch, 1933), „Die Stoßbrigadler" (Dreiakter, 1934), „Der Greis im Silberhaar" (Erz., „Das Neue Dorf", 1934). (Außerdem eine Reihe Skizzen, Reportagen, Kritiken und Feuilletons in den Periodika der Ukraine. Pseudonyme: Herta Harmachis, Kavelarius.)

Nachkriegszeit. Einzelbücher: „Freuden erobert man" (Erzählungen, Verlag „Kasachstan", 1969), „Flammende Steppe" (Erzählungen, „Kasachstan", 1972), Kollektive Einzelbücher: „Auf der Heimat weiten Fluren" (Verlag „Progreß", 1967), „Auf der Klubbühne" (Theaterstücke, „Kasachstan", 1968), „Für die Bühne" (Repertoiresammlung für die Laienkunst, Altaier Verlag, 1968).

Zerstreut in den Periodika: a) Theaterstücke: „Die Schwiegermütter", „Affenliebe", „Am Hochzeitsabend"; b) Erzählungen und Märchen: „Die Ohrfeige" („Fr-ft", 1969), „Frau Dürre" („Fr-ft", 1968), „Der Mann auf dem Mond" („Fr-ft", 1968), „Linas Entscheidung" (NL, 1969), „Ein Glas Fruchtwasser" („Fr-ft", 1970). c) Humoresken: „Der Theoretiker" (NL), „Das fünfach verkaufte Schwein" („Fr-ft"), „Das Loch im Strumpf" („Fr-ft"), „Wenn der Topp ein Loch hat" („Fr-ft"), „Knollepeter klagt an" („Fr-ft"), „Der vorbildliche Wächter" (NL) und dergleichen mehr Jux, dumme Einfälle, ernstgemeinte Skizzen und kritische Nadelstiche, was alles Ihnen wohl selbst bekannt sein müßte.

In the edition for Germany (1932, no. 5/6) this item is included while in the Soviet-German one it isn't. Its beginning is reprinted here, so that one may try to discern why this contribution was deemed fit for one edition but not for the other:

GOTTLOSE BELLETRISTIK...

ERNST KONTSCHAK (Halbstadt—U.d.S.S.R.)

„DAS GEWEHR NEHM' ICH NICHT"!

(SKIZZE AUS DEM LEBEN DER ROTEN ARMEE)

Kühle Morgenluft streifte das Dorf. Sonnenaufgang. Auf dem Beschäftigungsplatz der Voreinzuberufenden war es schon lebendig.

Der Kommandeur stand auf dem Hof des ehemaligen Kulakenhauses, jetzt zeitweilig als Kaserne benützt. Er betrachtete die gebräunten, rundwangigen Gesichter: die aus dem Haus strömenden, neunzehnjährigen kräftig gebauten Burschen. Eben haben sie den Schlaf mit kaltem Brunnenwasser aus den Augen gewaschen. Alle sputen sich. Es herrscht eine gehobene Stimmung. Geht es doch hinaus zur ersten praktischen Schießübung, in die sonnenatmende Steppe. Lange hat man die erste Schießübung erwartet, lange sich dafür vorbereitet, sich darauf gefreut. Die Vorbereitungen sind alle getroffen.

Der Kommandeur sieht auf die Uhr. Punkt 6.

— Antreten!

Einer wie der andere, stramm und fest, stehen die jungen Kämpfer in Reih' und Glied.

— Ausrichten!

Die Absätze schlagen zusammen. Alle richten sich aus, wie nach der Schnur.

— Achtung!

Jetzt ist alles fertig. Nur noch das Maschinengewehr und die Patronen herbeiholen. Nochmals gleitet sein Auge prüfend über die Reihen. Er gibt das Kommando: Rührt Euch! Dann wendet er sich zu den Hintermännern.

— Sie Unger Jakob holen das Maschinengewehr, Schulz Peter und Maier Karl die Patronen.

Jakob Unger, ein hoher schlanker Bursche, mit tiefsitzenden, aber hellen Augen, antwortet gezwungen und mürrisch:

— Ich nehme kein Gewehr.

Alle stutzen. Die Köpfe wenden sich nach der Richtung, woher diese Worte kamen. Wie? Sind unter uns solche, die die Sowjetunion nicht verteidigen wollen?

— Weshalb? — fragte der Kommandeur.

— Meine religiösen Überzeugungen erlauben es mir nicht, — gibt Unger ohne langes Nachdenken zur Antwort,

— Wollen Sie nicht helfen die Sowjetunion zu schützen? — fragte der Kommandeur weiter.

Durch die Reihen der Rotarmisten geht ein Murmeln. Einige sind über Unger empört, andere verteidigen ihn: „Wozu gegen seine religiösen Überzeugungen handeln?"

Der Kommandeur versucht Unger eine kurze Aufklärung zu geben. Es entsteht eine formelle antireligiöse Diskussion. Aber Unger bleibt bei seinem:

— Das Gewehr nehme ich nicht. „Wer mit dem Schwerte tötet, der wird wiederum durch das Schwert getötet werden" — sagt das Evangelium.

— Ja, wenn Sie das Gewehr nicht nehmen, so haben Sie auch mit uns auf dem Schießübungsplatz nichts zu tun. Dann können Sie zu Hause bleiben. Treten Sie aus!

Gesenkten Hauptes, ohne sich umzusehen, ging Unger in die Kaserne.

Wieder erscholl das Kommando des Führers. Hell und laut setzt ein Lied ein. Die Truppe zieht in's offene Feld, zum Schießplatz.

Jakob Unger sitzt im Kasernenzimmer. Alle sind fort. Einsame Stille. Im Vorzimmer sitzt der Tagesdiensthabende, die Waffe in der Hand.

Jakob hört das Lied seiner marschierenden Genossen. Zuerst klingt es stark, dann schwächt es allmählich ab, und dann ist es in der weiten Steppe verklungen.

Die Stille drückt. Es ist langweilig. Jakob faßt in die Tasche und zieht immer wieder das alte Papier hervor, das er schon mehr als zehnmal gelesen. Jedesmal wenn er dieses Papier betrachtet, erinnert er sich an sein Heimatsdorf, an den Prediger, an die „Brüder" und „Schwestern". Von neuem liest er das Papier:

„Inhaber dieses, Unger Jakob Petersohn aus Kronsdorf ist wirklich Mitglied der Friedenstaler mennonitischen Brüdergemeinde. Wir bitten daher, ihn als Bruder in Christo zu empfangen..."

Prediger Klassen.

Ja, dieser Klassen, das ist wirklich ein allwissender Mensch. Jakob hält ihn für klüger als alle Menschen, die er bisher kennen lernte. Vor allem in der Bibel ist er gut bewandert. Einige Kapitel kann er sogar auswendig. Auch in der Politik findet sich Prediger Klassen gut zurecht. Jakob legt sein Dokument vorsichtig zusammen und versteckt es in seinem Kasten unter den Büchern. An Büchern hat Jakob: Die Bibel, ein christliches Gesangbuch, Zionslieder und ein Liederheft. In letzterem hat Jakob alle Lieder eingeschrieben, die er im Kirchenchor geübt.

Jakob entnimmt der Bibel einen dichtbeschriebenen Zettel. Das sind Bibelstellen, die ihm Prediger Klassen aufnotiert: „... Wenn dich der böse Feind in Versuchung führt, so lese diese Bibelstellen. Es sind Trostworte Gottes und beweisen, daß wir das Schwert zu unserer Verteidigung nicht gebrauchen dürfen..."

Lebendig, lustig und froh war sonst die Arbeit in der Kaserne. Heute aber ist alles leer, alle sind fort. Jakob erinnerte sich an die letzten Tag in seinem Dorfe. Im Nachbardorf war eine Komsomolzelle. Am Tage der Abfahrt organisierten die Komsomolisten einen Demonstrationszug und ein Meeting. Dann kam der ganze Zug nach Kronsdorf, um die Kronsdorfer Jugend abzuholen. Hier war es aber anders. Prediger Klassen hatte schon vorher eine Gebetsversammlung angesagt, um den fortfahrenden jungen Seelen ein Begleitwort zu geben. „... aber ihr kommt mit gottlosen Menschen zusammen. Ihr werdet vieles hören und der Teufel wird seine Schlingen und Netze auswerfen, um die Wankelmütigen zu fangen. Ihr aber müßt dem Teufel widerstehen. Bruder Jakob sei standhaft und der Herr bewahre dich vor Versuchungen, Amen..."

Wie eine glühende Metallscheibe versteckt sich die Sonne hinter dem Berggipfel. Die Voreinzuberufenden kehren mit Gesang von den gut ausgefallenen Schießübungen zurück. Das Leben in der Kaserne kommt wieder ins alte Geleise. Jakob freut sich, daß die drückende Stille des Tages zu Ende ist, doch fühlt er deutlich die Kluft zwischen sich und der Masse...

Nach dem Abendbrot macht ein Komsomolist bekannt: Alle Genossen werden ersucht, sich in der Roten Ecke zu versammeln. Es wird eine Politunterhaltung stattfinden.

Als Jakob in das Zimmer kommt, sind schon alle da, auch der Politleiter.

Der Letztere beginnt mit dem Fall Jakob Unger. Dann spricht er darüber, wie sich die Kapitalisten für den Krieg gegen die Sowjetunion vorbereiten, daß es Pflicht jedes Werktätigen sei, die Sowjetunion zu schützen. Nur unsere Feinde sind gegen die Verteidigung der Sowjetregierung.

Nachdem der Politleiter beendet, wird er mit Fragen überschüttet. Einige sprechen sich aus. Sie kritisieren die Arbeit auf dem Übungsplatz, geben Vorschläge, wie die OSO-Arbeit verbessert werden müßte. Die Unterhaltung wird immer lebhafter.

—Das Wort hat Genosse Unger.

Unger erhebt sich, beginnt:

—Ich bin damit, was unser Politlehrer sagt, einverstanden. Die Sowjetregierung ist unsere Regierung. Ich bin kein Feind der Sowjetregierung. Ich bin auch ein Proletarier, das könnt ihr in meinem Dorf nachprüfen. Aber die Waffe kann ich nicht nehmen und werde sie auch nicht nehmen, weil es mein Glaube mir verbietet.

—Wieviel Land hattet deine Eltern vor der Revolution?—

—Dreieinhalb Hektar.

—Und wieviel habt ihr jetzt?

—Zwölf Hektar.

—Woher habt ihr die zwölf Hektar?

—Vom Sowjetstaat.

—So, das Land hat dir die Sowjetregierung gegeben. Aber wenn jetzt die Kapitalisten mit Tanks und Giftgasen kommen und dir das Land fortnehmen wollen, so willst du es nicht verteidigen. Du denkst so: Ich bewohne das Land und benütze es, verteidigen sollen es aber andere. Weil du dich aber auf die Bibel stützt,—fährt der Politleiter weiter,—so laß dir daraus erzählen. In der Bibel sind unzäh-

I could not reach an unambiguous conclusion about this contribution or about others published in the one and not in the other. For example, an item which appeared in the Soviet-German Edition (1931, no. 21/22) and not in that for Germany:

GOTTLOSE BELLETRISTIK

Al. Merkel. (Charkow)

Möge Gen. Retor den Lesern des „Neuland" freundlichst erlauben, auch „die Schöpfungsgeschichte" zu erfahren.

Al. Merkel.

DIE SCHÖPFUNGSGESCHICHTE
(v. RETOR)

In nur sechs Tagen, wie ihr wißt,
schuf Gott die Welt, so wie sie ist.
Zuerst stellt er die Erde her,
dann machte er das große Meer,
und daß sie sich auch beide sehn,
ließ er die Sonne rasch entstehen.
Das war ihm aber nicht genug,
und darum schuf er rasch und klug,
mit einem einzigen Händedruck,
der Blumen und der Gräser Schmuck;
auch Wurzelfrüchte rund und dick,
pflanzt in die Erd' er mit Geschick
und zwischen drunter setzte er,
der Bäume, Sträucher großes Heer.
Das machte ihm schon großen Spaß,
doch merkt er bald, es fehlt noch was —
er hätte beinahe ganz vergessen,
wer soll denn all' das Zeug nun fressen?
Bekanntlich, wie ihr alle wißt,
der liebe Gott sehr praktisch ist:
ein jedes Ding hat seinen Zweck
(sogar des Schweines fetter Speck).
Er winkte nur mit seiner Hand,

da füllten sich das Meer und Land
mit Tieren aller Art und Sorte,
genau nach seinem Schöpfungsworte.
Von jeder Art macht er ein Paar,

wie's vorgesehen im Plane war.
Alsdann probierte er sein Glück
Mit seinem letzten Schöpfungsstück:
er nahm sich einen Klumpen Ton
und schuf die erste Mannsperson.
Die setzte er ins Paradies,
wo dieser Mann dann Adam hieß.
Das war am Samstag Nachmittag,
was jeder daraus schließen mag,
daß Sonntags jede Arbeit ruht,
denn so befand es Gott für gut.
Am Sonntag flog er dann umher
und freute sich dabei gar sehr,
weil alles war so schön gemacht,
wie er es selber nicht gedacht...
Nun kann ich aber nicht verstehen,
wie konnte so was vor sich gehen,
daß Gott, der doch allwissend ist,
'ne wichtige Sache ganz vergißt.
Die Sache die war nämlich so:
Der Adam war so herzlich froh,
daß er nicht mehr ein Lehmkloß war.
Doch bald ward es ihm sonnenklar,
daß irgendwo ihm noch was fehlt

weil innerlich ihn etwas quält.
Denn, wie gesagt schon vorher war,
schuf Gott von jedem Tier ein Paar,
Das Weibchen und den Ehegatten,
die manchen Spaß mitsammen hatten.

Der Adam sprach drob sehr verdrossen:
da hat Gott einen Bock geschossen,
mich mutterseelen ganz allein

so in die Welt zu setzen, nein!
Ich soll wohl, wie der Bayer Pater
mir 'ne Prostata holen gar,
ich dank für so 'nen Himmelsvater,
wenn er so dumm beim Schöpfen war.
So trat er denn vor Gottes Thron.—
Der Herrgott merkt den Braten schon
und sagt: „Ich seh den Fehler ein,
es ist nicht gut, daß du allein;
mach kein Geschrei und sei nicht dumm,
leg dich ein halbes Stündchen um,
und während du wirst ruhig schlafen —
Gott soll mich, wenn ich lüge strafen —
schneid ich dir eine Rippe raus
und mache dir ein Weib daraus."
Und wie gesagt, so ist's geschehen;
als Adam aufwacht, konnt er seh'n,
daß neben ihm, wie Milch und Blut
das Evchen lag. Das fand er gut.
Er stellte sich nicht dämlich an
und so ward Adam Evas Mann.
So lebten sie im Paradies
Und es ist mehr als wie gewiß,
daß nichts sie dort herausgebracht,
hätt Gott sich nicht was ausgedacht.
Er rief sie untern Apfelbaum,

There are more cases of items being published in one edition but not in the second. It makes no sense however to discuss them without being able to look at the texts themselves.

The index for the year 1931 as it was added to *Neuland* 1932, no. 1, edition for Germany, lists in a disorderly manner mixed data from both editions and offers no explanations. We would have expected there only data of the edition for Germany. So the item „Schöpfungsgeschichte", mentioned above, included *only* in the Soviet-German edition, appears in the index and the same is the case with several items in the Soviet-German edition of 23-24. Even some items included in both editions on different pages appear in the index with pages fitting to the Soviet-German edition and not the „German" edition.

As if there was not enough confusion there were also repetitions of numbers of issues, like that below:

NEULAND

ANTIRELIGIOESE ZWEIWOCHENSCHRIFT DER SOWJETDEUTSCHEN

INHALTSVERZEICHNIS.

№ 14-15

(1930)

NEULAND

ANTIRELIGIOESE ZWEIWOCHEN-
SCHRIFT DER SOWJETDEUTSCHEN

INHALTSVERZEICHNIS

№ 15-16
(1930)

and lack of conformity between tables of contents and the content itself (e.g. 1932, no. 23/24, Soviet-German edition, pp. 882-883). Changes of place of the same items in one edition or the other happened also from time to time.[16] I suspect that an issue bearing the designation 1930, no. 13 did not appear at all. Apparently they skipped over this number and after no. 12 published no. 14/15. When the error was noticed, they decided to „correct"

16 Often there is a difference (mostly of 8 pages) between the pagination of identical texts in the two editions in the volume of 1932. Apparently, that is the reason for the following announcement in 1932, no. 23/24, p. 883 (Soviet-German edition), in spite of its being mistaken: VON DER REDAKTION: Aus Versehen ist von der Nummerierung der Seiten ein Fehler unterlaufen. Ab Nr. 19-20 von Seite 797 an muß die Seitenzahl um 8 größer sein, als angegeben. P. 797 belongs not to no. 19/20 but to no. 21/22 and perhaps that correction of pagination is the outcome of confusion between the editions.

it and gave the next issue no. 15/16. In no one of the holdings examined is this issue extant, although there is no report on this omission in the various bibliographies I encountered.

When did *Neuland* split into two? I have the feeling (but it is not more than a feeling) that it happened with 1931, no. 21/22. For this issue I have seen the parallel editions. I examined the copies of *Neuland* I have laid hands on for an explanation of the split, but found nothing. As I have reported I succeeded in checking only a fraction of the complete set of the periodical. Did they try to conceal it? Was it forgotten? Why wasn't it referred to years later in the bibliographies? The whole affair is enigmatic. In any case, perhaps because of the limited number of diverging issues at my disposal, I couldn't reach a conclusive opinion as to the reasons for the parallel editions.

Perhaps the cause for changing the subtitle was connected with the German Police. In *Neuland* 1932, no. 1, we were informed that they had confiscated 1931, numbers 16 and 17/18. The copy of the letter announcing the confiscation was also printed there. From my personal experience in the years of the British Mandate in Palestine (1923–1948), I remember that when a newspaper had been closed by the authorities, it often appeared the next day bearing a different title or subtitle.

Another interesting fact is the divergent composition of the editorial board for the two editions. So we have in 1931, no. 21/22, the edition for Germany:

Verantw. Redakteur: H. Gockel (Charkow).

while in the Soviet-German edition of the same number we have:

Redaktionskollegium: H. Gockel (verantwortlicher Redakteur), I. König, Dm. Ignatjuk, A. Müller, A.T. Lukaschewsky, J.M. Poljakow.

In 1932, no. 21/22, edition for Germany, we have again Hans Gockel (the issue before it, 1932, no. 19/20, edition for Germany, listed in addition to him F. Fleming and in later numbers E. Fleming (as technical editor) while in 1932, no. 21/22 – Soviet-German edition, the composition of the board was:

Redaktionskollegium: H. Gockel (verantwortlicher Redakteur), A. Müller, A.T. Sukatschewsky, Dm. Ignatjuk.

As I believe, that A.T. Lukaschewsky and A.T. Sukatschewsky ist one and the same person, this ist another case of inconsistency.

With 1933, no. 1, Rudolf Rabitsch was added, in the edition for Germany, as scientific editor. In 1933, no. 19/20 (probably October), the name of Hans Gockel as editor vanished and we have:

REDKOLLEGIUM.

A paste in however was added to this issue holding the following information:

BERICHTIGUNG.

Infolge eines technischen Versehens wurde auf der letzten Seite dieser Nummer das Wort „Redkollegium" anstelle von:

Verantwortlicher Redakteur — Gen. Ignatjuk

gesetzt:

Die Redaktion.

In the next issue, 1933, no. 21/22, we have:

Chefredakteur: DM. IGNATJUK.

For an epilogue, one may cite E. Kassianenko ‚Wachsamkeit', in *Sturmschritt* 5, no. 11/12, November/December 1934[17] after the murder of S. Kirov:

„Simultaneously with the unmasking of the fascist agency in Ukrainian Soviet literature, the party unmasked the same agency in Soviet-German literature. Müller, Gockel, Mickwitz, Ström, Bachmann, Janzen decomposed publishing activity and irritated debutant young writers by orienting them on the bourgeois and not on the proletarian German literature". Apparently, Hans Gockel became a victim of the purges.

It seems that the publication of two parallel editions apparently continued till the last number of *Neuland* (1934, no. 12). I have learnt about a copy of that issue, in the Soviet-German edition as well as one in the edition for Germany.[18]

17 P. 1098. About the *Sturmschritt*, the Ukrainian-German literary magazine and about E. Kassianenko coming instead of a Soviet-German editor see – M. Buchsweiler (note 1), pp. 184-212; Annelore Engel-Braunschmidt, ‚Sowjetdeutsche Literatur im Aufbruch: Die Zeitschrift *Der Sturmschritt* zwischen kultureller Autonomie und dem Würgegriff Stalins', *Germano-Slavica*, 4, no. 4 (1983), pp. 169-190; Meir Buchsweiler, ‚Zur sowjetischen Sprachpolitik zwischen den Weltkriegen – Am Beispiel des Deutschen', *Jahrbücher für Geschichte Osteuropas*, 35, no. 1 (1987), pp. 59-79. The last article considers, inter alia, the connections between politics after Hitlers ascent to power and German cultural activities in the Soviet Union.
→ Vgl. in diesem Buch, S. 81-103.

18 Postscriptum (January 1994): Before sending this essay to the printer, I read it through for another time. In the four years since it had been written many things have changed in our world and so have the terms describing them (e.g. the Soviet Union is no more and a considerable part of its German inhabitants have emigrated to Germany. There are no more two states of Germany.) In these years I have succeeded in seeing some further issues of *Neuland*. I am now

The other case of parallelism to be described here is not enigmatic, but nonetheless interesting. It consists of several more or less identical publications in the Yiddish language in two different orthographies. There are many examples of publishing the same title inside the USSR and outside of it. In such cases, the orthography of Yiddish would be different. We also have examples of Yiddish publications translated into foreign languages (e.g. English) and appearing in the Soviet Union, or such in several languages, one of them being Yiddish. The phenomenon we deal with here are publications in the *Yiddish* language in varying orthographies being published *inside* the Soviet Union.

First, some preliminary explanations. Yiddish is a language used by Jews and written with Hebrew characters. It is more than a thousand years old and before the Second World War was spoken by about a third of the Jews in the world. Yiddish belonging to the Germanic group of languages, is a development of the German language brought along by Jews when they migrated from Central to Eastern Europe. There is an affinity between Yiddish and the German dialects spoken by the Soviet Germans. In both cases, because of isolation and living in compact concentrations where those languages were used, archaic elements were preserved and became a gold mine for linguists. At the end of the nineteenth

Universal version

Soviet Yiddish version

inclined to consider another explanation for the situation described in the essay. Perhaps the fact of two parallel versions of *Neuland* was not secret or classified. In course of time, however, it was blurred and forgotten even by bibliographers. I am ashamed to say so, as that is an insult to my own occupation.

and at the beginning of the twentieth centuries appeared demands among the speakers of Yiddish to reform its grammar and orthography, like similar movements dealing with other languages (e.g. German and Russian). The main points reformers[19] raised concerning Yiddish orthography were: (1) Striving for uniformity between the various dialects, (2) Writing according to what is heard, that is „phonetic orthography". Until that time Hebrew words were written like their Hebrew origin – with scant connection to their pronounciation, (3) Consequently there were proposals to abolish certain Hebrew letters, mainly the final ones, (4) More than that, Hebrew was considered by some of the reformers as a „sacred language" connected with religions and therefore undesired.

With the rise of the Soviet regime a political reason was added (in the field of Yiddish and German orthography): the desire of the authorities to raise a barrier between Jews living in the Soviet Union and those in other parts of the world. I examined the problems of Soviet language policy in the twenties and the thirties in another article.[20] After a lively discussion which lasted till 1929, mandatory regulations concerning the „new orthography" were published by the authorities.[21] From the year onward publications were in the Soviet orthography.

In 1939 however, there appeared the booklet *Birobidzhan* by David Bergelson and Emanuel Kazakevich side by side in two versions, in two different orthographies (p. 120).

We may distinguish between them on the respective cover through the first name (David) of the first author, the final letter of his surname (Bergelso**n**) and through the final letter of the title (Birobidzha**n**). David is a Hebrew name and therefore in the Soviet Yiddish version it is written phonetically, while in the universal Yiddish version it appears in its Hebrew orthography. One has to point out that here we have no differences in the line recording the publisher. If the rules used to write „David" in two ways had also been applied in this case, the first and the last word of the first line in the imprint, would have been different in the universal version, as these words are Hebrew ones. This, however, did not occur.

19 → Vgl. zur sowjetischen Rechtschreibereform des Jiddischen in diesem Buch: Zur sowjetischen Sprachpolitik, S. 62-63.
20 „Zur sowjetischen Sprachpolitik zwischen den Weltkriegen", see note 17.
21 „Bashtimung fun folks komisar far bildung ... vegn aynfiren die naye yidishe ortografie in U.S.R.R.", *Ratnbildung*, 1928, No. 9, pp. 78-80.

...דער סאוועטישער ייד, א מענטש, וואס האט אראפגעווארפנ
פונ זיכ די לעצטע רעשטנ פונ די גאלעס-יארנ, א מענטש,
וואס לעבט מיטנ גרויסנ לעבנ פונעמ סאציאליסטישנ לאנד,
א מענטש, וואס האט ניט מוירע פאר קיינ שוועריקייטנ אונ
רעדט מיט דער וועלט אונ מיט דער נאטור, ווי א גלייכער,
ווי א סאציאליסטישער בויער, א ווירדיקער זונ פונעמ
סאוועטישנ היימלאנד.

Soviet Yiddish version

...דער סאוועטישער איד, א מענש, וואס האט אראפגעווארפן
פון זיך די לעצטע רעשטן פון די גלות=יארן א מענש
וואס לעבט מיטן גרויסן לעבן פונם סאציאליס=טישן לאנד,
א מענש, וואס האט ניט מורא פאר קיין שווערייקייטן און
רעדט מיט דער וועלט און מיט דער נאטור, ווי א גלייכער,
ווי א סאציאליסטישער בויער, א ווירדיקער זון פונם
סאוועטישן היימלאנד.

Universal version

Here we have a sample of a parallel text from this booklet (pp. 39/40), demonstrating again three main categories of divergency:

1) Hebrew words marked in the text,
2) Divergent orthography of other words, marked
3) The use, respectively the disuse, of final letters, marked

It may be interesting to look also at the translation of the above passage:

„The Soviet Jew, a person who has thrown off the last remnants of the Diaspora years, a person who lives the great life of the socialist country, a person who has no fear of hardships and who speaks with the world and nature as an equal, as a socialist builder, a worthy son of the Soviet fatherland."

Publications in the „old orthography" (this was the definition inside the USSR) were apparently meant for abroad, in order to remove one obstacle as to the readability of Yiddish publications coming from the Soviet Union.

From here onward we shall report five more cases of such parallel publication. The „Short course" (*Geshikhte fun der alfarbandisher komunistisher partey (bolshevikes); Kurtser kurs*) appeared in universal Yiddish in 1939, the edition in Soviet Yiddish lying before me, in 1940. The publishers in this case are different, that of the universal edition being the

„Foreign Languages Publishing House", while that of the Soviet edition was, like of the booklet *Birobidzhan* the publishing house „Emes" (Truth).

In 1941 appeared *Yidn un di faterland milkhome (Jews and the Fatherland-War)* without the cover and title page reporting an author – in Soviet Yiddish orthography. In universal orthography we have David Bergelson, *Idn un di milkhome mit Hitlern (Jews and the war with Hitler*). The imprint is again identical in the two versions: „Emes". The text of the two versions were not fully identical. The signature of D. Bergelson comes at the end of the Soviet Yiddish text.

Now there is an interval till 1947. The paralleles of 1947 are deficient because the two editions were published in different years. All three publications are connected with J.V. Stalin. He was the author of one, he was at least involved in the writing of the second and he was the subject of the third.

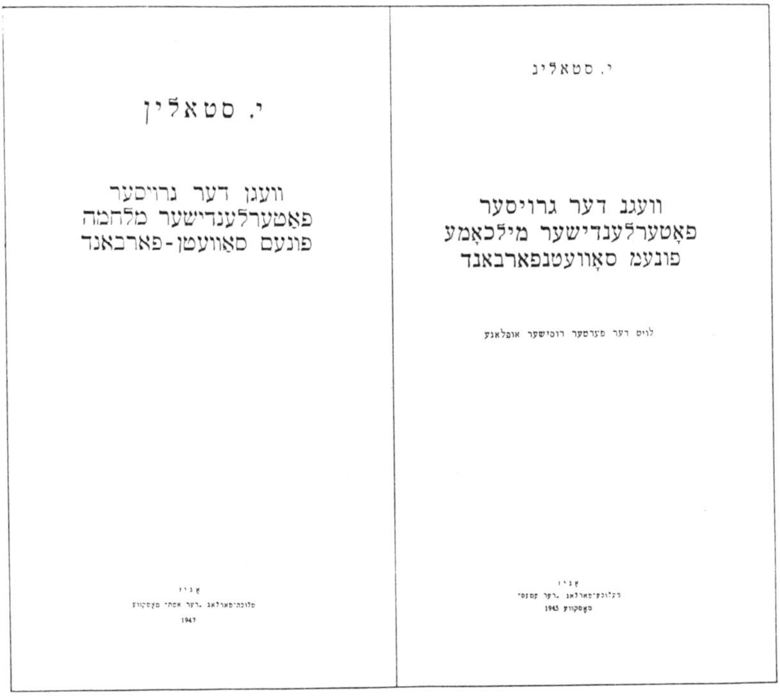
י. סטאלין

וועגן דער גרויסער
פאַטערלענדישער מלחמה
פונעם סאַוועטן-פארבאנד

י. סטאלינ

וועגנ דער גרויסער
פאָטערלענדישער מילכאָמע
פונעמ סאָוועטנפארבאנד

לויט דער פערטער רוסישער אופלאגע

Universal version

Soviet Yiddish version

The first one is J. Stalin, *Vegn der groiser faterlendisher milkhome funem sovetnfarband (About the Great Fatherland-War of the Soviet Union)*, and see title pages on p. 123.

We have again in addition to final letters, the *milkhome* (last word of the second line of the title) written differently, being a Hebrew word. The main innovation here however, is the publisher (see, enlarged, below). In variance with the practice of former publications, as described above, the two Hebrew words (*Mlukhe* – State and Emes – Truth, the first and next to last word in the second line) are written in Hebrew, against phonetic orthography in the Soviet Yiddish edition.

אָ ג י ז

מעלוכע־פארלאג ״דער עמעס״

מאָסקווע 1945

Soviet Yiddish version

אָ ג י ז

מלוכה־פארלאג ״דער אמת״ מאָסקווע

1947

Universal version

The second book in universal orthography is the 1947 edition of the „Short course“[22] being not identical in its text to the, above mentioned, 1939 edition. The publisher appears as in the „Fatherland-War“ booklet.

The same is the case with *Josef Visarionovich Stalin; kurze biografie* published in universal orthography in 1947.

In November 1948 publication in Yiddish, as all other Jewish activities in the Soviet Union, was totally liquidated.

Let us sum up. In the earlier stage the tendency was (in Yiddish, as well as in German orthography) to erect a barrier between members of a certain nationality inside the USSR and those (if there were such) outside. When, however, it became necessary to address people outside, to communicate with them and to try to influence them this barrier was inconvenient. In the case of German, the separate orhotgraphy was abolished (or more correct, the activity to introduce it was stopped) and in the case of Yiddish, it was attempted to bypass the barrier by publishing simultaneously in two orthographies.

22 In two advertisements announcing these books (in *Eynikayt* of March 3, 1948 and in the supplement to *Heymland* vol. 2, 1947) Stalin is mentioned as author, while that is not the case on the title of the books.

Die Vergangenheit der Deutschen der UdSSR im Spiegel des jüngsten Schrifttums[1]

Die Einstellung zur Vergangenheit kann in gewissem Sinne als Gradmesser für die Politik der Gegenwart dienen. Diese These gilt heute sicher noch mehr als früher. Dennoch erhebt sich im Hinblick auf die heutige Einstellung der Sowjetregierung zur deutschen Minderheit die grundlegende Frage, ob die neueren und neuesten Veröffentlichungen in Zeitungen, Zeitschriften, Almanachen und Büchern ein korrektes Bild dessen entwerfen, was wirklich in der UdSSR geschieht. Selbst wenn die Antwort positiv ausfällt, erscheint dieses Bild doch einseitig: Zeigt es hauptsächlich nicht das, was der Regierung als erwünscht und erlaubt gilt? Die Annahme scheint sich zu erhärten, wenn man bedenkt, daß es bisher in der UdSSR kaum zufällige Veröffentlichungen gab. Wenn nun neue Inhalte auffallend häufig wiederholt werden, so bestätigt dies den bestehenden Verdacht, daß hier ein vorgedachtes Bild entsteht, – ein Bild, das von oben nach unten vermittelt wird und nicht unbedingt das reflektiert, was die Menschen an der Basis denken und wünschen.

Die Kennzeichen der neueren Entwicklung

Die allem Anscheine nach spektakulären Entwicklungen der letzten Monate haben sich seit vielen Monaten, eigentlich seit Jahren abgezeichnet, anfangs in verstreuten Äußerungen, die im Laufe der Zeit immer deutlicher wurden, und schließlich durch einen kumulativen Effekt einen gewissen Klimax erreichten.[2] Bei der Analyse dieser Äußerungen besteht das Wichtigste nicht nur darin, was gesagt wird, sondern auch darin, wer es sagt. In dieser Hinsicht kann der Beginn des Jahres 1988 als Markstein gelten: Der Artikel von Vladimir Černyšev,[3] der vierzehn Tage nach dem Brief des verstorbenen Viktor Klein[4] und drei Wochen vor dem Artikel von Hugo Wormsbecher[5] – alle im *Neuen Leben* veröffentlicht – erschien, stellt den Markstein im engen Sinne dar. Vladimir Černyšev (sein Beitrag ist „Einige Gedanken zur Geschichte der Sowjetdeutschen" betitelt) ist der Chefredakteur der deutschsprachigen Zeitung des ZK *Neues Leben*, und Hugo Wormsbecher, der auch den posthumen Brief von Viktor Klein eingeleitet hat, ist Redakteur des literarischen Almanachs *Heimatliche Weiten*. Der Brief von Klein trägt die Überschrift „Meine Meinung über unsere Zeitung", der Beitrag von Hugo Wormsbecher den Titel „Im Anfang

1 → Der Aufsatz erschien erstmals in: Ingeborg Fleischhauer/Hugo H. Jedig (Hrsg.): *Die Deutschen in der UdSSR in Geschichte und Gegenwart. Ein internationaler Beitrag zur deutsch-sowjetischen Verständigung*, Baden-Baden: Nomos 1990, S. 287-301.

2 → Vgl. zur Darstellung der Vergangenheit in den heutigen sowjetdeutschen Medien in diesem Buch: Die Sowjetdeutschen, S. 32-34.

3 *Neues Leben*, Nr. 6, 3.2.1988.

4 *Neues Leben*, Nr. 4, 20.1.1988.

5 *Neues Leben*, Nr. 9, 24.2.1988.
→ Vgl. zu Wormsbecher: Gerol'd Bel'ger: Rossijskie nemeckie pisateli, in: *Deutsche Allgemeine*, Nr. 5, 29.1.1994, S. 6.

war die Tat". Es entsteht der Eindruck, daß alle drei Äußerungen „ex kathedra" erfolgten; schon der Abdruck gerade dieses 1957/58 geschriebenen und nun aus seinem Nachlaß veröffentlichten Briefes von V. Klein deutet darauf hin, daß seine Veröffentlichung den Absichten derer entspricht, die ihn zur Veröffentlichung freigaben.

Ein weiterer Artikel zu diesem Fragenkomplex ist der des prominenten Schriftstellers Herold Belger[6]. Er erschien in einer der letzten Nummern des *Neuen Leben* unter dem vielsagenden Titel „Zeit zum Überlegen und Handeln"[7] und ist in mehrfacher Hinsicht noch expliziter als die vorigen Beiträge.

Dies sind – dies sei nebenbei bemerkt – nicht die ersten Fälle von außergewöhnlich wichtigen Äußerungen bestimmter Redakteure: so schrieb, zum Beispiel, der ehemalige Redakteur des *Neuen Leben* Pšenicyn einen einleitenden Beitrag zu der 1975 veröffentlichten Broschüre *Dell und seine Kinder, aus dem Leben der Sowjetdeutschen*;[8] er trug den Titel „Einiges über die Sowjetdeutschen".(...)[9]

Černyšev ist bis jetzt die wichtigste offizielle Persönlichkeit, die sich zu diesem Problem geäußert hat, und auch die präzedenzlose Ballung von drei so offenen Stellungnahmen in verhältnismäßig kurzer Zeit hat ihre Bedeutung. Hinzu kommt eine vierte Aussage in derselben Nummer des *Neuen Leben*, in dem der Brief von V. Klein veröffentlicht wurde. Der Verfasser ist angeblich ein unbekannter russischer Student aus Moskau mit dem Namen Oleg Krylov und der Titel seines Artikels lautete: „Wenn Du Internationalist bist".[10] Dies ist eine freimütige Antwort auf einen Artikel in zwei Teilen, der in einer Gebietszeitung erschien.[11] Etwa gleichzeitig erschien auch in der Zeitschrift *Freundschaft* der Aufsatz von Rudolf Pflugfelder zu diesem Thema; er trug den Titel „Die Gerechtigkeit wiederherstellen".[12] Diese Äußerung ist insofern von Bedeutung, als Pflugfelder keine Persönlichkeit des politischen oder literarischen Lebens ist, – er ist Spitzensportler (olympische Goldmedaille in Schwerathletik) – und die Äußerung Pflugfelders der russischen Zeitung *Sovetskij sport* entnommen ist. Dieser deutsche Sportler schreibt unter anderem: „Ich möchte die Staatsmacht, die uns so grausam behandelt hat, nicht beschuldigen. Es war wohl solch eine Zeit, vielleicht ging es damals nicht anders. Nur eins kann ich nicht begreifen: Warum wurde bereits nach dem Krieg ... uns Sowjetdeutschen ... erklärt, daß wir alle zu weiteren 20 Jahren verurteilt seien? ... Erst nach dem Tode Stalins wurden wir alle schuldlos Verurteilten rehabilitiert."

In dieser Äußerung sind die wesentlichen Komponenten der neuen Stellungnahmen, allerdings noch ohne Hinweise auf die Zukunft, vorhanden. Die Form ist offen: Man nennt

6 → Vgl. zu Belger: Gerol'd Bel'ger, Rossijskie nemeckie pisateli, in: *Deutsche Allgemeine*, Nr. 2, 8.1.1994, S. 6.
7 *Neues Leben*, Nr. 13, 1988.
8 → S. den ursprünglich an dieser Stelle stehenden Absatz genauer an anderer Stelle in diesem Buch: Probleme der sowjetdeutschen Literatur, S. 90. Die an dieser Stelle gestrichene Anmerkung entspricht dort der Anmerkung 43.
9 Moskau, Vlg. Novosti, 1975, S. 3-14.
10 *Neues Leben*, Nr. 4, 20.1.1988.
11 W. Rudin, Was wissen die Deutschen noch über sich selbst?; ders., Was wissen sie nun von sich selbst?, in: *Kuzbass* (Kemerovo) 5.8.1987 und 13.11.1987.
12 *Freundschaft*, Nr. 29, 10.2.1988.

die Dinge beim Namen und nimmt kein Blatt mehr vor den Mund. Insbesondere fällt die Betonung der ersten Nachkriegsjahre ins Auge. Wichtig ist auch die neue Beurteilung Stalins: Man ist bereit, die Sünden Stalins anzuprangern. Damit ist der vollendete Wechsel der Perspektive vorgegeben: Was unter Stalin möglich war, darf unter der jetzigen Führung ein für allemal anerkannt und auf Dauer korrigiert werden.

Dies sind direkte Hinweise auf Teilbereiche der tragischen Geschichte der Deutschen in der UdSSR, die nun sukzessive in die neueste Debatte einbezogen werden: Es sind dies die Ausweisung und Deportation[13] aus der Autonomen Sozialistischen Sowjetrepublik (ASSR) der Wolgadeutschen und deren Auflösung, das Leben in der Verbannung, die Entfernung aus der kämpfenden Truppe und die Zeit an der sogenannten Arbeitsfront. Im Beitrag Belgers[14] wird der Erlaß vom 26. November 1948, nach dem die Sondersiedler auf ewige Zeit verbannt seien, unseres Wissens zum ersten Mal in einer sowjetischen Veröffentlichung erwähnt. Es versteht sich von selbst, daß die Erwähnung und Behandlung dieser Aspekte der deutschen Vergangenheit in der UdSSR bisher streng tabu waren.

Die Forderungen im Hinblick auf die Gegenwart umfassen muttersprachliche Schulen und Literatur, Schaffung von Geschichtswerken einschließlich einer Literaturgeschichte der Sowjetdeutschen, Mehrung der deutschsprachigen Presse und der Verlage, deutsche Repräsentanz in den Verwaltungsorganen und – als Krönung dieser Forderungen – Wiederherstellung eines territorial-autonomen Gebildes (in dieser wie in anderen Fragen wird betont, daß es sich um „Wiederherstellung“, nicht „Schaffung“ handele). In Leserbriefen findet sich wiederholt die Forderung nach einer eindeutigen und ausdrücklichen Verurteilung der gegen die Deutschen gerichteten Erlasse der Stalinzeit.[15]

Wann begann die „Zeit des großen Schweigens“?

Doch beschränkt sich das den Deutschen angetane Unrecht nicht auf die Ereignisse der Kriegs- und Nachkriegszeit. Ihnen gingen die späten 20er und die 30er Jahre, die für die Deutschen die schweren Zeiten der Kollektivierung[16], die Vernichtung der Intelligenz und die Unterbindung der in den frühen 20er Jahren eingeräumten besonderen Ausformungen

13 → Vgl. zum Thema Deportation Sowjetdeutscher auch die in jüngster Zeit erschienenen Veröffentlichungen: Dittmar Dahlmann: „Operation erfolgreich durchgeführt“. Die Deportation der Wolgadeutschen 1941, in: *Flucht und Vertreibung. Zwischen Aufrechnung und Verdrängung.* Hg. v. Robert Streibl, Wien 1994, S. 201-226; M.F. Bugaj, Deportaciï naselennja z Ukraïny (30-50-ti roki), in: *Ukraïns'kyj istoryčnyj žurnal*, 1990, Nr. 10, S. 32-38, hier v.a. S. 36-37; *Deportacii narodov SSSR 1930-e – 1950-e gody*, Moskva 1992, Nr. 11, S. 20-26, hier v.a. S. 20-22, 25-26.

14 *Neues Leben*, Nr. 13, 23.3.1988.

15 Z.B.: Hier spricht der Leser; Vielfältige Vorschläge, in: *Neues Leben*, Nr. 14, 30.3.1988.

16 → In der Ukraine war die Kollektivierung in den Dörfern der nationalen Minderheiten überdurchschnittlich hoch. Vgl. M.O. Skrypnyk, Perebudovnimi šljachami. Problema kul'turnogo budivnyctva nacional'nostej Ukraïny, in: *Ukraïns'kyj istoryčnyj žurnal*, 1989, Nr. 8, S. 118-124, Nr. 11, S. 99-108; Nr. 12, S. 129-135, hier Nr. 11, S. 103f.

des nationalen Lebens brachten, voraus.[17] Dies waren nicht zuletzt: die autonomen nationalen Gebiete (sie bestanden in der Ukraine bis 1939, in Form der Wolgadeutschen Republik bis 1941), die Schulen mit deutscher Unterrichtssprache (sie existierten in der Ukraine bis 1938 und in der Wolgadeutschen Republik bis 1941) und das deutschsprachige Verlagswesen (von Deutschen der UdSSR verfaßte Bücher erschienen in der Ukraine bis ungefähr 1934 und in der Wolgadeutschen Republik noch etwas später, wenn auch nur sporadisch). Diese nationalen Lebensformen wurden, wie angedeutet, nicht alle gleichzeitig, aber mit einer eindeutig bis zur Vernichtung restriktiven Tendenz unterbunden.[18] Insofern erweist sich die heute in der Sowjetunion gängige Behauptung, nach der die „Periode des großen Schweigens“ erst 1941 begann, zumindest hinsichtlich ihrer deutschen Bevölkerung als unzutreffend, ja irreführend. Der Niedergang des nationalen Lebens vollzog sich für die Deutschen – und nicht diese allein – bereits in der zweiten Hälfte der 30er Jahre. Und mit ihm hob die Periode des Schweigens an. Sie erreichte während des Krieges und der Nachkriegsjahre eine selten für ein Volk in der modernen Welt erreichte Totalität.

Für die Sowjetdeutschen bedeuteten die Nachkriegsjahre in Bezug auf ihre Rechte einen absoluten Nullpunkt. Sie hatten zu schweigen und wurden *totgeschwiegen* (in keiner uns bekannten anderen Sprache existiert ein so treffendes Wort wie dieser plastische Ausdruck).

17 ▲ Ich habe lange versucht, eine genauere Periodisierung zu erreichen und glaube, daß in diesem Zusammenhang das Jahr 1934 besonders schicksalsträchtig war. Man kann auf eine Reihe von Ereignissen hinweisen (nur im Abriß), um zu zeigen, daß dies ein Jahr der Wende war. Zu Beginn des Jahres 1934 fanden drei Tagungen sowjetdeutscher Schriftsteller statt, unter aktiver Teilnahme von zugewanderten Literaten (jeweils eine in Charkow, in Engels und in Moskau). Auf diesen Tagungen wurde u.a. die Rechtschreibereform des Deutschen, die mit den Namen von A. Ström und R. Mickwitz verbunden war, verworfen. Auch die Lehrbücher und Chrestomatien für deutschsprachige Schulen, die Prof. Mickwitz verfaßt hatte und solche, die bei ihm bestellt worden waren, wurden scharf verurteilt. Es galt jetzt, „den proletarischen Internationalismus, die Entlarvung und Bekämpfung des Faschismus durch die Werke antifaschistischer Schriftsteller [zu] sichern“. (A. Weber: *Höher das Banner des leninschen Internationalismus.* Engels: Deutscher Staatsverlag 1934, S. 12); Prof. Mickwitz wird sogar „Apostel des deutschen Faschismus“ tituliert (*Antifaschistischer Kampf. Gedichtssammlung.* Ausgewählt v. A. Rohr. Engels: Deutscher Staatsverlag 1934, S. 6). Die antifaschistische Literatur wird hier ausdrücklich mit der älteren (sogenannten fortschrittlichen) reichs- und sowjetdeutschen Literatur konfrontiert.
Anfang 1934 veröffentlichte kein Geringerer als Prof. A. Dulson: Beiträge zur Schaffung von Programmen für die Deutsche Pädagogische Hochschule zu Engels: Allgemeine Sprachwissenschaft und Germanistik, in: *Revolution und Kultur* 5, 1934, H. 1, S. 54-67. Im Laufe des Jahres wurde dieser Programmentwurf als schädlich abgelehnt. Das Deutsche Pädagogische Institut und ein Teil seiner Mitarbeiter gerieten dadurch in die Schußlinie. Die Germanistik wurde als „Linguistik, die im Dienste der faschistischen Rassentheorie steht“, gewertet. Der Name des betreffenden Lehrstuhls wurde von „Allgemeine Sprachwissenschaft und Germanistik“ in „Sprache und Literatur“ umgewandelt. Die Überwindung der Dialekte und die Meisterung der „sowjetisch-deutschen Literatursprache“ wurden als wichtigstes Ziel des Sprachprogramms in der Schule bezeichnet.

18 → Vgl. zu den nationalen Rayons in diesem Buch die Bestandstafel, S. 43-45; vgl. zu den Schulen: Die Sowjetdeutschen, S. 34-35; Vgl. allgemein zum Buch- und Verlagswesen in diesem Buch v.a. die Beiträge: Probleme der sowjetdeutschen Literatur zwischen den Weltkriegen; Bibliographical vignettes.

Ihre Existenz fand nicht einmal mehr in Nachschlagewerken Erwähnung. In der Volkszählung des Jahres 1955 zum Beispiel gingen sie in vielen Gebieten in der grauen Masse der zu „anderen Nationalitäten" gehörenden Bevölkerung unter. Erst langsam wurden mit dem Einsetzen ihrer Rehabilitierung wieder Zeitungen, Zeitschriften und Bücher in deutscher Sprache veröffentlicht.[19] Diese Entwicklung verlief im wesentlichen positiv, aber ihr Verlauf zeigt doch einen Zickzackkurs, der immer wieder Anlaß zu besorgtem Nachdenken bot. Zu bedenken ist dabei allerdings, daß auch in der Zwischenkriegszeit im Erscheinen der deutschen Druckerzeugnisse und Periodika nicht immer Kontinuität bestand. Schein-Kontinuitäten wiederum waren damals wie heute keine Seltenheit. So wurde schon früher[20] darauf hingewiesen, daß die Anknüpfung (beim Jahreswechsel von 1977 auf 1978) des *Neuen Lebens* an die *Deutsche Zentral-Zeitung* (bei fortlaufender Numerierung) nur die Vorspiegelung einer Kontinuität bedeutete. In Wahrheit hat keine Kontinuität bestanden, wenn das Gegenteil auch in vielen Äußerungen aus Anlaß des sechzigjährigen Jubiläums der *Deutschen Zentral-Zeitung* betont wurde. Die *Deutsche Zentral-Zeitung* wurde bereits im August 1938 in *Deutsche Zeitung* umbenannt und am 13. Juli 1939, d.h. noch vor Abschluß des Molotov-Ribbentrop-Pakts, eingestellt. Die Zeitung *Neues Leben* hat nun – im Gegensatz zu ihren Vorgängerinnen – einen russischen Chefredakteur, zwischen Pšenicyn und Černyšev wurde die Zeitung durch Vladimir Capanov geleitet. Ein derartiger Wechsel ist auch für die 30er Jahre bekannt: Im April 1934 wurde Evgenij Kas'janenko zum Redakteur des *Sturmschritts* ernannt.[21] Ungeachtet verschiedener Eingriffe in ihre Arbeitsweise erfüllen die deutschsprachigen Veröffentlichungen in der UdSSR noch heute „eine Ventilfunktion".[22] So darf sich ein deutscher Leser – wiederum in einem Leserbrief – auch über die sinkende Auflagezahl des deutschsprachigen literarischen Almanachs *Heimatliche Weiten* beschweren.[23] Tatsächlich begann dieser Almanach mit einer Auflage von 10.000 Exemplaren. Nr. 1 (1987), zählte 5.300 Exemplare, aber Nr. 2 (1987), die bisher letzte Ausgabe, zählt schon wieder 6.400 Exemplare. Verbirgt sich hinter diesem Wandel der Auflagenhöhe eine besondere Bedeutung oder entspringt sie Zufälligkeiten? Wir wissen es nicht. Vielleicht ist es nur der endemische Papiermangel. Schließlich gibt es im Land der hohen Auflagen mittlerweile auch deutschsprachige Bücher, deren Auflage bei 1.000 Exemplaren liegt. Aber auch die Zahl der deutschen Abonnenten deutschsprachiger Druckerzeugnisse ist – wie ein anderer Leserbrief beklagt – stark im Sinken begriffen. Vorboten einer absterbenden Schriftkultur?

19 Vgl. Annelore Engel-Braunschmidt und Clemens Heithus, *Bibliographie der sowjetdeutschen Literatur 1960-1985*, Köln 1987.

20 Meir Buchsweiler, *Volksdeutsche in der Ukraine am Vorabend und Beginn des Zweiten Weltkriegs – ein Fall doppelter Loyalität?*, Gerlingen 1984, S. 185.
→ Vgl. hierzu auch in diesem Buch: Probleme der sowjetdeutschen Literatur, S. 83.

21 Peter Hilkes, Die Gerechtigkeit wiederherstellen, in: *Frankfurter Allgemeine Zeitung*, 7.4.1988.

22 Ab *Freundschaft*, Nr. 73, vom 13.4.1988 wird K.W. Ehrlich als Redakteur der Zeitung angegeben.

23 Woldemar Ekkert, Von uns hängt es ab, in: *Neues Leben*, Nr. 13, 23.3.1988.

Die „blasse nationale Färbung“ des deutschsprachigen Schrifttums

Es ist bemerkenswert, wie klar, rückhaltlos und offen Viktor Klein schon vor dreißig Jahren in seinem Brief an die Redaktion der Zeitung die bestehende Situation umriß und wie deutlich er seine wirkliche Überzeugung zum Ausdruck brachte. Klein schrieb: „So wie die Zeitung heute erscheint, könnte sie auch für die Udmurten, die Komi oder Nenzen erscheinen, nur müßte sie in die entsprechende Sprache übersetzt werden.“ Erst viele Jahre später (1985/86) tauchten dann in den deutschsprachigen Zeitungen häufig kritische Formulierungen wie „blasse nationale Färbung“, „Hang zur Harmlosigkeit“, „Wahl belangloser Themen“ usw. auf. „In den meisten Fällen könnten wir die Namen der Helden und Verfasser durch russische ersetzen, und kein Mensch würde an ihrer Echtheit zweifeln. Versuchen Sie mal so etwas in Rassul Gamzatovs *Mein Dagestan* oder in Čingiz Ajtmatovs *Der Tag geht den Jahrhundertweg*. Der Leser wird diesen Betrug sofort merken, weil aus jeder Zeile dieser Werke entweder ein Aware oder ein Kazache spricht.“[24] Oder in der Formulierung von Herold Belger: „Deshalb geben sich auch nicht selten sowjetdeutsche Literatur-Schaffende mit Naturbeschreibung und harmloser Erinnerung an Kindheit und erste Liebe oder mit Variante 101 der Geschichte zufrieden, wie die Bestarbeiterin und Traktoristin Amalia den fortschrittlichen Hirten Karabai liebte und dieser Verbindung eine Menge mäßig brauner, mäßig rotblonder Kinder entsprang.“[25]

Nachdem die ersten mutigen Stimmen auf dieses Defizit an nationaler Färbung hingewiesen haben, wird nun das Spektrum der behandelten Gebiete, der Ausdrucksformen und der Beschreibungen, mit Energie erweitert. Im Almanach *Heimatliche Weiten* (aber auch in der Zeitung *Neues Leben*) wird nun die bildende Kunst, die Volksmusik und Philologie der Deutschen in der UdSSR erörtert. Hier und dort findet sich auch schon einmal eine zaghafte erotische Beschreibung. Ein *Burda*-Ausschnitt wurde im *Neuen Leben*[26] veröffentlicht. In der Februar-Nummer des *Neuen Lebens* wurde ein „Musical“ (wörtlich!) von Robert Weber veröffentlicht.[27] Kurz – es gibt ein wenig Durchzug gegen den sonst eher muffigen Inhalt.

Leserbriefe als Indikator

Es ist auch im deutschsprachigen Schrifttum der Sowjetunion heute möglich und erlaubt, neuralgische Fragen der spezifisch deutschen Vergangenheit zu behandeln und die Fehler der Stalin-Periode zu thematisieren. Dies geschieht auf verschiedenen Ebenen – vereinzelt in wissenschaftlichen und politischen Abhandlungen, häufiger in den Spalten der Literatur und massenhaft in den Leserbriefen. Nur eine präzise statistische Analyse der Leserbriefe

24 Woldemar Herdt, Was ich dazu meine, in: *Freundschaft*, Nr. 68, 6.4.1985.
→ Vgl. hierzu auch in diesem Band: Die Sowjetdeutschen, S. 32.
25 *Neues Leben*, Nr. 13, 23.3.1988.
26 „Burda Moden auf Seiten des ‚Neuen Lebens‘“, in: *Neues Leben*, Nr. 47, 18.11.1987.
27 Robert Weber, Vorhang auf!, in: *Neues Leben*, Nr. 7, 3.2. und Nr. 9, 17.2.-9.3.1988.
→ Vgl. zu Weber: Gerol'd Bel'ger, Rossijskie nemeckie pisateli, in: *Deutsche Allgemeine*, Nr. 4, 22.1.1994, S. 6.

an und in deutschsprachigen Zeitungen würde erweisen, welche Bedeutung ihnen und im besonderen dem Grade ihrer Freimütigkeit zukommt, und damit zeigen, was zur Zeit geschrieben werden darf und welche Briefe zur Veröffentlichung ausgewählt werden. Viele Artikel, deren Autoren zu den besprochenen Fragen Stellung nehmen, werden von einer wahren Flut von Leserbriefen gefolgt, die gelegentlich expliziter sind als der ursprünglich erschienene Artikel.

Spuren der Geschichte in der Literatur

Kaum jemand, der sich mit sowjetischen Theman befaßt, verkennt den politischen Aussagewert literarischer Werke. Politische Ereignisse werden faute de mieux im Medium der Literatur reflektiert. Selbst dieser Umweg garantiert nicht die Veröffentlichung. Ein beträchtlicher Teil der schriftstellerischen Produktion blieb bis heute aufgrund von Zensur oder Selbstzensur in der Schublade. In der jetzt einsetzenden liberalen Atmosphäre kommen viele Werke an die Oberfläche. So ist bekannt geworden, daß eine Erzählung von Viktor Klein mit dem Titel „Der letzte Grabhügel" existiert, die von der Verbannung der Wolgadeutschen handelt.[28]

1987 veröffentlichte die Zeitschrift *Znamja* den Roman von Anatolij Pristavkin „Es übernachtete eine goldene Wolke" aus dem Jahr 1981, der unter anderem die Deportation der Čečenen behandelt.[29] Laut *Novye knigi* wird der Roman im dritten Quartal 1988 in Buchform in einer Auflage von 100.000 Exemplaren veröffentlicht werden.[30] Von besonderem Interesse ist hier die Tatsache, daß die deutschsprachige *Freundschaft* wenig später Auszüge aus diesem Roman in deutscher Übersetzung veröffentlichte und sie mit dem

28 In *Freundschaft*, Nr. 79, 23.4.1988 (Herold Belger, „Soll und Haben; Notizen zur sowjetdeutschen Kritik") wird berichtet, die Erzählung sei in der *Roten Fahne* (Slavgorod) gedruckt worden.
▲ Ein „Auszug (...) aus dem Roman" erschien unter Beifügung der Frage: „ob wir ihn einmal bis zum Ende lesen können" im Rahmen des Beitrages von Reinhold Keil: Literarische Portraits, in: *Heimatbuch der Deutschen aus Rußland*, 1982-84, S. 83-86. Die *Rote Fahne* druckte den „Romanauszug" ab (6. u. 9.1.1988, H. 2 u. 3) sowie „auf mehrzählige Bitten unserer Leser" nochmals (10. u. 14. 12. 1988, H. 98 u. 99). In beiden Fällen war der Auszug von W. Spaar eingeleitet. Er berichtet u.a. wie Viktor Klein diesen Romanauszug auf dem dritten sowjetdeutschen „Schriftstellerseminar" (Krasnojarsk, 16.-17. Juli 1962) vorlas. Vgl. W. Ekkert: Auferstanden aus Ruinen, in: *Freundschaft,* Nr. 245, 23.12. 1990. Der „Romanauszug – Aus dem Nachlaß" erschien gleichfalls in: *Freundschaft,* 29.7. u. 5.8.1989, Nr. 145 u. 150. Laut V. Herdt: So fein es auch gesponnen, in: *Deutsche Allgemeine,* Nr. 3, 18.1.1992, wurde der Roman „in Handschrift nach dem Tod des Verfassers vom NKWD beschlagnahmt". Viktor Klein starb am 4. Oktober 1975. Interessant ist dabei, daß die obigen Versionen unter sich **nicht** identisch sind.

29 Anatolij Pristavkin, Nočevala tučka zolotaja, in: *Znamja,* 1987, Nr. 3, S. 3-75 und Nr. 4, S. 25-79.

30 ▲ Pristavkins Roman erschien in russischer Sprache sogar in zwei Verlagen: Anatolij Pristavkin, *Nočevala tučka zolotaja.* Moskva: Sovetskij pisatel' 1988. 432 S. Auflage: 200.00 Exemplare. Dass.: Moskva: Knižnaja palata 1988. 238 S. Auflage: 100.000 Exemplare. Auf Deutsch erschien der Roman unter dem Titel: Anatoli Pristavkin: *Über Nacht eine goldene Wolke.* Hamburg: Albrecht Knaus 1988; Anatoli Pristawkin: *Schlief ein goldenes Wölkchen.* Berlin: Volk und Welt 1992. 384 S.; 1994 erschien der Roman unter demselben Titel auch beim Fischer-Verlag.

vielsagenden Titel „Sich erinnern, um nie zu vergessen" kommentiert.[31] Die gedankliche Verbindung zur Deportation der Wolgadeutschen ist offenkundig. Etwas ähnliches geschah schon vor 25 Jahren einmal. Der Roman von Konstantin Simonov „Man wird nicht als Soldat geboren" erschien damals ebenfalls in der Zeitschrift *Znamja.* Bald darauf wurden kurze Auszüge in deutscher Übersetzung im *Neuen Leben* veröffentlicht.[32] Es war die Geschichte des sowjetischen Frontaufklärers deutscher Nationalität, Hofmann, der in Umgehung der Kriegsvorschrift, Soldaten deutscher Nationalität aus der Frontlinie zu entfernen, weiter bei seiner Einheit diente. Dies war die erste und zugleich prononcierte Aufwertung des deutschen Verhaltens im Kriege, die erste literarische Beschreibung der Teilnahme von Deutschen als Soldaten im Kampf. In einem literarischen Werk wurde hier zum ersten Mal die Anweisung erwähnt, Soldaten deutscher Nationalität aus den kämpfenden Truppenteilen der Roten Armee abzuziehen, – ein weiteres der lange Zeit tabuisierten Themen.

In der Zeitschrift *Freundschaft* fiel es allem Anschein nach einem Nicht-Deutschen zu, den entscheidenden Prozeß dieser Monate zu bejahen: Der Artikel „'Weiße Flecken' in der Literatur schwinden" war mit Gavriil Petrossjan[33] gezeichnet und war offenbar ins Deutsche übersetzt worden. Die Redakteure scheinen einige Schwierigkeiten zu haben, der geeigneten Person die geeignete Auffassung in den Mund zu legen. Wie scharf dieser Auswahlprozeß noch vor wenigen Jahren war, veranschaulicht ein programmatischer Hinweis des damaligen Chefredakteurs des *Neuen Lebens, Vladimir Capanov,* auf dem Seminar der sowjetdeutschen Schriftsteller in Moskau 1984, das unter dem Titel stand, „Aktiver den neuen Menschen formen".[34] Capanov betonte: „Deshalb werden wir im *Neuen Leben* und im Almanach mit aller Entschiedenheit solchen Werken den Weg verbauen, in denen gescheiterte Existenzen, Mißlichkeiten des Lebens und haltlose nörgelnde Helden im Vordergrund stehen, in denen egozentrische Wehwehchen eines Intelligenzlerbewußtseins zutage treten."

Die Defizite der Geschichtsschreibung

Wie im Bereich der Literatur, so verringern sich gegenwärtig auch in Publizistik und Geschichtsschreibung die „Weißen Flecken". Die tabuisierten deutschen Themen werden nun behandelt. Aus westlicher Sicht wird dabei deutlich, daß wirkliche Informationen über diese Problembereiche und die sie umfassenden Zeitspannen heute in der UdSSR nur noch sehr begrenzt und unter den Deutschen der UdSSR kaum noch vorhanden sind. Wenigstens dieses Defizit wird aber nun zum Thema. So fordert zum Beispiel der russische Chefredakteur Černyšev, daß seine deutschen Landsleute die geschichtswissenschaftliche Aufarbeitung ihrer Probleme in Angriff nehmen dürfen. Dasselbe gilt für literaturgeschicht-

31 Ernst Norden, in: *Freundschaft*, Nr. 95, 16.5.1987.

32 *Neues Leben*, Nr. 11-13, 13.-27.3.1964.

▲ Auch in diesem Fall kam es in der letzten Zeit zu einer Veröffentlichung. Auf Russisch in: *Neues Leben*, Nr. 39, 19.9.1990; auf Deutsch in: *Heimatliche Weiten*, 1989, H. 2.

33 *Freundschaft*, Nr. 144, 25.7.1987.

34 *Neues Leben*, Nr. 27, 4.7.1987.

liche Fragen. Es sind Leserbriefe mit Titeln wie „Stiefkind der Geschichte“[35] oder „Was können wir denn von uns wissen?“[36] veröffentlicht worden. Hugo Wormsbecher hat sich an alle Leser des *Neuen Lebens* mit der Aufforderung gewandt, die „ ... Erinnerungen niederzuschreiben ..., aufrichtig und wahrheitsgetreu, ohne Verschweigen der Schwierigkeiten, die ... unsere ältere Generation durchmachen mußte. Heute ist das nicht nur erlaubt, sondern wird gerade gefordert.“[37] Es soll heute – wie Černyšev schreibt – möglich werden, „die Fehler der Vergangenheit (zu) studieren, um die Gegenwart und Zukunft richtig zu gestalten.“[38] Doch bei den ersten Versuchen dieser Aufarbeitung der Vergangenheit erweist sich schnell, daß viel Material schlicht nicht mehr vorhanden ist, sich ein großer Teil des erhaltenen Materials in den dem Forscher verschlossenen Abteilungen der Archive befindet und ihm auch nicht alles, was in Bibliotheken vorhanden ist, zur Verfügung steht. Aus diesem Grunde wird die Forderung erwogen, ein wissenschaftliches Institut zur Erforschung der Geschichte der Deutschen in der UdSSR zu gründen. In der Frage, wo ein solches Forschungsinstitut entstehen sollte, herrscht keine Einigkeit. Einige Stimmen haben sich für Kazachstan ausgesprochen, wo die meisten Deutschen der UdSSR leben, während andere für Moskau plädieren, da hier das Zentrum des Landes und der Forschung ist. Publikationen des Instituts sollen nicht nur in deutscher Sprache, sondern auch in russischer und weiteren Sprachen der Union erscheinen. Die Erkenntnis der Lebenswichtigkeit solcher Veröffentlichungen in *verschiedenen* Sprachen ist heute Gemeingut, – nur unter dieser Voraussetzung kann das Ansehen der Deutschen in der sowjetischen Gesellschaft wirkungsvoll und dauerhaft gehoben werden. Dies gilt nicht nur für die Domäne der Geschichte, sondern auch für die der Literatur. Beträchtlich hat schon bisher der polyglotte Schriftsteller Herold Belger auf seinem Gebiet zur Hebung ihres Ansehens beigetragen.

Denn während jahrelang in vereinzelten und zufällig in die Presse gedrungenen Beiträgen, etwa zu Feier- und Geburtstagen verschiedener Persönlichkeiten – vielfach solcher, die der „repressierten“ Intelligenz angehört hatten – das eine oder andere historische Ereignis anklang, werden jetzt die ersten Anfänge (und wirklich noch nicht mehr) von zusammenhängenden geschichtlichen Beschreibungen veröffentlicht; es sei hier etwa an das Büchlein von Peter Hermann und Joseph Großnitz, *Mariental-Sowjetskoje*, erinnert.[39] Darüber hinaus wird jetzt in literarischen Werken und publizistischen Veröffentlichungen explizit und ohne Umschweife von den Opfern der Säuberungen berichtet. Ja, es dürfen die beim Namen genannt werden, die bisher als „Unpersonen“ galten; in der veränderten Lage halten sie offiziell Einzug in die Geschichte: Bucharin und Rykow wurden rehabilitiert (Februar 1988), und es wurde festgestellt, daß es nie einen „antisowjetischen rechts-trotzkistischen Block“ gegeben habe. Die Deutschen der UdSSR greifen diese allgemeinen Veränderungen auf. In einem dafür charakteristischen Leserbrief in der *Freundschaft* unter dem Titel

35 Johann Kronewald, in: *Neues Leben*, Nr. 49, 2.12.1987.
36 Heinrich Grout, in: *Neues Leben*, Nr. 5, 27.1.1988.
37 *Neues Leben*, Nr. 9, 24.2.1988.
38 *Neues Leben*, Nr. 6, 3.2.1988.
39 Peter Hermann/Joseph Großnitz, *Mariental-Sowjetskoje; Seiten aus Geschichte*, Alma-Ata 1987.

„Durch Gerechtigkeit erobert“[40] heißt es: „Warum hat diese Nachricht aus den zentralen Zeitungen mich so aufgewühlt? Weil damit auch mein Vater, meine Mutter, zwei meiner Brüder posthum der Schuld entladen wurden?“

So offen war zuvor nur um das Jahr 1965 geschrieben worden, danach wurden bestenfalls verschleierte Andeutungen gemacht. Als Beispiel dafür sei nur an einen Artikel zum Gedenken an Franz Bach erinnert, der noch 1985 im *Neuen Leben* erschien.[41] Franz Bach war einst einer der wichtigsten wolgadeutschen Schriftsteller; er wurde zu Beginn der 30er Jahre scharf von der jüngeren Generation angegriffen, doch wurde er 1934 auf dem ersten Allunionskongreß sowjetischer Schriftsteller in den Vorstand des neugegründeten Schriftstellerverbands gewählt. Im Verlag *Kazachstan* erschien 1983 ein Büchlein mit einer Auswahl aus seinem Werk.[42] In kleinen Buchstaben steht am Ende des Artikels zum Andenken an Bach aus dem Jahre 1985: „Gekürzt aus *Neues Leben*, Nr. 35, 1965“. Der Vergleich der Artikel von 1965 und 1985 zeigt, daß der frühere Artikel weit deutlicher war. In der Veröffentlichung von 1965 steht: „Umso trauriger ist es, daß ein solcher makelloser Kämpfer für unsere gemeinsame Sache auf tragische Weise ums Leben kam. Auf Grund einer verleumderischen, provokatorischen Beschuldigung wurde Franz Bach im Jahre 1937 verhaftet. Er ist nach dem XX. Parteitag der KPdSU postum vollständig rehabilitiert und als Mitglied der KPdSU und des Verbandes der Sowjetschriftsteller wiederhergestellt worden.“ Die Fassung von 1985 verschweigt diesen Abschnitt seines Lebens. In einem Artikel von 1970 hieß es: „Allzu früh – in seinen besten Jahren – kam der revolutionäre Kämpfer und Dichter tragisch ums Leben.“[43]

Nicht anders erging es einem anderen bedeutenden deutschen Schriftsteller der Zwischenkriegsperiode, dem Mennoniten Gerhard Sawatzky. Sein großer Roman, mit dem Titel „Wir selbst“, den Woldemar Ekkert als „das bedeutendste Werk der sowjetdeutschen Vorkriegsliteratur“[44] bezeichnet und mit dem Roman *Der stille Don* von Šolochov verglichen hat, war „schon gesetzt, als im November 1938 der Autor aufgrund von Verleumdungen verhaftet und abgeurteilt wurde.(...)[45]

Im Zuge dieser partiellen Anerkennung von Werk und Autor wurden seit dem Jahre 1963 verschiedentlich *kurze* Auszüge veröffentlicht, die allerdings nie mehr als 4 % des vollen Umfangs ausmachten. Weder in den einleitenden Worten zu diesen seit 1965

40 Artur Hörmann, in: *Freundschaft*, Nr. 42, 1.3.1988.

41 Katherine Bach/Sepp Österreicher u.a., Franz Bach, Soldat der Revolution; zu seinem 100. Geburtstag, in: *Neues Leben*, Nr. 35, 28.8.1985.
→ Vgl. zu Bach: Gerol'd Bel'ger, Rossijskie nemeckie pisateli, in: *Deutsche Allgemeine*, Nr. 2, 8.1.1994, S. 6.

42 *Franz Bach*, Einleitung und Auswahl von David Wagner, Alma-Ata 1983.

43 Katherina Bach und Reinhold Keil, Unser Zeitgenosse (Zum 85. Geburtstag von Franz Bach), in: *Neues Leben*, Nr. 42, 14.10.1970.

44 Woldemar Ekkert, Zum Geleit, in: *Heimatliche Weiten*, 1984, Nr. 1, S. 5-6.
→ Vgl. zu Ekkert: Gerol'd Bel'ger, Rossijskie nemeckie pisateli, in: *Deutsche Allgemeine*, Nr. 1, 1.1.1994, S. 6.

45 → Um eine Wiederholung zu vermeiden, wurde an dieser Stelle eine Kürzung vorgenommen. Vgl. die hier gestrichenen Zitate sowie weitere Angaben zu Sawatzkys Roman an anderer Stelle in diesem Buch: Die Sowjetdeutschen, S. 33-34. Die hier fehlenden Anmerkungen entsprechen dort den Anmerkungen 37, 38 und 46.

gedruckten Auszügen, noch in der *Anthologie der sowjetdeutschen Literatur*[46] finden sich Hinweise auf die Verurteilung des Schriftstellers. In dem Almanach *Heimatliche Weiten* (Heft 1, 1984 ff.) wurde erstmals der ganze Roman mit seinen zwei Teilen veröffentlicht. Der Schluß soll – laut Ankündigung – in Heft 1, 1988 folgen[47]: Ein stattliches Werk von insgesamt 900 Seiten. Es erhebt sich die Frage, ob alle diese 900 Seiten im Jahre 1938 gesetzt waren, als (nach unseren Untersuchungen, die auf dem Ergänzungsband der *Deutschen Nationalbibliographie* fußen, der Schriften enthält, die 1933 bis 1945 nicht angezeigt werden durften – kein einziges Werk eines Deutschen in der UdSSR hatte in diesen Jahren einen Umfang von mehr als 111 Seiten) alle, von zwei Ausnahmen abgesehen, unter 80 Seiten blieben und etwa ein Viertel nicht einmal 30 Seiten erreichten.

Ein anderer bemerkenswerter Fall ist der von Emmanuel Quiring, in der ersten Hälfte der 20er Jahre Sekretär der Kommunistischen Partei der Ukraine. Er wird heute frei erwähnt, auch sein Tod in den großen Säuberungen.[48]

Ferner erscheinen Erzählungen, die über Verhaftungen und „Repressalien" berichten. Auch Leserbriefe greifen die Frage auf, so ein Brief unter der Überschrift: „Ehrliche Namen freisprechen".[49] Die Verfasserin schreibt: „Und ich dachte daran, wieviele Sowjetdeutsche sind in jenen schrecklichen Jahren ... vernichtet worden?"

Eine besondere Gurppe von „Vernichteten", über deren Schicksal jetzt auch in den deutschen Zeitungen der Sowjetunion geschrieben wird, sind die Spanienkämpfer. So schrieb die *Freundschaft* kürzlich über „Kommandeur Russo",[50] den Generalmajor der Luftstreitkräfte und Held der Sowjetunion, Ernst Schacht, einen gebürtigen Schweizer, „General Douglas" (einen zweifachen Helden der Sowjetunion und Militär jüdischer Herkunft, mit dem wirklichen Namen Jakov Smuskevič) und „General Kleber"[51] (Lazar' Stern). Die beiden ersten wurden noch vor dem deutschen Einmarsch 1941 hingerichtet.

All diese Beispiele zeigen, daß der Prozeß der Aufarbeitung der jüngsten Geschichte eingesetzt hat. Bei genauer Betrachtung stehen wir an dem Punkt, wo die Fragen gerade gestellt, aber noch nicht beantwortet werden.

Die vorrevolutionäre Zeit

Dies betrifft in erster Linie der vorrevolutionäre Geschichte und Literatur. Wir beobachten eine Aufwertung dieses Zeitraums. In den *Heimatlichen Weiten*[52] veröffentlicht Woldemar Ekkert erste Untersuchungen. Im Westen erschien der auch für die sowjetischen Kollegen nützliche Artikel von Annelore Engel „Kaiser, Pfaffe und Kulak".[53] Die Bedeutung der

46 Bd. 1, Alma-Ata, 1981, S. 228.
47 ▲ Wie erwartet erschien der Schluß des Romans in: *Heimatliche Weiten*, 1988, Nr. 1, S. 5-96.
48 Z.B. Tatjana Braun, Kommunisten, in: *Freundschaft*, Nr. 241, 16.12.1987.
49 Maria Ritter, in: *Freundschaft*, Nr. 20, 29.1.1988.
50 Viktor Dolgišev, Kommandeur Russo, in: *Freundschaft*, Nr. 181, 17.9.1987.
51 Lev Zaslavski, Wer war er, General Kleber?, in: *Freundschaft*, Nr. 152, 6.8.1987.
52 Woldemar Ekkert, Bis zum Oktober, in: *Heimatliche Weiten*, 1986, S. 238-277, ders., Im Dienst der Heimat; die baltendeutsche Literatur, in: *Heimatliche Weiten*, 1986, Nr. 1, S. 254-280.
53 Zur sogenannten Pfaffen- und Kulakenliteratur der Rußlanddeutschen, in: *Kirche im Osten*, 29, 1986, Nr. 1, S. 254-280.

deutsch-baltischen Literatur für die Entwicklung der deutschen Siedler und kleinbürgerlichen Intelligenz im zaristischen und sowjetischen Rußland wird unerwartet zu einem Thema.[54] Neudrucke und Auszüge vorrevolutionärer Literatur können seit kurzer Zeit im *Neuen Leben* unter der Überschrift „Aus unserem geistigen Erbe" erscheinen, so im November 1987 „Das Lied des Küsters Deis" von David Kufeld.[55] In der Bundesrepublik Deutschland betonte R. Keil, der Nachdruck sei unvollständig.[56] Tatsächlich hob der Begleittext hervor: „Wir drucken das Poem in gekürzter Fassung ab." Ein Textvergleich zeigt, daß sogar Eingriffe in den Text erfolgt sind. So wurde das Wort „Kirgizen" an einigen Stellen durch „Barbaren" ersetzt. Derartige Änderungen sind auch aus der jiddischen Literatur der Sowjetunion bekannt. Den Beweis liefern Werke, die im Manuskript in den Westen gelangt sind: In anderen Fällen enthalten unterschiedliche Ausgaben Textdivergenzen.

Die Kriegsjahre und ihre Schrecken: Verbannung und Arbeitsarmee

Eine ausgewogene Stellungnahme zu der für die Deutschen der UdSSR furchtbarsten Zeit ist noch immer ebenso schwierig wie eine wahrheitsgetreue Schilderung ihrer Leidenswege. Immerhin werden die Dinge heute beim Namen genannt. Man spricht von der Zwangsaussiedlung und schreibt über „ungerechte Entscheidungen, die während des Krieges und in den Nachkriegsjahren, also zur Zeit des Personenkults um Stalin getroffen wurden" (Černyšev)[57]. Diese Ereignisse werden in einem vergleichweise realistischen Licht gesehen.

Auch die sogenannte Arbeitsfront und ihre „schweren, fast unzumutbaren Arbeitsbedingungen" (Černyšev)[58] sind zu einem ernsten Thema geworden. Dabei wird insbesondere der Beitrag der an der innersowjetischen „Arbeitsfront" eingesetzten Deutschen zum Erringen des Sieges über den Feind betont.

54 Woldemar Ekkert, in: *Heimatliche Weiten*, 1986, Nr. 1, S. 254-280.

55 *Neues Leben*, Nr. 28, 8.7.1987.

56 Reinhold Keil, Der neue Küster Deis, in: *Volk auf dem Weg*, 1988, Nr. 1, S. 6.
→ Eingeleitet und vollständig neu abgedruckt in: *Siedlernot und Dorfidyll. Kanonische Texte der Rußlanddeutschen.* Hrsg. von Annelore Engel-Braunschmidt, Berlin: Westkreuz 1993, S. 48-64.

57 *Neues Leben*, Nr. 6, 3.2.1988; sowie darüber: Autonomie für Sowjetdeutsche? Anregungen aus dem Verlagshaus „Pravda" (Das Unrecht von 1941), in: *Frankfurter Allgemeine Zeitung*, 4.2.1988.
→ Vgl. hierzu auch die jüngeren Veröffentlichungen: M.V. Koval', P.V. Medvedok, Fol'ksdojče v Ukraïni (1941-1944rr.), in: *Ukraïns'kyj istoryčnyj žurnal*, 1992, Nr. 5, S. 15-28; J. Neufeld: Erinnerungen und Erlebnisse aus den schweren Jahren 1936-1943 in Sowjetrußland, *Der Bote* 67, 1990, Nr. 18, S. 9, S. 12; Nr. 19, S. 8; Nr. 20, S. 9; Nr. 21, S. 7, S. 9; Nr. 22, S. 3; Nr. 23, S. 9. [Repressalien gegen Mennoniten]; A. Ditc: Osobaja linija. Ot repressij po priznaku krovi k genocidu, *Sovetskie nemcy: istorija i sovremennost'*, Moskva 1990, S. 168-184 [v.a. über die „Säuberung" in den 1930en Jahren im Deutschen Rayon Altaj]; A. Kičichin: Sovetskie nemcy. Chronika repressii, *Neues Leben*, Nr. 36, 29.8.1990ff.; L.P. Belkovec: Der Beginn des Massenterrors. Die Getreiderequirierung von 1934 im westsibirischen Deutschen Rayon, in: Forschungen zur Geschichte und Kultur der Rußlanddeutschen, 4, 1994, S. 117-128.

58 *Neues Leben*, Nr. 6, 3.2.1988; sowie darüber: Autonomie für Sowjetdeutsche? Anregungen aus dem Verlagshaus „Pravda" (Das Unrecht von 1941), in: *Frankfurter Allgemeine Zeitung*, 4.2.1988.

Auch das Thema der gespaltenen Familien und ihrer verschollenen Mitglieder kommt ebenso zum Tragen wie das damit verbundene zutiefst emotionale Motiv des Sich-Wiederfindens.

Allerdings erweist sich die Hoffnung auf Kontinuität auch in diesem Bereich als verfrüht. So wurde vor dem Erscheinen des dreibändigen Werkes *Bis zum letzten Atemzug* (1968–1975)[59] und einigen weiteren Veröffentlichungen zum vierzigsten Jahrestag des Sieges über das nationalsozialistische Deutschland ein Buch angekündigt, das die Teilnahme der Deutschen der UdSSR am Kampf wiedergeben sollte. Die Ankündigungen ließen ein großes, gründlich bearbeitetes Werk erwarten. Was erschien, war eine Broschüre von 140 Seiten in der ungewöhnlich geringen Auflagezahl von 1900 Exemplaren.[60] Die meisten der in ihr gedruckten Beiträge waren schon früher veröffentlicht worden – drei von sieben in *Bis zum letzten Atemzug*.

Deutsche an der Front und im Untergrund

Deutsche, die aufgrund ihrer Leistung im Krieg als „Held der Sowjetunion" ausgezeichnet wurden, fanden lange Zeit überhaupt keine Erwähnung. Auch sie gingen in der namenlosen Kategorie der Volkszählung von „anderen" unter. Sie traten auch dann noch nicht als Deutsche in Erscheinung, als die Gesamtzahl der Helden im Laufe der 60er und 70er Jahre zunahm (1967: 11.525, 1970: 11.603 und 1984:[61] 11.633). Nach neuesten Berechnungen befanden sich unter ihnen maximal 21, minimal 12 in Rußland geborene Deutsche. Im Jahre 1941 erhielten vier von ihnen ihre Auszeichnungen noch vor dem deutschen Einmarsch 1941, dreizehn für ihre Leistungen in der Zeit von 1941 bis 1945, fünf für besondere, nach 1945 erworbene Verdienste und zwei waren Spione (Richard Sorge, dessen Mutter allerdings Russin war, und Rudolf Abel). Nicht allein den Deutschen der UdSSR wird bisher die Namensliste ihrer „Helden" vorenthalten. Auch andere nationale Minderheiten, unter ihnen die Juden,[62] versuchen seit Jahren, ihren Anteil an dieser Ehrengalerie auszumachen.

Dasselbe gilt für Helden des Untergrunds. 1985 veröffentlichte das *Neue Leben* einen Auszug aus einem Buch, das 1965 auf Russisch erschien: V. Michajlov, *Erzählung über einen Čekisten.*[63] Held des Buches ist Nikolaj Heft, der während des Krieges hinter der Front in Odessa für die Rote Armee arbeitete. Ein Geschichtswerk, in dem mindestens fünf deutsche Untergrundkämpfer in die vaterländische Geschichte integriert werden, ist das zweibändige *Geroi podpolja*[64] (Die Helden des Untergrunds), auf das im Westen als erste Ingeborg

59 Alma-Ata, 1968-1975.

60 Der Weg zum Sieg, Alma-Ata 1985.

61 Vgl. Geroi Sovetskogo Sojuza, Moskau 1984.

62 Dmitrij Zilmanovič, Mir farpinktlechen das cetl fun di Helden, in: *Sovetiš Hejmland*, 1986, Nr. 5, S. 17-32.

63 V. Michailov, Povest' o čekiste, Moskva 1965. (Die deutsche Übersetzung: Kämpfen an der unsichtbaren Front, in: *Neues Leben*, Nr. 35, 28.8.1965).

64 Bd. 1, Moskva 1965 (2. Auflage 1966, 3. 1970, 4. 1972 ...), Bd. 2, Moskau, 1966 (2. Auflage 1970, 3. 1972).

Fleischhauer in ihrem Buch *Das Dritte Reich und die Deutschen in der Sowjetunion*[65] aufmerksam machte. Die erste Auflage auch dieses Buches erschien im Jahre 1965 – ein neuer Beweis für den liberalen Charakter dieses Jahres.

Die Fragen der Zukunft

Mit der Hebung des vaterländischen Ansehens und einer wirklichen, historischen Rehabilitierung der Deutschen werden sie ihre Augen unumwunden auf die Zukunft richten. Schon jetzt wird unmißverständlich von territorialer Autonomie gesprochen – allerdings bisher überwiegend als dem einzigen Mittel zu einer effektiven Garantierung der Kulturautonomie. Černyšev gibt mit den folgenden Worten die Argumente eines Gesprächspartners wieder: „Die Autonomie in irgendeiner Form (ist) erforderlich. Sie ist nötig, um die Muttersprache und das kulturelle Leben früherer Generationen zu bewahren ... Durch die Autonomie würden ja die Deutschen eine pädagogische Hochschule und andere Lehreinrichtungen erhalten, von Schulen mit muttersprachlichem Unterricht in verschiedenen Fächern ganz zu schweigen. Und das ist das Mindeste. Es würde Einrichtungen geben, die sich mit vielen Fragen befassen, für die sich heute eigentlich niemand verantwortlich fühlt. Ja, und überhaupt würden die über das ganze Land verstreuten Deutschen durch den Gedanken geeint werden, daß es in der riesigen Sowjetunion einen Landstrich, eine engere Heimat gibt, wo in der Muttersprache gedacht und gesprochen wird und wo nationale Institutionen bestehen."[66]

Es wird die Forderung erhoben, daß die Deutschen in den Genuß derselben Rechte kommen, wie die Čečenen und Ingušen, deren autonome Gebiete 1957 wiederhergestellt wurden. Daran ändert auch die von Černyšev betonte Erhöhung der „Zahl der Bürger deutscher Nationalität unter den Deputierten der Sowjets aller Ebenen, einschließlich des Obersten Sowjets der UdSSR",[67] nichts.

Viktor Klein scheint die Autonomieforderung als einer der ersten schriftlich erhoben zu haben; er schrieb: „Die Sowjetdeutschen ... möchten ebenfalls, wie viele andere (noch bedeutend kleinere) Völker unserer Heimat, ihre autonome Republik (oder ein autonomes Gebiet), ihre Schulen haben, in denen ihre Kinder in ihrer Muttersprache unterrichtet würden, ihre Klubs, Volkshäuser, Theater und Pressewesen besitzt. Ist das zuviel verlangt? Ich glaube nicht."[68] Das schrieb Klein vor mehr als dreißig Jahren.

Im März 1988 richtete Herold Belger in klassischer Periphrase die Forderung an seine Landsleute: „Der Worte sind genug gewechselt, laßt uns endlich Taten sehen."[69] Werden die Deutschen der UdSSR vom Wort zur Tat übergehen?

65 Stuttgart, 1983, S. 133.
66 *Neues Leben*, Nr. 6, 3.2.1988, sowie darüber: Autonomie für Sowjetdeutsche? Anregungen aus dem Verlagshaus „Pravda" (Das Unrecht von 1941), in: *Frankfurter Allgemeine Zeitung*, 4.2.1988.
67 Ebd.
68 *Neues Leben*, Nr. 4, 20.1.1988.
69 *Neues Leben*, Nr. 13, 23.3.1988.

Das Autonomieproblem. Geschichte und Gegenwart[1]

Sie haben das gute Recht zu fragen, wieso Ihnen hier ein Gericht aus der Rumpelkammer der Begriffe aufgewärmt und aufgetischt wird. Der Grund hierfür liegt darin, daß in der letzten Zeit die Möglichkeit der kulturell-personalen Autonomie in den Diskussionen über die Probleme der Deutschen in der ehemaligen Sowjetunion aufgetaucht ist, und sozusagen eine Seelenwanderung dieser Idee stattgefunden hat. Zwei aktuelle Beispiele seien genannt. Das erste ist ein Erlaß des Präsidenten der Republik Kyrgyzstan vom 29. Januar 1992 „Über die Bildung deutscher nationaler Kulturbezirke".[2] Das andere ist ein in der *Izvestija* veröffentlichter Bericht über die Reise des Journalisten Sergej Guk nach Saratov, in dem Interviews mit heutigen Bewohnern des Wolgagebiets wiedergegeben werden. Die Befragten bezweifeln die Notwendigkeit einer Staatlichkeit für die Deutschen.

> „Bitte sehr, dann errichtet doch eure kulturelle Autonomie wieder, bildet nationale Kader heran, gebt Lehrbücher und Bücher heraus und niemand wird dagegen sein. Aber eine Staatlichkeit ist dafür absolut nicht notwendig."[3]

Dieses Konzept steht also mit einem Fuß in der Periode, die das Thema unserer Tagung bildet und mit dem anderen in der unmittelbaren Gegenwart. Es hat daher durchaus Sinn, zu versuchen, die Hintergründe dieser Idee zu beleuchten, sie zu analysieren und ihre Entwicklung samt den mit ihr verbundenen Kontroversen zu beschreiben. Der jüdische Aspekt in dem Meinungsaustausch um diese Gedanken ist ein wesentlicher Gesichtspunkt. Es ist daher kein Zufall, daß gerade ich dieses Thema übernommen habe. In meinem wissenschaftlichen Werdegang ist der Fragenkomplex der sozialistischen und kommunistischen Einstellung zur Judenfrage immer ein maßgeblicher Baustein gewesen. Die gründliche Behandlung der jüdischen Standpunkte in der Autonomiefrage rührt allerdings nicht davon her, sondern geht aus der Sache hervor. Die Juden wären als Musterfall darzustellen, da sie die Probleme am besten illustrieren.

Die Losung und die Lösung der nationalen, kulturellen und personalen Autonomie entstanden in einem der Vielvölkerstaaten des Zeitalters vor 1917, in Österreich-Ungarn. Der Weltkrieg brachte den Zerfall dieses Staates mit sich. Die Sozialdemokratie im Habsburgischen Reich glaubte zu jener Zeit, daß ihre Lösung ein Weg sei, einen solchen Zerfall zu vermeiden und die Einheit der Donaumonarchie als Grundstock einer kommenden sozialistischen Ordnung zu sichern. Heute, ein dreiviertel Jahrhundert später, nach dem Zusammenbruch des Kommunismus, ist das Problem aufs neue hochaktuell. Man sehe nur Jugoslawien (damals sprach man über die Südslawen), die ehemalige UdSSR und

1 → Der Aufsatz erschien erstmals in: Dittmar Dahlmann/Ralph Tuchtenhagen (Hg.), Zwischen Reform und Revolution. Die Deutschen an der Wolga 1860-1917, Essen 1994, S. 147-159.

2 *Informationsdienst „Deutsche in der ehemaligen Sowjetunion"*, Institut für Deutschland- und Osteuropaforschung. Göttinger Arbeitskreis e.V. (Hg.), 1992, Nr. 8 (Mai), S. 20f. und Nr. 9 (Juli), S. 15f.

3 Zitiert nach *Vostok*, 1992, Nr. 3 (Juni/Juli), S. 44f.

die Tschechoslowakei an, Regionen, die zu jener Zeit teilweise zu Österreich-Ungarn gehört haben. Die Geschichte scheint sich zu wiederholen, wenn auch in anderer Form. Und wenn wir heute (ich schreibe diese Zeilen Anfang August 1992) die serbischen Vorschläge über die Kantonisierung Bosniens und der Herzegowina lesen, so wird dieser Eindruck noch verstärkt.

Wir bekommen in der Gegenwart eine Reihe jener Möglichkeiten vorgeführt, territoriale sowie exteritoriale. Ich stimme mit dem bedeutenden, vor kurzem verstorbenen Politikwissenschaftler Elie Kedourie überein, der über das Ottomanische Reich schreibt:

> „In der Tat ist die kulturelle, sprachliche und religiöse Autonomie für die verschiedenen Gruppen eines heterogenen Staates nur dann durchführbar, wenn sie nicht auf der nationalistischen Lehre beruht oder durch sie gerechtfertigt wird. [...] Eine solche Autonomie konnte nationale Ambitionen nicht befriedigen und schien zur selben Zeit, so begrenzt sie auch war, dem herrschenden *establishment* als gefährlich und störend für das Imperium.“[4]

Ich möchte der Versuchung widerstehen, die Möglichkeiten der Autonomie von der unsympathischen Wirklichkeit her von vornherein zu verneinen und werde die Überlegungen ihrer Denker im folgenden kommentieren.

Die Idee autonomer Gebilde innerhalb eines Staates ist nicht neu. Musterbeispiele seit dem Mittelalter sind die Gilden der Berufsgenossen, Kirchengemeinden verschiedener Art und die Deutschen im Südosten Europas. Die Selbstverwaltung und Autonomie der Rechtsprechung der jüdischen Gemeinden war gleichfalls hoch entwickelt. Ebenso gründete sich die Freiheit der Städte auf Autonomie.

Es ist zwischen zwei Prinzipien zu unterscheiden – der *territorialen* Autonomie, d.h. derjenigen, die einer auf einem bestimmten, geschlossenen Gebiet konzentrierten Gruppe verliehen wird, und der *personalen*, exterritorialen, welche die zersplitterten Teile einer Gruppe als Einzelne zusammenfassen möchte, sei es als Ableger eines territorialen Kerns oder ohne ihn. Selbst wenn ein solcher Kern besteht, bedeutet die territoriale Autonomie den Verzicht auf die außerhalb lebenden Splitter der Gruppe, abgesehen von den Ausstrahlungen, die der Kern auf sie erzeugt.

Autonomie wird als höhere Stufe als die Gleichheit der bürgerlichen Rechte des Einzelnen angesehen und soll die Reibungen zwischen verschiedenen ethnischen Gruppen verhindern oder wenigstens mildern. Die Autonomie betrifft in erster Linie kulturelle Bereiche, die nationale Attribute haben, wie Sprachgebrauch, Presse, Schule und Erziehungswesen.

Ein Hilfsmittel zur Zusammenfassung von Mitgliedern der verschiedenen Nationalitäten bildet der nationale Kataster, d.h. ein Verzeichnis, das nach Nationalitäten *getrennt* gehalten ist und auf freien Erklärungen der Verzeichneten fußt. Aufgrund solcher Verzeichnisse sollen die dort Eingetragenen ihre gemeinsamen Belange bestimmen.

Wenn wir also diese Erscheinung untersuchen wollen, so dürfen wir uns nicht durch den Terminus *Autonomie* dazu verleiten lassen, alles, was unter diesem Begriff gefaßt wird,

4 Elie Kedourie, Nationalism, New York 1960, S. 117.

als zu unserem Gebiete gehörig zu betrachten. Wie gesagt, wird hier eine ganz bestimmte Art von Autonomie behandelt, und zwar eine solche, die *Splittern* einer Volksgruppe zugesprochen wird. Diese Splitter sind, wie ihre Bezeichnung bezeugt, zerstreut und machen keine maßgebliche Minderheit aus. Wird diese Definition angewendet, müssen von vornherein zahlreiche Fälle, in denen von *Autonomie* die Rede ist, aus unserer Betrachtung ausscheiden.

Lassen Sie uns einige Beispiele aus der letzten Zeit ansehen. Verhandlungen über Autonomie in Südtirol gehören nicht zu der von uns erörterten Frage, weil es sich hier um eine zusammenhängende territoriale Volksgruppe handelt. Ebenso ist dies der Fall in dem Québec-Problem Kanadas und der Unabhängigkeit der Slowakei.

So verhielt es sich auch mit den Wolgadeutschen bis zum August 1941, solange sie sich in ihrer Region befanden. In dieser Zeit gehörten sie nicht zu unserer Fragestellung und diese hatte keine Relevanz für sie. Sie könnte höchstens ihre *jetzigen* Probleme betreffen. Sie sind augenblicklich in der Tat eine ethnische Minderheit in der GUS und haben nirgendwo in deren Staaten eine geschlossene territoriale Basis. Die gegenwärtige Diskussion um die Wiedererrichtung der Wolgadeutschen Republik dreht sich gerade um diesen Punkt. Angestrebt wird auch in diesem Fall die *Negation* der Zerstreutheit und des Status von *zerstreuten Individuen* (= Splitter). Die Territorialität soll wiederhergestellt werden.

Der maßgebende Anstoß zum Ideenkomplex der personalen Autonomie ging, wie gesagt, von den österreichischen Sozialdemokraten aus, in erster Linie von Karl Renner und Otto Bauer. Renner, der später österreichischer Bundeskanzler, Vorsitzender des Staatsrats und nach dem Zweiten Weltkrieg Bundespräsident war, schrieb seine frühen Arbeiten auf unserem Gebiet unter den Pseudonymen „Synopticus“ und „Springer“. Es sollten an dieser Stelle noch Adolf Fischhof (1816–1893), Hermann Herrenritt und Edmund Benatzik genannt werden.[5]

Es ist daher nur folgerichtig, unsere Übersicht des Zusammenhangs bestimmter Parteien und Gruppen mit dem Konzept der personalen Autonomie mit den Konzeptionen der österreichischen Sozialdemokratie vor dem Ersten Weltkrieg zu beginnen. Das zu lösende Problem waren die zentrifugalen Kräfte in der Habsburger Monarchie und ebenso in der österreichisch-ungarischen Arbeiterbewegung. Dieses Auseinanderstreben sollte ein Bundesstaat der Nationen als Alternativlösung verhindern. Auf dem Brünner Parteitag der österreichischen Sozialdemokratie im Jahre 1899 wurde dieses Prinzip in das Parteiprogramm aufgenommen. Die folgenden Jahre zeigten, und das gilt bis heute, daß das Schlagwort und das, was hinter ihm stand, das Feuer nicht beschwichtigen konnte.

Das Brünner Programm zeichnete die Grundlagen der national-personalen Autonomie noch vorsichtig und unklar. Es war späteren Ausarbeitungen vorbehalten, die Tüpfelchen auf die I-s zu setzen. So schrieb Karl Renner in einer späteren Abhandlung: „Nicht die Siedlungsgemeinschaft, sondern die Kulturgemeinschaft der Nation [...] wird als Substrat

5 Adolf Fischhof (1816-1893) trat in seinen Schriften für eine föderalistische Neugliederung und die vollständige Gleichberechtigung aller Nationalitäten Österreich-Ungarns ein. Hermann Herrenritt, Nationalität und Recht, Wien 1899; Edmund Benaczik, Über nationale Matrikeln, Wien 1910.

des Rechtsinstituts genommen",[6] und Otto Bauer kommentierte diese Anschauung, als er ausführte, daß in national gemischten Gebieten die Gebietsorgane „nur die national indifferenten Verwaltungsaufgaben besorgen, während die nationalen Kulturaufgaben [von den nationalen Kreisvertretungen] besorgt würden."[7]

Die russische Sozialdemokratie, und in erster Linie die Bol'ševiki, waren keineswegs geneigt, diesen Gedankengängen zuzustimmen. Sie argumentierten, daß die Verhältnisse in Österreich von denen in Rußland grundverschieden seien und daß die wirkliche Autonomie nur territorial sein könne. Alles andere sei Augenwischerei. Sie schlugen als Lösung der nationalen Frage in ihrem Vielvölkerstaat (in dem mehr als die Hälfte der Einwohner nationalen nationalen Minderheiten angehörte) „das Recht der Nationen zur Selbstbestimmung bis zur Lostrennung" vor. Sie sprachen über das Recht zur Lostrennung, aber ebenso über die Zweckmäßigkeit des Zusammenschlusses. Diese These wurde auf dem zweiten Parteitag der Sozialdemokratischen Arbeiterpartei Rußlands (1903) angenommen.[8] Diese Fahne hielten die Bol'ševiki bis zum Ende der Sowjetunion hoch. Sie schwebte oben in den Lüften, während unten auf dem Boden die Wirklichkeit ganz anders aussah. Es ist der Hohn der Geschichte, daß der Zusammenbruch des Staates der Bol'ševiki, der UdSSR, zur Lostrennung seiner Völker führte. Gerade die *Auflösung* autoritärer Vielvölkerstaaten, wie der Sowjetunion und Jugoslawiens, brachte die Lostrennung mit sich. Die russischen Bol'ševiki sahen in der österreichischen Idee eine Halbheit und Abirrung und dies war auch eine der Grundlagen ihrer Kontroversen mit dem „Bund" in der russischen sozialdemokratischen Partei.

Es ist leicht verständlich, daß das Programm der österreichischen Sozialdemokratie von verschiedenen jüdischen Gruppen aufgegriffen wurde. Es schien schon auf den ersten Blick nach Maß auf die spezifisch jüdischen Probleme zugeschnitten zu sein. Ich meine hier in erster Linie die damalige Zerstreutheit des jüdischen Volkes und das Fehlen eines geschlossenen Siedlungsgebiets, wo auch immer es sei. Ein Konzept, für das ein solches nicht existierendes Siedlungsgebiet keine Vorbedingung war, mußte großen Anreiz haben. Auf der anderen Seite standen natürlich Zionisten aller Schattierungen, die für die Errichtung einer territorialen Konzentration in Palästina kämpften. Es gab auch Territorialisten verschiedener Couleur, die sich nicht an Palästina banden. Ich möchte hier zwei wichtige Beispiele besonders erwähnen. Das erste ist der „Bund" (Allgemeiner jüdischer Arbeiterbund) und das zweite die autonomistische Strömung, die auf den Ideen Simon Dubnovs, des bedeutenden Geschichtswissenschaftlers, der im Holocaust umkam, aufgebaut war.

Der „Bund" hielt seinen ersten Parteitag im September 1898 ab und betrachtete sich von Anfang an als Vereinigung aller jüdischen Arbeiter des Russischen Reiches. Er begann seinen Weg mit einer indifferenten Einstellung zur Theorie der nationalen Frage. Auf seinem vierten und fünften Parteitag (1901 und 1903) wurde die Forderung nach der nationalen und kulturellen Autonomie (in der österreichischen Version) nach internen Diskussionen erhoben und seine Gegnerschaft zum Zionismus bekräftigt. Mit diesen

6 Karl Renner, Die Nation: Mythos und Wirklichkeit, Wien 1964, S. 98f.
7 Otto Bauer, Die Nationalitätenfrage und die Sozialdemokratie, Wien 1924, S. 359.
8 KPSS v rezoljucijach i rešenijach, čast' 1, 7. Aufl. Moskau 1953, S. 40.

Grundsätzen sah sich der „Bund" als neutral gegenüber der Assimilationsfrage, d.h. er nahm keine Stellung a priori ein, ob die Assimilation der Juden ein positives oder ein negatives Phänomen sei. Er forderte ebenso die Sozialdemokratische Arbeiterpartei Rußlands auf, föderative Grundlagen zu erarbeiten und ihn, den „Bund", als alleinigen Vertreter des jüdischen Proletariats Rußlands anzuerkennen. Unter anderem wurden auch Forderungen erhoben, sich für die Anerkennung der jiddischen Sprache einzusetzen, für die Juden den Sabbat (Samstag) als Ruhetag festzusetzen, für besondere jüdische Krankenhäuser zu sorgen, usw.[9] Die russische sozialdemokratische Partei war nicht bereit, diese Forderungen zu akzeptieren und die Beziehungen zwischen ihr und dem „Bund" wurden abgebrochen. Die Absonderung des „Bundes" wurde auf das Schärfste kritisiert. So schrieb Lenin 1903:

> „Und eben dieser einzig möglichen Lösung [der Frage der Assimilation M.B.] wirkt der ‚Bund' entgegen, der die Idee einer jüdischen ‚Nation' und den Plan einer Föderation zwischen jüdischen und nichtjüdischen Proletariern verbreitet, damit aber die jüdische Abschließung nicht überwindet, sondern verstärkt und zum Gesetz erhebt. Das ist der grundlegende Fehler des ‚Bundismus', und diesen Fehler müssen und werden die konsequenten Vertreter der jüdischen Sozialdemokratie korrigieren."[10]

1906 trat der Bund aufgrund überarbeiteter Formulierungen aufs Neue der sozialdemokratischen Partei Rußlands bei, wobei sich allerdings die prinzipiellen Einstellungen nicht geändert hatten.

Dem Autonomismus Dubnovs lag das Prinzip der Anerkennung des Judentums als Nation trotz seiner Zerstreuung zugrunde. Diese Anerkennung bedeutete die Autonomie der jüdischen Gemeinden in ihren inneren Angelegenheiten, ebenso die Billigung ihrer Sprache (damit ist Jiddisch, nicht Hebräisch, gemeint) im öffentlichen Leben sowie eine freie, nationale Schule.

Die Zielsetzung der Programme bestimmte eine theoretische Frage oder aber sie wurde durch diese bestimmt. Was ist eigentlich eine Nation? Die Antwort wurde in den bekannten Definitionen von Otto Bauer und Stalin gegeben. Stalin schrieb 1913 in *Marxismus und nationale Frage*:

> „Eine Nation ist eine historisch entstandene stabile Gemeinschaft der Sprache, des Territoriums, des Wirtschaftslebens und der sich in der Gemeinschaft der Kultur offenbarenden psychischen Wesensart. [...] Es muß hervorgehoben werden, daß keines der angeführten Merkmale, einzeln genommen, zur Begriffsbestimmung der Nation ausreicht."[11]

9 Josef Stalin, Marxismus und nationale Frage, in: ders., Werke, Bd. 2, 2. Aufl., Dortmund 1976, S. 266-333, hier: S. 274ff.

10 W.I. Lenin, Die Stellung des „Bund" in der Partei, in: ders., Werke, Bd. 7, 4. Aufl., Berlin 1968, S. 82-93, hier: S. 92.

11 Stalin, Marxismus und nationale Frage, S. 272.

Bauer definierte dagegen 1907 und 1924 in seiner Arbeit *Die Nationalitätenfrage und die Sozialdemokratie*:

„Die Nation ist die Gesamtheit der durch Schicksalsgemeinschaft zu einer Charaktergemeinschaft verknüpften Menschen. [...] Nur so weit die Gemeinsamkeit des Bodens Bedingung der Gemeinschaft der Kultur ist, ist sie Daseinsbedingung der Nation. [...] So setzen wir an Stelle der bloßen *Aufzählung* der Elemente ein *System*: die gemeinsame Geschichte als die wirkende Ursache, gemeinsame Kultur und gemeinsame Abstammung, die Mittel ihrer Wirksamkeit, die gemeinsame Sprache als Vermittlerin der gemeinsamen Kultur. [...] Die gemeinsame [...] Sprache stellt ein Mittel zweiter Ordnung dar."[12]

Es ist der Stellenwert der Begriffe Territorium und Kultur in den Definitionen zu beachten, um den Unterschied zwischen ihnen voll zu erfassen und den Zusammenhang mit der Lösungsformulierung nachzuzeichnen. Das Interessante daran ist, daß sowohl Bauer als auch Stalin (und ebenso Karl Kautsky) der Meinung waren, daß den Juden keine nationale Autonomie zustehe. Stalin begründete seine Anschauung mit der Diagnose, daß die Juden keine Nation bilden, Bauer mit der Prognose, daß sie nicht als Nation bestehen würden.[13]

Wenn wir unsere Untersuchung zusammenfassen wollen, können wir sagen: Es gibt Losungen und Lösungen, die auf dem Papier erwünscht, geordnet und logisch erscheinen. Wir haben es mit Individuen zu tun, die nicht zum *Staatsvolk* gehören, denen aber kulturelle Eigenrechte zustehen. Diese Individuen sind zerstreut, sie leben innerhalb des Staatsvolkes an verschiedenen Orten. Wäre es nicht logisch, ihr Problem dadurch zu lösen (oder wenigstens zu erleichtern), indem ihnen personal-kulturelle Autonomie zugestanden wird und ihre Vertreter auf Staatsebene ihre nicht-territorialen kulturellen Organe leiten können?

Aber, wie es im Volksmund heißt: „Papier ist geduldig." Was schwarz auf weiß gut aussieht, wird in der Realität nicht immer akzeptiert. Dies ist traurig, aber doch wahr. Wieder möchte ich diese Behauptung durch einen konkreten Fall veranschaulichen. Würde die besagte Lösung nicht für Jugoslawien passen mit der vermischten Bevölkerung verschiedener Ethnien? Wieviel Blutvergießen und andere Exzesse hätten dort vermieden werden können? Aber hier wie andernorts stellt die kulturelle Autonomie die Mitglieder eines Volksstammes (sei er aus selbstverständlich anhören[14]:

- Ein nicht bestehender Rayon kann kein nationaler Rayon sein, d.h. es genügt festzustellen, daß in der besprochenen Gegend kein im Namen oder i*m Umfang* auf die Beschreibung passender Rayon besteht, um zu folgern, daß der erwähnte nationale Rayon nicht bestehen konnte.
- Das Bestehen eines Rayons heißt nicht automatisch, daß es ein nationaler Rayon war.). In diesem Artikel wird die Lage sehr aufschlußreich analysiert und sie deutet auf die klassische Situation hin, in der friedliche territoriale Lösungen zum Scheitern verurteilt sind:

12 Bauer, Nationalitätenfrage, S. 131.

13 Stalin, Marxismus und nationale Frage, S. 273ff.; Bauer, Nationalitätenfrage, S. 373.

14 → Vgl. hierzu auch: M. Buchsweiler, German raiony and their newspapers 1927-1941, Jerusalem 1984, S. 18-21, 28, 31.

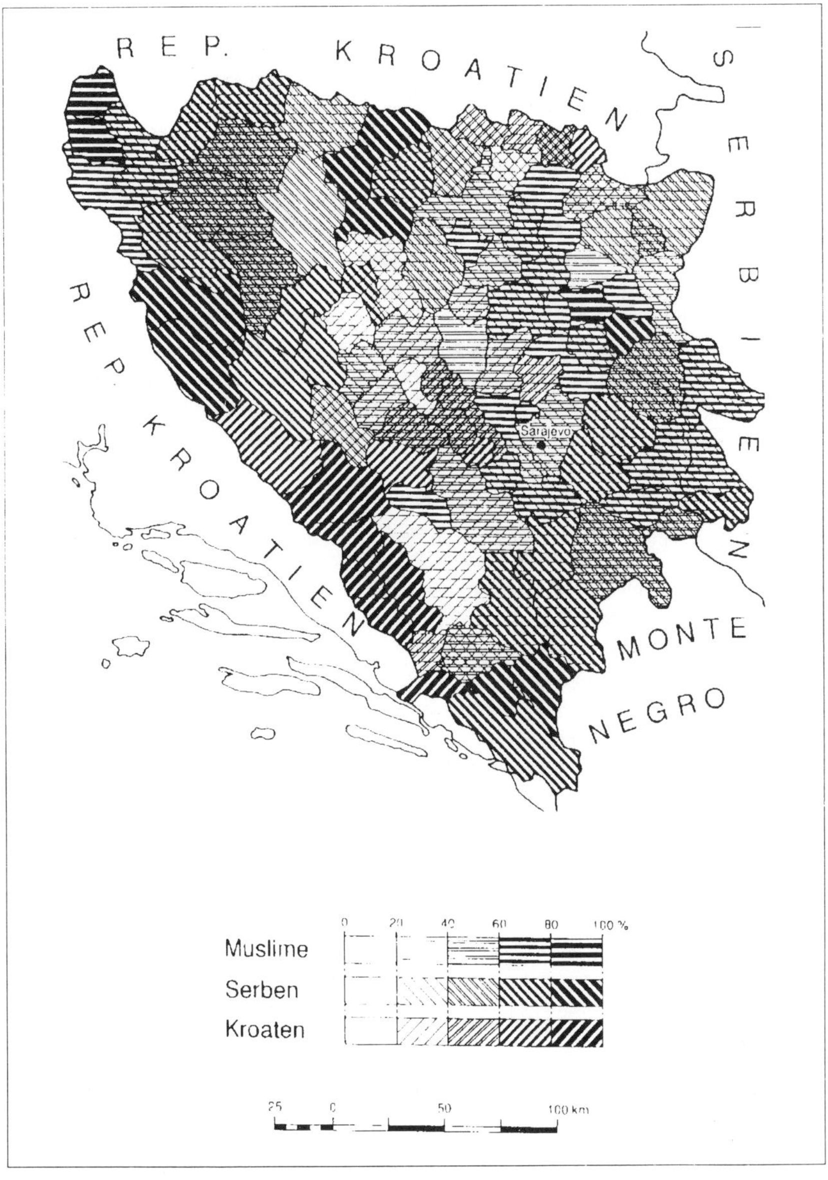

Muslime, Serben und Kroaten in Bosnien-Herzegowina

(aus: Adolf Karger, Das Leopardenfell. Zur regionalen Verteilung der Ethnien in Bosnien-Herzegowina, in: Osteuropa 42, 1992, Nr. 12, S. 1102-111, hier: S. 1103)

> „In Bosnien-Herzegowina geht es nicht mehr um eine kleine Minderheit in zum Teil relativ geschlossenen Siedlungsräumen. Der Vergleich der regionalen ethnischen Struktur mit dem oft zitierten ‚Leopardenfell' ist gerechtfertigt wie die Metapher von Bosnien-Herzegowina als einem ‚Jugoslawien im Kleinen'. Die Siedlungsräume der drei größten Völker sind so miteinander verzahnt, daß kein ‚goldener Schnitt' denkbar ist, der die Völker ohne ein wesentliches Residuum voneinander trennen könnte, d.h. ohne erneut Grundlagen zu späteren nationalen Auseinandersetzungen zu legen. Der Gedanke, daß Land auf dem Wege der ‚Kantonisierung' zu befrieden, würde an der Vielfleckigkeit des Leopardenfells [...] wie an der politischen Kultur der beteiligten Völker scheitern. Die Volkszählung von 1991 ermöglicht eine kartographische Darstellung der drei großen Ethnien, Muslime, Serben und Kroaten in Bosnien-Herzegowina."[15]

Nach dem ersten Weltkrieg führten verschiedene Staaten Autonomie, insbesondere für die jüdische Bevölkerung ein. Es gab auch einige Minister, denen dieses Gebiet oblag. Es seien vorwiegend die (vorbolschewistische) Ukraine und die baltischen Staaten erwähnt. Aber diese Versuche waren kurzlebig.

Ich möchte feststellen, daß auch in diesem Fall nichts so heiß gegessen wie gekocht wurde. Die früheren Jahre der kommunistischen Herrschaft in der Sowjetunion sahen *de facto* (wenn auch nicht *de jure*) verschiedene Ausprägungen kultureller und erzieherischer Autonomie für die Juden und auch für andere Nationalitäten vor. Es wurde in der typisch pragmatischen Leninschen Art versucht, Elemente der kulturellen Autonomie zu *benützen*, um die jüdischen Massen zu erreichen, ohne allerdings diese Lösungen *anzuerkennen.*[16] Die Mehrheit der Juden in Rußland verstand kein Russisch und damit waren Organe zur Transmission der Botschaft des Regimes in eine den jüdischen Menschen verständliche Sprache und Form eine unumgängliche Voraussetzung zum Umgang mit ihnen. Das Experiment mit einem jüdischen territorialen Zentrum (Birobidžan) war den dreißiger Jahren vorbehalten.

In den zwanziger Jahren wurde in der nationalen Sphäre (der Sowjetunion) eine Politik der „Korenizacija" (wörtlich: Verwurzelung) eingeschlagen.[17] Diese Linie stellte den Ver-

15 Ebd., S. 1104.

16 → Vgl. zur Rechtschreibereform des Jiddischen in diesem Buch: Bibliographical vignettes, S. 120-124; Zur sowjetischen Sprachpolitik , S. 62-63.

17 → Vgl. zum Beginn der „Korenizacija" in der ersten Hälfte des Jahres 1919: Do istoriï mižnacional'nych procesiv na Ukraïni, in: *Ukraïns'kyj istoryčnyj žurnal,* 1990, Nr. 6, S. 109-118, hier v.a. S. 110-11, Dokument Nr. 2 vom 10.3.1919. Vgl. zur „Korenizacija" insbesondere gegenüber der deutschen und jüdischen Bevölkerung im Gebiet Odessa während der 20er Jahre: S.O. Guseva, M.M. Cobenko: Z dosvidu rozv'jazannja nacional'nogo pitanija na pivdni Ukraïny (1920-1930rr.), in: *Ukraïns'kyj istoryčnyj žurnal,* 1991, Nr. 2, S. 45-54. Für eine stärkere Berücksichtigung der Sprachen der nationalen Minderheiten tritt der Volkommissar für Aufklärung in der Ukraine, M.O. Skrypnyk, auf der „1. Allukrainischen Konferenz der Kultur- und Aufklärungsarbeiter der nationalen Minderheiten" am 20.5.1931 ein. Skrypnyks Rede greift dabei den Erlaß „Über Maßnahmen zur Gewährleistung der Gleichheit der Sprachen und der Förderung der ukrainischen Sprache" vom 1.8.1923 auf. M.O. Skrypnyk, Perebudovnymy šljachamy. Problema kul'turnogo budivnyctva nacional'nostej Ukraïny, in: *Ukraïns'kyj istoryčnyj žurnal,* 1989, Nr. 8, S. 118-124; Nr. 11, S. 99-108; Nr. 12, S. 129-135, hier Nr. 8, S. 123.

such dar, zu den Massen in ihrer Sprache durch den Mund lokaler Funktionäre (d.h. Menschen ihrer Nationalität) zu sprechen. In der Ukraine z.B. nahm diese Politik die Form der Ukrainisierung an.[18] Ganz ähnlich verhielt es sich bei anderen Nationalitäten. Die Verwirklichung dieser Politik bedeutete die Verschiebung des Größenverhältnisses zwischen den russischen und den lokal-nationalen Komponenten – in Politik, Literatur, Kunst und Erziehung. In den dreißiger Jahren erfolgte erneut der Übergang zum großrussischen Zentralismus. In der Gegenwart, nach dem Zusammenbruch der Sowjetunion, wird wieder mit allen Kräften versucht, das Nationale zu stärken.

Selbstverständlich gehört die Ukrainisierung in der Ukraine nicht zu den Erscheinungen der personalen Autonomie. Wenn aber diese Politik auf die damals exterritorialen Juden in der UdSSR angewandt wurde, und sie wurde es, so war dies ein Ausdruck des *de facto*-Gebrauchs der kulturellen Autonomie. Sie wurde allerdings, wie gesagt, *de jure* nicht anerkannt. Die Juden, obwohl sie zu jener Zeit kein Territorium in der Sowjetunion besaßen, erhielten trotzdem den territorialen Nationalitäten ähnliche Möglichkeiten. Solomon M. Schwarz schrieb darüber: „Obwohl die Juden [als Nation] dem Untergang geweiht sein sollten, waren sie in der Praxis höchst lebendig."[19]

Im institutionellen Bereich war der staatliche Ausdruck dieser Politik das Volkskommissariat für die Nationalitäten (Narkomnac), dem ein jüdisches Kommissariat (1918–1923) angegliedert war. Innerhalb der kommunistischen Partei wurde die Arbeit auf jiddisch unter den Juden durch die jüdischen Sektionen (Evsekcii)[20] wahrgenommen (1918–1930). Die nationalen Sektionen (es gab deren 18) waren eine Abweichung von den prinzipiellen Anschauungen der Partei, die auf einheitlichen, territorialen Grundlagen (ohne nationale „Scheidewände") beruhten.

Im Hinblick auf die Konstituierung der Sowjetunion (UdSSR) 1924, wurde das Volkskommissariat für Nationalitäten aufgehoben. Damit verschwand die *staatliche* Behörde, welche (u.a.) jüdische Interessen vertreten hatte. Als Ersatz wurde auf den geplanten Nationalitätensowjet (die zweite Kammer des Obersten Sowjets) verwiesen. Dieser aber war aus Abgeordneten der Republiken usw. zusammengesetzt. Das hieß, daß exterritoriale Nationalitäten keine Vertretung hatten, oder nur soweit ihre Angehörigen in die Delegationen der territorialen Gebietseinheiten hineingewählt wurden. Und dies war der Willkür der territorialen Verwaltungen anheimgestellt.

Daran änderte der Beschluß des zwölften Parteikongresses der Kommunistischen Partei der Sowjetunion (1923) in der Praxis kaum etwas.

18 → Skrypnyk vertrat in Bezug auf das Bildungswesen die Ansicht, daß Ukrainisch, später dann Russisch in allen Minderheitenschulen als Unterrichtsfach eingerichtet werden sollte. Ebenda, Nr. 11, S. 106.

19 Solomon M. Schwarz, The Jews in the Soviet Union, Syracuse 1951, S. 48.
→ Im Gebiet Odessa z. B. verfügte die jüdische Bevölkerung in den 20er Jahren über ein breitgefächertes Bildungs- und Kulturwesen. Guseva, Cobenko: Z dosvidu, S. 51-52.

20 → Vgl. den Erlaß zur Einrichtung jüdischer Abteilungen (evotdely) bei den Parteikomitees in der Ukraine im Frühjahr 1921: Do istoriï mižnacional'nych procesiv na Ukraïni, in: *Ukraïns'kyj istoryčnyj žurnal*, 1990, Nr. 8, S. 87-103, hier Dokument Nr. 10, S. 90.

„[...] Im System der höchsten Organe der Union wird ein spezielles Organ geschaffen, in dem ausnahmslos alle nationalen Republiken und nationalen Gebiete nach dem Grundsatz der Gleichheit vertreten sind, wobei allen zu diesen Republiken gehörenden Nationalitäten nach Möglichkeit eine Vertretung zu geben ist."[21]

Im Zentrum der jüdischen Aktivität in der nationalen Sprache (Jiddisch) standen die politische Aufklärung und die Kultur. Dazu gehören auch die jiddischen Periodika und eine breite Verlagsarbeit. Diese Tätigkeit war der Hintergrund für die Rückkehr wichtiger jiddischer Schriftsteller, die nach der Revolution Rußland verlassen hatten. Sie taten dies, da sie breite Horizonte für ihr Schaffen vor sich sahen. Mit der Weisheit der „Rückschau" muß allerdings bemerkt werden, daß der Großteil dieser Schriftsteller später im Rahmen der Stalinschen Liquidierung der jüdischen Kultur hingerichtet wurde.

Wir wollen noch ein konkretes Beispiel der „Korenizacija" aufzeigen, obwohl es sich auch hier nicht um personale Autonomie handelt. Es ist interessant zu sehen, wie diese Politik in „deutscher Übersetzung" aussah. Die folgenden Zitate vermitteln uns einige bemerkenswerte Erkenntnisse. Sie beweisen, daß sich die Politik der „Korenizacija" nicht nur in den zentralen Republiken (wie der Ukraine, Weißrußlands, und anderen) manifestierte, sondern ebenfalls in verhältnismäßig kleinen administrativen Einheiten zum Ausdruck kam und auch die Ufer der Wolga erreichte. Der Zeitpunkt der Entstehung unserer Quellen liegt schon nahe am Abklingen dieser Politik. Wichtig ist vor allem das Ausmaß der geplanten Maßnahmen. Diese, auch in Forscherkreisen wenig bekannten Resolutionen vermitteln uns – wie so oft – nur, wie die Dinge von „oben" aussahen und nicht, ob und wie sie sich „unten" ausgewirkt haben. Um dies zu erfahren, müßte man weiter forschen, die relevanten Zeitungen durcharbeiten und eventuell Zeitzeugen befragen. Überhaupt wäre meines Erachtens eine Untersuchung über die nationalen Attribute der Wolgadeutschen Republik und die von ihnen erzeugte Ausstrahlung wohl am Platz.

Im Juni 1930 war in der deutschen Wolgarepublik die Rede davon, daß „man den ferneren amtlichen Gebrauch der deutschen Sprache im ganzen Apparat der Autonomen sozialistischen Räterepublik der Wolgadeutschen in verstärktem Maße sicherstellen" wolle.[22]

Im Beschluß des achten Rätekongresses vom Februar 1931 wurde dann der Begriff „Verdeutschung des Apparates" benutzt. Es hieß dort:

„Der 8. Rätekongreß lenkt die besondere Aufmerksamkeit aller Sowjetorgane auf die Notwendigkeit, auch weiterhin gegen alle Erscheinungen von Großmacht-Chauvinismus, als der Hauptgefahr der heutigen Entwicklungsetappe, und gegen den örtlichen Nationalismus entschieden zu kämpfen. Der Kongreß betont, daß, ungeachtet der Direktiven der Regierung der Wolgadeutschen Republik, ungeachtet der Beschlüsse des 7. Rätekongresses über die Verstärkung der internationalen Erziehung der werktägigen Massen der Wolgadeutschen Republik und über die entschlossene

21 J.W. Stalin, Werke, Bd. 5, 1921-1923, 2. Aufl., Düsseldorf 1976, S. 239.

22 Beschluß der 2. Session des 7. Zentralvollzugskomitees der ASSR der Wolgadeutschen, in: Beschlüsse der 2. Session des 7. Zentralvollzugskomitees der ASSR der Wolgadeutschen/ des 8. Rätekongresses der Arbeiter-, Bauern- und Rotarmistendeputierten der ASSR der Wolgadeutschen und der 1. und 2. Session des 8. Zentral-Vollzugskomitees der ASSR der Wolgadeutschen, Engels: ZVK der ASSR der Wolgadeutschen 1932, S. 33.

Verwirklichung der Verdeutschung in den zentralen und örtlichen Apparaten, immerhin diese Direktiven von einzelnen zentralen Sowjetapparaten und unteren Räten nicht verwirklicht werden. Der Kongreß beauftragt die Regierung, entschiedene Maßnahmen zur Verdeutschung sowohl der zentralen, als auch der kantonalen und ländlichen Sowjet-, wirtschaftlichen und kooperativen Organe durchzuführen."[23]

Im folgenden einige Auszüge aus dem Beschluß der 2. Session des 8. ZVK der ASSR der Wolgadeutschen zum Bericht des Genossen Alexander Gleims über die Verdeutschung des Apparates, die Schaffung eines nationalen Proletariats und über den national-kulturellen Aufbau vom 16. Juni 1931. Die Auszüge sind sozusagen nur eine „Kostprobe", da der ganze Beschluß hochbedeutend ist und das Problem der Autonomie umfassend beleuchtet.

„[...] Zum vollen Anschluß der breiten Massen der werktätigen Bevölkerung deutscher Nationalität an den entfalteten sozialistischen Aufbau und zu ihrer weiteren Aktivierung haben sich alle zentralen Behörden und Organisationen im Umgang mit der deutschen Bevölkerung ausschließlich der deutschen Sprache zu bedienen.

Die Session erachtet es für notwendig, daß weiterhin die Sitzungen der Kongresse, Konferenzen usw. der Republik in deutscher Sprache mit Übersetzung der Berichte ins Russische geführt werden und gleichzeitig die Übersetzung aller Sitzungen der staatlichen, kooperativen und gesellschaftlichen Organisationen sowohl in der Zentrale, als auch in den deutschen Kantonen, sowie in den gemischten Kantonen mit überwiegend deutscher Bevölkerung in die deutsche Sprache gesichert wird.

[...] Außer den Kursen für deutsche Sprache sind Kurse zur Ausbildung deutscher technischer Apparatarbeiter zu eröffnen und Maßanahmen zur vollen Versorgung der Behörden und Organisationen mit deutschen Schreibmaschinen zu treffen.

[...] Der entfaltete sozialistische Aufbau in der ASSR der Wolgadeutschen zeitigt als das wichtigste politische Problem die Frage der Verstärkung der proletarischen Leitung des ganzen sozialistischen Aufbaus und der Kulturrevolution in der ASSR der Wolgadeutschen. Es ist undenkbar, ohne rasche Lösung des Problems der Kader des nationalen Proletariats und ohne Schaffung eines proletarischen national-kulturellen Zentrums die proletarische Leitung auf eine höhere Stufe zu bringen.

[...] Die Session des ZVK bestätigt, daß der Deutsche Staatsverlag von größter Bedeutung für die Schaffung einer deutschen Literatur und deutscher Lehrbücher ist und beauftragt den Rat der Volkskommissare, Maßnahmen zur maximalen Beschleunigung der Entwicklung des Staatsverlags zu treffen und durchzusetzen, daß noch in diesem Jahr mit dem Bau der neuen Druckerei begonnen wird. Dazu ist der Hilfe für die Assoziation proletarischer Schriftsteller der Wolgadeutschen Republik zur Schaffung der nationalen proletarischen Literatur eine besondere Aufmerksamkeit zu widmen.

[...] Die Session stellt fest, daß die nationale Kunst der rückständigste Abschnitt der Front des nationalen Aufbaus ist. Noch immer ist das Wolgadeutsche Staatstheater nicht geschaffen worden, das bei der Hebung der nationalen proletarischen Kultur

23 Ebd., S. 71.

und der Hebung der deutschen Sprache auf eine höhere Stufe eine große revolutionierende Rolle zu spielen hat. Desgleichen ist das Problem der wolgadeutschen Wochenschau noch nicht gelöst und die Filme, die in den deutschen Dörfern gezeigt werden, sind nicht mit deutschen Untertiteln versehen. Die nationale schaffende Kunst befindet sich noch im Keimzustand und ihr fehlt jegliche Leitung. Sehr schwach wird noch ein so gewaltiges Mittel der kommunistischen Propaganda wie das Radio ausgenützt. Indem die Session solche Zustände auf einem der wichtigsten Frontabschnitte des national-kulturellen Aufbaus für ganz unzulässig erklärt, beauftragt sie das Präsidium des Zentral-Vollzugskomitees noch in diesem Jahre das wolgadeutsche Staatstheater zu schaffen, und der schaffenden Kunst in der Republik ein Heim sowie ein deutsches Theater- und Kunsttechnikum zur Ausbildung von Kadern für die Front des national-kulturellen Aufbaus zu eröffnen.
Auf dem Gebiet des Kinowesens ist ein einheitliches wolgadeutsches staatliches Kinotheater zu schaffen. Zu diesem Zweck ist bei der Wolgadeutschen Kinoverwaltung eine Produktionsbasis zu organisieren, die die Herausgabe von Wochenschauen der Erfolge des sozialistischen Aufbaus der Wolgadeutschen Republik zu besorgen und die Filme des „sojuzkino“ und anderer nationaler Filme mit deutschen Untertiteln zu versehen hat. Es sind Maßnahmen zur weiteren Entfaltung des Netzes der stationären Kinotheater und Wanderkinos zur vollen Bedienung der Sowjetwirtschaften, der Maschinen- und Traktoren-Stationen und der Kollektivwirtschaften zu treffen.
[...] Indem die Session bedeutende Erfolge auf dem Gebiete des national-kulturellen Aufbaus konstatiert, erachtet sie es für notwendig, daß neben der Festigung und Weiterentwicklung der bestehenden Techniken vom neuen Schuljahr an mit der Organisation neuer Techniken zur Ausbildung nationaler Kader für die Zweige der Volkswirtschaft begonnen wird, die bis jetzt von dem bestehenden Netz der Technika und Kurse nicht bedient werden, und zwar: eines Viehzuchttechnikums, eines Technikums für politische Aufklärung, eines Theatertechnikums, eines Wegebautechnikums, eines Kollektivwirtschaftstechnikums, Kurse für Sowjetaufbau und ständige Kurse für leitende Kollektivwirtschaftsarbeiter und zweier pädagogischer Technika (eines deutschen und eines ukrainischen). Angesichts des starken Bedarfs der Wolgadeutschen Republik an nationalen Kadern hochqualifizierter Ökonomen und Planarbeiter erachtet die Session es für notwendig, eiligst bei den Sowjetorganen des Gaus und den Zentralorganen um die Eröffnung einer deutschen Abteilung beim Saratover Institut der Lnadwirtschaft und des Rechts vorstellig zu werden.
[...] Die Session schlägt dem Präsidium des Zentral-Vollzugskomitees vor, die früher herausgegebenen Beschlüsse in Fragen der Verdeutschung, die mit vorliegendem Beschluß nicht übereinstimmen, zu annulieren.“[24]

Wenn ich auf meinen Artikel zurückschaue, sehe ich, daß ich wenig über vieles gesagt habe. Das tut mir ausgesprochen leid, es gibt aber keinen anderen Weg, einen allgemeinen Überblick über ein solch weitgefächertes Problem zu bieten.

24 Ebd., S. 108-110, 115-118, 121.

Auswahlbibliographie neuerer Forschungen

Beľger, Geroľd: Rossijskie nemeckie pisateli. *Deutsche Allgemeine* (1.1.1994, Nr. 1, S. 6; (8.1.1994) Nr. 2, S. 6; (15.1.1994), Nr. 3, S. 6; (22.1.1994), S. 6; (29.1.1994), Nr. 5, S. 6; (5.2.1994), Nr. 6, S. 6; (12.2.1994), Nr. 7, S. 6; Nr. 8-12; (26.3.1994), Nr. 13, S. 6; (2.4.1994), Nr. 14, S. 5; (9.4.1994), Nr. 15, S. 5; (16.4.1994), Nr. 16, S. 5; Nr. 17-18.

Bojko, Ja.V. – N.O. Danylova: Formuvannja etničnogo skladu naselennja Pivdennoï Ukraïny (kinec' VIII-XIX st.). *Ukraïns'kyj istoryčnyj žurnal* (künftig *UIŽ*) (1992), Nr. 9, S. 54-65.

Bolaboľčenko, Anatolij: *SVU – sud nad perekonannjamy.* Kyïv 1994. 114 S.

Bugaj, M.F.: Deportaciï naselennja z Ukraïny (30-50-ti roky). *UIŽ* (1990), Nr. 10, S. 32-38; Nr. 11, S. 20-26.

Čyrko, B.V.: Robota partorganizacij z nacionaľnimi menšsotjami na Ukraïny 1923-1930rr. *UIŽ* (1988), Nr. 6, S. 68-76.

Ders.: Nacionaľni menšosti na Ukraïni v 20-30-ch rr. *UIŽ* (1990), Nr. 1, S. 51-64.

Dahlmann, Dittmar: „Operation erfolgreich durchgeführt". Die Deportation der Wolgadeutschen 1941. *Flucht und Vertreibung. Zwischen Aufrechnung und Verdrängung.* Hg. v. **Robert Streibl.** Wien 1994, 201-226.

Deportacii narodov SSSR 1930-e–1950-e gody. M. 1992.

Do istoriï mižnacionaľnych procesiv na Ukraïni. *UIŽ* (1990), Nr. 6, S. 109-118; Nr. 8, S. 87-103.

Dopovid' člena Centraľnoï komisiï nacionaľnych menšostej pri Vseukraïns'komu Centraľnomu Vykonavčomu Komitetovi pro stan roboty sered nimec'kogo naselennja na Volyni. Dokument Nr. 24 v. 12.12.1924. *UIŽ* (1190), Nr. 11, S. 114-118.

Evtuch, Volodymyr: Ethnische Minderheiten in der Ukraine. *Ukraine: Gegenwart und Geschichte eines neuen Staates.* Hg. v. **Guido Hausmann – Andreas Kappeler.** Baden-Baden: Nomos 1994, S. 272-291. (Nationen und Nationalitäten in Osteuropa. Hg. v. Arbeitskreis für nationale Probleme in Osteuropa, Bd. 1).

Evtuch, Vladimir – Sergej Suglobin – Janina Samborskaja: Deutsche in der Ukraine. Status, Ethnos und Orientierung. Ergebnisse einer Befragungsstudie. München: Osteuropa-Institut 1993. 28 S. (Arbeitsbericht Nr. 7).

Evtuch, V. B. – B. V. Čirko: Nimci v Ukraïni (1902-i–1990-i roky). Kyïv: INTEL 1994. 183 S.

Guseva, S.O. – M.M. Cobenko: Z dosvidu rozv'jazannja nacionaľnogo pytannja na pivdni Ukraïny (1920-1930 rr.). *UIŽ* (1991), Nr. 2, S. 45-54.

Hermann, A[rkadij]: Chronik der wichtigsten Ereignisse in der Geschichte der wolgadeutschen Autonomie (1918-1941). *Neues Leben* (1992), Nr. 48, 1918; Nr. 49, 1919; Nr. 50, 1920; Nr. 51, 1921, I-VII; Nr. 52, 1921, VII-XII, 1922, I-IX; (1993), Nr. 1, 1922, IX-XII, 1923; Nr. 2, 1924; Nr. 3, 1925; Nr. 4, 1926, 1927, I-II; Nr. 5 , 1927, IV-XII; Nr. 6, 1928, I-V; Nr. 7, 1928, V-XI, 1929, I-VI; Nr. 8, 1929, VI-XI; Nr. 9, XI-XII, 1930, I-II; Nr. 12, 1930, II-IX; Nr. 14, 1930, IX-XII, 1931, I-III; Nr. 15, 1931, V-XII; Nr. 16, 1932, I-V; Nr. 17, 1932, VI-XII; Nr. 18, 1933, I-VI; Nr. 19, 1933, VI-VII; Nr. 20, 1933, VII-XII; Nr. 24, 1934, I-VI; Nr. 25, 1934, VII-XII, Nr. 33, 1935, I-V; Nr. 35, 1935, V-X; Nr. 36, 1935, X-XII; Nr. 40, 1936, I-VI; Nr. 41, 1936, VII-XII; Nr. 42, 1937, I-III; Nr. 44, 1937, IV-VIII; Nr. 45, 1937, VII-X, Nr. 46, 1937, X-XII; Nr. 47, 1938, I-IV; Nr. 48, 1938, V-XII; Nr. 49, 1939, I-V; Nr. 50, 1939, V-IX; Nr. 51, 1939, IX-XII; (1994), Nr. 4, 1940, I-VII; Nr.

5, 1940, VIII-XII; Nr. 6, 1941, I-IV; Nr. 7, 1941, VI-VII; Nr. 8, 1941, VII-VIII; Nr. 9, 1941, VIII; Nr. 10, 1941, IX-XII, 1942, I-V.

Keil, Reinhold: *Rußlanddeutsche Autoren. Weggefährten, Weggestalter 1964-1990.* Stuttgart: Landsmannschaft der Rußlanddeutschen 1994. 376 S.

Ders. – Waldemar Herdt: *Über Viktor Klein und seine Zeit.* Stuttgart: Landsmannschaft der Rußlanddeutschen 1993. 159 S.

Kovaľ, M.V. – P.V. Medvedok: Foľksdojče v Ukraïni (1941-1944rr.). *UIŽ* (1992), Nr. 5, S. 15-28.

Kozyreva, M.E.: Iz istorii Karl-Libknechtovskogo rajona Nikolaevskogo okruga. *Maločislennye nacionaľnosti juga Ukrainy: istorija i sovremennosť.* Tezisy k oblastnoj naučno-praktičeskoj konferencii 19-20 oktobrja 1990g. Zaporož'e 1990, S. 61-63.

Kugler, Hartmut: Gebrochene Kontinuität – Aspekte einer Geschichte der rußland- und sowjetdeutschen Literatur. *Kulturelle Identität deutschsprachiger Minderheiten in Rußland/UdSSR.* Hg. v. **Hartmut Kugler.** Kassel: Jenior & Pressler 1992, S. 123-140.

Kulynyč, I.M.: Nimec'ki kolonii na Ukraïni (60-ti roky XVIII st.-1917r.). *UIŽ* (1990), Nr. 9, S. 18-30.

Maksudov, S.: Demografični vtraty naselennja Ukraïny v 1930-1938 rr. *UIŽ* (1991), Nr. 1, S. 121-127.

Movčan, O.M.: Inozemna dopomoga golodujučym Ukraïny v 1921-1923rr. *UIŽ* (1989), Nr. 10, S. 77-84.

Nacionaľni vidnosyny v Ukraïni u XX st. Zbirnyk dokumentiv i materialiv. Kyïv 1994. 558 S.

Nimci v Ukraïni 20-30-ti rr. XXst. Zbïrnyk dokumentiv deržavnych archiviv Ukraïny. Kyïv 1994.

Pančuk, M. – L. Poľovyj: Pid presom totalitarnogo režymu. Nimci Ukraïny v Radjans'kyj period. *Polityka i čas* (1992), Nr. 9/10, S. 61-66.

Pinkus, Benjamin: Die Deportation der deutschen Minderheit in der Sowjetunion 1941-1945. *Zwei Wege nach Moskau. Vom Hitler-Stalin-Pakt bis zum „Unternehmen Barbarossa".* Im Auftrag des Militärgeschichtlichen Forschungsamts hg. von **Bernd Wegner.** München-Zürich: Piper 1991, S. 464-479. (Serie Piper, Bd. 1346).

Poľovyj, L.P. – B.V. Čyrko: Nacionaľni menšyny ukraïns'kogo sela v umovach kolektyvizacii. *UIŽ* (1993), Nr. 3, S. 64-69.

Savin, Andrej: Verordnete Autonomie. Die Entstehung des Deutschen Rayons in Sibirien 1924-1928. In: Forschungen zur Geschichte und Kultur der Rußlanddeutschen 4 (1994), S. 89-97.

Semenov, Viktor Alekseevič: Osuščestvlenie nacionaľnoj politiki v Krymu v 1921-25gg. Dissertacija na soiskanie učen. step. kand. ist. nauk. Simferopoľskij gos. universitet 1993. 192 S.

Serhijčuk, Volodymyr: Nimci v Ukraïni. Kyïv 1994. 60 S.

Skrypnyk, M.O.: Perebudovnymy šljachamy. (Problema kuľturnogo budivnyctva nacional'-nostej Ukraïny). *UIŽ* (1989), Nr. 8, S. 118-124; Nr. 11, S. 99-108; Nr. 12, S. 129-135.

Sokirko, V.S.: O rabote Zaporožskogo okružnogo komiteta KP(b)U sredi nemeckogo nacionaľ nogo men'šinstva v 20-e gg. *Maločislennye nacionaľnosti juga Ukrainy: istorija i sovremennosť.* Tezisy k oblastnoj naučno-praktičeskoj konferencii 19-20 oktjabrja 1990 g. Zaporož'e 1990, S. 58-60.

Vynnyčenko, Ihor: Ukraïna 1920–1980–ch: deportacii, zaslannja, vyslannja. Kyïv 1994. 125 S.

Zav'jalov, A.S.: Nemeckaja sekcija Agitproma Ekaterinoslavskogo Gubkoma KP(b) Ukrainy (pervaja polovina 20-ch godov). *Ebd.*, S. 56-58.